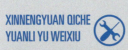

XINNENGYUAN QICHE
YUANLI YU WEIXIU

新能源汽车原理与维修

瑞佩尔 主编

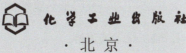

化学工业出版社
·北京·

图书在版编目（CIP）数据

新能源汽车原理与维修 / 瑞佩尔主编. —北京：化学工业出版社，2020.8（2024.6重印）
ISBN 978-7-122-36766-2

Ⅰ.①新… Ⅱ.①瑞… Ⅲ.①新能源 - 汽车 - 理论②新能源 - 汽车 - 车辆修理 Ⅳ.①U469.7

中国版本图书馆CIP数据核字（2020）第078401号

责任编辑：周　红　　　　　　　　　　文字编辑：张燕文
责任校对：王佳伟　　　　　　　　　　装帧设计：王晓宇

出版发行：化学工业出版社（北京市东城区青年湖南街13号　邮政编码100011）
印　　装：涿州市般润文化传播有限公司
787mm×1092mm　1/16　印张19¾　字数488千字　2024年6月北京第1版第3次印刷

购书咨询：010-64518888　　　　　　　　　售后服务：010-64518899
网　　址：http://www.cip.com.cn
凡购买本书，如有缺损质量问题，本社销售中心负责调换。

定　　价：128.00元　　　　　　　　　　　　　　　　版权所有　违者必究

前言

新能源汽车的英文名称是 New Energy Vehicles，是指采用非常规的车用能源（即除汽油、柴油之外）作为动力来源（或使用常规的车用燃料、采用新型车载动力装置）、综合车辆的动力控制和驱动方面的先进技术，形成的技术原理先进、具有新技术和新结构的汽车。

广义上的新能源汽车包括纯电动汽车、插电式混合动力汽车、油电或油气混合动力汽车、燃料电池电动汽车、氢发动机汽车、太阳能和其他新型能源汽车等。目前新能源汽车一般特指纯电动汽车与插电增程式电动汽车。

纯电动汽车顾名思义就是纯粹靠电能驱动的车辆，而不需要其他能量，如汽油、柴油等。它可以通过家用电源（普通插座）、专用充电桩或者特定的充电场所进行充电，以满足日常的行驶需求。

新能源汽车中的插入式混合动力电动汽车，是特指通过插电进行充电的混合动力汽车。一般需要专用的供电桩进行供电，在电能充足时，采用电机驱动车辆，电能不足时，发动机会参与驱动或者发电环节。

插电式混合动力汽车是可以在正常使用情况下，从非车载装置中获取电能，以满足车辆一定的纯电动续驶里程的混合动力汽车，可分为增程式和混联插电式。

增程式混合动力汽车是在纯电动汽车的基础上开发的电动汽车。之所以称之为增程式混合动力汽车是因为车辆追加了增程器（传统发动机加发电机），而为车辆追加增程器的目的是进一步提升纯电动汽车的续驶里程，使其能够尽量避免频繁地停车充电。

插电式混合动力汽车是由混合动力汽车进化而来的，它继承了混合动力汽车的大部分特点，但把混合动力汽车的功率型电池替换为比容量（单位质量所包含的能量）更大的能量型电池，如此一来动力电池就有足够的能量保证车辆可以在零排放、无油耗的纯电动模式下行驶一定的距离。

从传统燃油汽车转变到新能源汽车的维修，其实并没有多大的不同，要特别关注的是高压安全问题及高压系统与部件的维修诊断技术。

高压电如果操作不当，会危及接触者的生命。当然我们也不用谈"电"色变，因此而却步不前。只要遵守"用正确的工具和正确的方法去做正确的事情"的原则，维修新能源汽车的作业安全问题也将不再是问题。

与传统燃油车型相比，很多系统及总成部件的构造原理、拆装检测及维修方法都是相同的，比如插电混动的发动机、变速箱、传动系统、行驶系统、转向系统、制动系统、车身电器及车身构件等。

纯电动汽车相比燃油汽车结构更加简单，去除了发动机与变速器总成，换上一套高压系统，而插电式混合动力汽车则是在燃油车型的基础上加了一套高压系统，成为燃油车加电动车的混合体。这样的结构看起来比燃油汽车更复杂，但只要我们区别对待，将高压系统单独理解和处理，事情也就没有那么复杂了。

全书共有8个模块。模块1介绍了新能源汽车定义、分类及结构原理，高压安全知识及维修安全作业规范，维修设备与工位配置及诊断设备的应用；模块2至模块5分别讲解了高压配电系统、高压电池系统、电源转换与充电系统、电机驱动系统等高压系统构成部件及总成的结构原理，部件拆装、端子检测与故障诊断方法。模块6至模块8分别介绍了底盘（相比传统燃油汽车有所不同的制动与转向系统）、温度管理系统（包括高压冷却与加热系统、空调系统高压部件等）、CAN总线与VCU系统的系统结构与工作原理，部件拆装、系统检测与故障诊断技术。

本书由瑞佩尔主编，此外参加编写的人员还有朱其谦、杨刚伟、吴龙、张祖良、汤耀宗、赵炎、陈金国、刘艳春、徐红玮、张志华、冯宇、赵太贵、宋兆杰、陈学清、邱晓龙、朱如盛、周金洪、刘滨、陈棋、孙丽佳、周方、彭斌、王坤、章军旗、满亚林、彭启凤、李丽娟、徐银泉。在编写过程中，参考了很多汽车厂商的文献资料，在此，谨向这些资料信息的原创者们表示由衷的感谢！

由于涉及资料诸多，技术新颖，加上笔者水平所限，疏漏之处在所难免，恳请广大读者多多批评指正。

编者

目录

模块 1　新能源汽车维修概述

项目 1　新能源汽车定义与分类 1
　1.1.1　新能源汽车定义 1
　1.1.2　新能源汽车种类 2
项目 2　混合动力汽车分类与结构原理 4
　1.2.1　混合动力的定义 4
　1.2.2　混合动力汽车分类 5
　1.2.3　混合动力汽车运行原理 9
项目 3　纯电动汽车基本结构与原理 14
　1.3.1　通用型纯电动汽车基本结构 14
　1.3.2　纯电动汽车基本原理 15
项目 4　氢燃料汽车结构与原理 17
　1.4.1　氢燃料汽车结构 17
　1.4.2　氢燃料汽车原理 21
项目 5　新能源汽车高压安全防护 22
　1.5.1　比亚迪电动汽车高压安全防护 22
　1.5.2　奔驰电动汽车高压安全防护 23
项目 6　新能源汽车安全作业规范 25
　1.6.1　作业前准备工作 25
　1.6.2　安全操作规范 25
　1.6.3　手动维修开关 27
　1.6.4　高压事故急救 29
项目 7　维修设备与工位配置 30
　1.7.1　常用工具设备 30
　1.7.2　安全防护用具 31
　1.7.3　维修工位配置标准与辅料规格 31
项目 8　电动汽车诊断设备应用 32
　1.8.1　诊断硬件与软件构成 32
　1.8.2　CAN 卡驱动安装步骤 32

  1.8.3 诊断设备使用方法 ·· 34

模块 2　高压配电系统维修

 项目 1　高压配电系统简介 ·· 36
  2.1.1 配电系统功能 ·· 36
  2.1.2 配电箱总成结构 ··· 37
  2.1.3 高压互锁功能 ·· 38
 项目 2　高压配电系统部件拆装 ··· 39
  2.2.1 高压配电箱的拆装 ··· 39
  2.2.2 维修开关的拆装 ··· 44
 项目 3　高压互锁故障排除 ·· 45
  2.3.1 比亚迪 E6 高压互锁故障 ·· 45
  2.3.2 广汽 GA3S PHEV 高压互锁故障 ··· 46
  2.3.3 比亚迪秦 PHEV 高压互锁故障 ·· 49
 项目 4　高压绝缘故障排除 ·· 51
  2.4.1 高压系统漏电检修方法 ·· 51
  2.4.2 广汽高压零部件绝缘故障 ··· 54
  2.4.3 众泰高压系统绝缘故障 ·· 58
  2.4.4 江铃仪表亮绝缘故障指示灯 ··· 58
 项目 5　高压配电箱故障排除 ·· 59
  2.5.1 高压配电箱故障检修方法 ··· 59
  2.5.2 高压配电箱交流充电接触器故障 ·· 60

模块 3　高压电池系统维修

 项目 1　高压电池构造与原理 ·· 63
  3.1.1 蓄电池的特性与原理 ·· 63
  3.1.2 锂电池的组成与原理 ·· 64
  3.1.3 镍氢电池的组成与原理 ·· 72
  3.1.4 燃料电池的组成与原理 ·· 76
 项目 2　高压电池模组与 BMS 简介 ·· 78
  3.2.1 高压电池系统组成与结构 ··· 78
  3.2.2 高压电池管理系统 ··· 80
 项目 3　电池管理系统工作原理 ·· 80
  3.3.1 比亚迪分布式与集中式电池管理器 ··· 80
  3.3.2 日产双 CPU 结构锂电池控制器 ·· 83
 项目 4　高压电池总成维护 ·· 86
  3.4.1 高压电池维护与保养 ·· 86
  3.4.2 高压电池事故处理 ··· 87
  3.4.3 高压电池容量测试及校正 ··· 88

项目 5　高压电池模组整体拆装 ·· 89
　3.5.1　需要工具及注意事项 ··· 89
　3.5.2　高压电池模组的拆卸 ··· 90
　3.5.3　高压电池模组的安装 ··· 92
项目 6　高压电池模组内部拆装 ·· 94
　3.6.1　电池模组拆解 ·· 94
　3.6.2　电池模组更换方法 ··· 98
　3.6.3　电池管理模块的拆装 ··· 101
　3.6.4　电池单体及加热片的拆装 ··· 102
项目 7　高压电池系统故障排除 ·· 103
　3.7.1　高压电池故障检测及处理 ··· 103
　3.7.2　电池管理器端子定义与检测数据 ··· 104
　3.7.3　电池管理系统常见故障排除 ··· 106
　3.7.4　电池管理器故障诊断 ··· 107
项目 8　高压电池系统维修典型案例 ·· 114
　3.8.1　高压电池包故障 ··· 114
　3.8.2　高压电池采样线故障 ··· 118
　3.8.3　电池管理系统初始化失败 ··· 119
　3.8.4　高压电池 SOC 跳变 ··· 119
　3.8.5　高压电池严重不均衡 ··· 120
　3.8.6　高压电池采集器通信超时 ··· 121
　3.8.7　单个电池模组故障 ··· 122
　3.8.8　车辆行驶中无能量回收 ··· 124
　3.8.9　高压电池电量偏低 ··· 126

模块 4　电源转换与充电系统维修

项目 1　DC/DC 及充电系统简介 ·· 129
　4.1.1　DC/DC 转换器 ·· 129
　4.1.2　高压充电系统 ··· 130
项目 2　高压充电系统组成与原理 ·· 132
　4.2.1　纯电动汽车高压充电系统 ··· 132
　4.2.2　插电混动汽车高压充电系统 ··· 134
项目 3　制动能量回收系统原理 ·· 137
　4.3.1　宝马 X1 PHEV 车型制动能量回收 ·· 137
　4.3.2　本田雅阁锐混动车型能量再生 ··· 141
项目 4　DC/DC 电路故障排除 ··· 145
　4.4.1　DC/DC 常规故障检测方法 ·· 145
　4.4.2　DC/DC 供电故障 ·· 146
　4.4.3　DC/DC 转换故障 ·· 148
项目 5　高压充电口维护与拆装 ·· 149

4.5.1　高压充电口维护标准 149
　　4.5.2　高压充电口拆装步骤 150
　项目 6　高压充电系统故障排查 152
　　4.6.1　高压充电系统端子定义与故障定位 152
　　4.6.2　高压充电系统故障诊断与排查 156
　项目 7　充电系统维修典型案例 160
　　4.7.1　众泰芝麻 E20 无法充电 160
　　4.7.2　江铃 E200/E200S 充电检测方法 162
　　4.7.3　江淮新能源预充超时 163
　　4.7.4　车辆交流充电失效 164
　　4.7.5　车辆无法充电 166
　项目 8　充电桩与壁挂式充电盒维修 167
　　4.8.1　江淮简易充电桩故障 167
　　4.8.2　比亚迪壁挂式充电盒故障 169

模块 5　电机驱动系统维修

　项目 1　电机驱动系统简介 172
　　5.1.1　驱动电机 172
　　5.1.2　电机控制器 174
　项目 2　驱动电机拆卸与安装 175
　　5.2.1　驱动电机的拆卸 175
　　5.2.2　驱动电机的安装 180
　项目 3　电机控制器拆卸与安装 181
　　5.3.1　拆装工具与注意事项 182
　　5.3.2　电机控制器的拆卸 182
　　5.3.3　电机控制器的安装 186
　项目 4　驱动系统故障排查 187
　　5.4.1　驱动系统端子定义与故障定位 187
　　5.4.2　电机控制器检测方法之一 188
　　5.4.3　电机控制器检测方法之二 190
　　5.4.4　电机控制器不工作的排查 192
　　5.4.5　电机控制器故障诊断流程 192
　　5.4.6　驱动系统故障诊断与排查 196
　　5.4.7　驱动电机控制器编程 200
　项目 5　驱动电机维修典型案例 204
　　5.5.1　驱动电机工作失效 204
　　5.5.2　驱动电机过速 204
　　5.5.3　驱动电机旋变故障 206
　　5.5.4　电机控制器与驱动电机的匹配 208
　项目 6　电机控制器维修典型案例 209

  5.6.1 电机控制器高温故障 209
  5.6.2 电机控制器与 DC 总成故障 209
  5.6.3 车辆挂挡不行驶 211
  5.6.4 挂挡无法行驶 212
  5.6.5 车辆没有 EV 模式 213
  5.6.6 车辆预充无法完成 215
  5.6.7 电机控制器旋变故障 217
 项目 7 变速器总成匹配与数据流分析 219
  5.7.1 比亚迪 BYDT75 变速器一键自适应方法 219
  5.7.2 比亚迪 BYD6HDT45 变速器数据流分析 222
 项目 8 变速器维修典型案例 226
  5.8.1 车辆无法启动 P 挡指示灯闪烁 226
  5.8.2 变速器功能受限 227
  5.8.3 无 EV 模式只能以 HEV 模式行驶 228
  5.8.4 从 EV 模式自动切换到 HEV 模式 229
  5.8.5 车辆无法上 OK 挡 231
  5.8.6 车辆挂挡后无法行驶 233

模块 6 底盘故障维修

 项目 1 制动系统故障维修 235
  6.1.1 制动系统简介 235
  6.1.2 制动系统无助力故障排除 238
  6.1.3 比亚迪 EPB 维修释放和标定 238
  6.1.4 比亚迪 ESP 系统故障排除 239
  6.1.5 比亚迪制动系统电动真空泵故障分析 241
  6.1.6 比亚迪 ESP 失效故障排除 242
 项目 2 转向系统故障维修 243
  6.2.1 电动助力转向系统简介 243
  6.2.2 转矩信号与转角信号标定 243
  6.2.3 REPS 系统数据流分析 244
  6.2.4 REPS 电动转向助力维修 245
  6.2.5 电动转向系统助力消失故障排除 245

模块 7 温度管理系统维修

 项目 1 高压冷却与加热系统 247
  7.1.1 纯电动汽车电池冷却与加热系统 247
  7.1.2 插电混动汽车电池冷却系统 251
  7.1.3 油电混动汽车电池冷却系统 253
  7.1.4 电机驱动系统冷却系统 254

项目 2　空调系统简介 ... 256
　　7.2.1　电动汽车制冷系统 ... 256
　　7.2.2　电动汽车加热系统 ... 257
项目 3　高压冷却系统部件拆装 ... 258
　　7.3.1　电动水泵总成拆装 ... 258
　　7.3.2　散热器组件拆装 ... 260
　　7.3.3　电子风扇总成拆装 ... 262
项目 4　空调系统高压部件拆装 ... 263
　　7.4.1　电动空调压缩机拆装 ... 263
　　7.4.2　电加热器拆装 ... 265
项目 5　高压冷却系统故障诊断 ... 267
　　7.5.1　冷却系统管路分布与冷却液循环线路 ... 267
　　7.5.2　冷却系统故障诊断 ... 268
项目 6　制冷系统故障维修 ... 274
　　7.6.1　空调不制冷 ... 274
　　7.6.2　空调系统高压电路故障 ... 277
　　7.6.3　空调压缩机排查流程 ... 277
　　7.6.4　EV 模式下空调不工作 ... 278
项目 7　加热系统故障维修 ... 279
　　7.7.1　PTC 继电器排查流程 ... 279
　　7.7.2　加热系统维修保养排气说明 ... 280
　　7.7.3　PTC 功能不正常检修步骤 ... 280

模块 8　CAN 总线与 VCU 系统维修

项目 1　CAN 总线原理 ... 282
　　8.1.1　CAN 总线简介 ... 282
　　8.1.2　混动车型总线网络 ... 283
　　8.1.3　纯电动汽车总线网络 ... 288
项目 2　CAN 总线维修 ... 294
　　8.2.1　CAN 总线检测与维修方法 ... 294
　　8.2.2　总线终端电阻与总线电压的检测示例 ... 296
　　8.2.3　CAN 总线故障排除 ... 297
项目 3　VCU 系统维修 ... 297
　　8.3.1　VCU 系统简介 ... 297
　　8.3.2　VCU 故障分级处理策略 ... 298
　　8.3.3　VCU 端子定义与故障诊断 ... 299
　　8.3.4　VCU 电脑编程 ... 305

模块 1
新能源汽车维修概述

项目 1　新能源汽车定义与分类

1.1.1　新能源汽车定义

依照中华人民共和国工业和信息化部 2009 年 6 月 17 日发布的《新能源汽车生产企业及产品准入管理规则》，新能源汽车是指采用非常规的车用燃料作为动力来源（或使用常规的车用燃料、采用新型车载动力装置），综合车辆的动力控制和驱动方面的先进技术，形成技术原理先进，具有新技术、新结构的汽车。

新能源汽车包括混合动力汽车、纯电动汽车（包括太阳能汽车）、燃料电池电动汽车、氢发动机汽车、其他新能源汽车等各类产品。

电动汽车则指的是所有使用电能驱动的车辆。这包括蓄电池驱动的车辆和混合动力车（完全混合动力车）或搭载燃料电池的车辆。

全部或部分由电机驱动，并配置大容量电能储存装置的汽车统称为电动汽车（EV，Electric Vehicle），包括纯电动汽车（BEV，Battery Electric Vehicle）、混合动力电动汽车（HEV，Hybrid Electric Vehicle）和燃料电池电动汽车（FCEV，Fuel Cell Electric Vehicle）三种类型。图 1-1-1 所示为油电混动至纯电动汽车的演变。

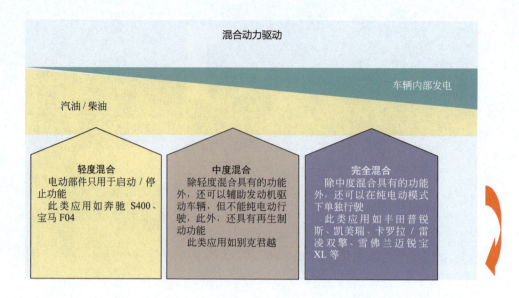
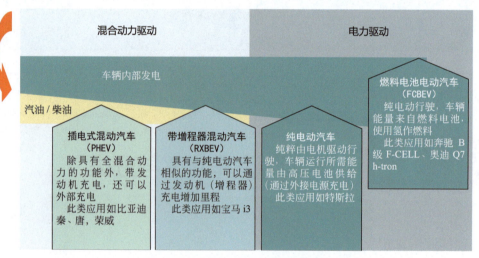

图 1-1-1　油电混动至纯电动汽车的演变

1.1.2　新能源汽车种类

1.1.2.1　纯电动汽车

纯电动汽车是完全由可充电电池（如铅酸电池、镍镉电池、镍氢电池或锂离子电池）提供动力源的汽车。典型的有图 1-1-2 所示的特斯拉 MODEL S。

纯电动汽车的优点如下。
- 无污染、噪声小。
- 结构简单，使用维修方便。
- 能量转换效率高；同时可回收制动、下坡时的能量，提高能量的利用效率。
- 可在夜间利用电网的廉价"谷电"进行充电，起到平抑电网的峰谷差的作用。

图 1-1-2　特斯拉 MODEL S

1.1.2.2　混合动力电动汽车

混合动力电动汽车是指使用电机和传统发动机联合驱动的汽车，按动力耦合方式的不同可以分为串联式混合动力、并联式混合动力和混联式混合动力。

① 串联式混合动力电动汽车（SHEV）的驱动力只来源于电机的混合动力。其结构特点是发动机带动发电机发电，电能通过电机控制器输送给电机，由电机驱动汽车行驶。另外，动力电池也可以单独向电机提供电能驱动汽车行驶。

② 并联式混合动力电动汽车（PHEV）的驱动力由电机及发动机同时或单独供给。其结构特点是并联式驱动系统可以单独使用发动机或电机作为动力源，也可以同时使用发动机和电机作为动力源驱动汽车行驶。

PHEV 的另一个定义是指新能源汽车中的插入式混合动力电动汽车（Plug In Hybrid Electric Vehicle），是特指通过插电进行充电的混合动力汽车。一般需要专用的供电桩进行供电，在电能充足时，采用电动机驱动车辆，电能不足时，发动机会参与到驱动或者发电环节。比较典型的有图 1-1-3 所示的比亚迪唐插电混动汽车。

图 1-1-3　比亚迪唐

③ 混联式混合动力电动汽车（CHEV）同时具有串联式、并联式的驱动方式。其结构特点是既可以在串联混合模式下工作，也可以在并联混合模式下工作，同时兼顾了串联式和并联式的特点。

混合动力电动汽车的主要特点如下。
- 采用小排量的发动机，降低了燃油消耗。
- 可以使发动机经常工作在高效低排放区，提高了能量转换效率，减少了排放。
- 将制动、下坡时的能量回收到蓄电池中再次利用，降低了燃油消耗。
- 在繁华市区，可关停发动机，由电机单独驱动，实现零排放。
- 电机和发动机联合驱动提高了车辆动力性，增强了驾驶乐趣。
- 利用现有的加油设施，具有与传统燃油汽车相同的续驶里程。

1.1.2.3 燃料电池电动汽车

燃料电池电动汽车是利用氢气和空气中的氧在催化剂的作用下在燃料电池中经电化学反应产生的电能作为主要动力源驱动的汽车。比较典型的有图 1-1-4 所示的丰田 MIRAI。

图 1-1-4　丰田 MIRAI

燃料电池电动汽车的特点主要如下。
- 能量转化效率高。燃料电池的能量转换效率可高达 60%～80%，为发动机的 2～3 倍。
- 零排放，不污染环境。燃料电池的燃料是氢和氧，生成物是清洁的水。
- 氢燃料来源广泛，可以从可再生能源获得，不依赖于石油燃料。

项目 2　混合动力汽车分类与结构原理

1.2.1　混合动力的定义

Hybrid 表示混合动力系统或混合动力技术。Hybrid 一词来源于拉丁语"Hybrida"，含义指交叉或混合的事物。在技术上，Hybrid 是指一套将两种互不相同的技术融合在一起的系统。当它应用于驱动方案时，Hybrid 一词则被用于两种场合：双燃料驱动和混合动力技术。混合动力车型一般在车身上会标识"HYBRID"表明其身份。

混合动力指两种不同的动力系统的组合，它们以不同的工作原理工作。目前大家对混合动力技术的理解是一个发动机和一个电机的组合。电机可以用作产生电能的发电机、驱动车辆的电动机或发动机的起动机。其组成形式如图 1-2-1 所示。

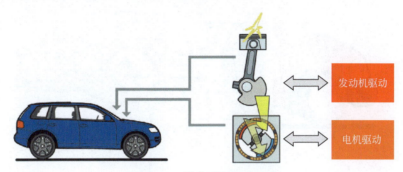

图 1-2-1　混合动力组成形式

1.2.2　混合动力汽车分类

1.2.2.1　根据混动程度分类

根据混动程度不同，混合动力系统可以分为以下三类。

（1）微混合动力系统

在这种动力方案中，电气组件（起动机/发电机）仅用于启动/停止功能。在制动时，部分动能可以转化为电能以重新利用（能量再生）。车辆无法通过纯电力驱动行驶。因发动机需要频繁启动，故对 12V 玻璃纤维吸附蓄电池进行了升级改造。微混合动力系统如图 1-2-2 所示。

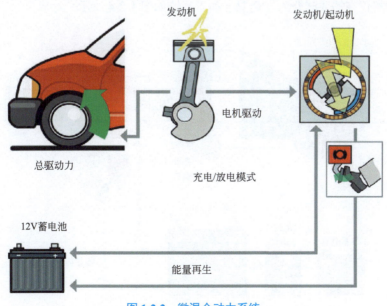

图 1-2-2　微混合动力系统

(2) 中度混合动力系统

电力驱动用来辅助发动机驱动车辆。车辆无法通过纯电力驱动行驶。利用中度混合动力系统可以在制动时回收更多的动能,并以电能的形式储存在高压蓄电池中。高压蓄电池及电气组件的额定电压和额定功率更高。由于电机的辅助,发动机可以在最佳的效率范围内启动。这被称为负载点推移。中度混合动力系统如图 1-2-3 所示。

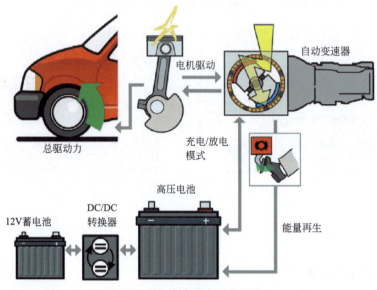

图 1-2-3 中度混合动力系统

(3) 全混合动力系统

这种系统将功率更强的电机和发动机相结合,可以实现纯电力驱动。一旦达到规定条件,电机即可辅助发动机的运行。低速行驶时,完全由电力驱动。发动机具备启动、停止功能。回收的制动能量可为高压蓄电池充电。发动机和电机之间的离合器可以断开这两个系统之间的连接。发动机仅在需要时介入。全混合动力系统如图 1-2-4 所示。

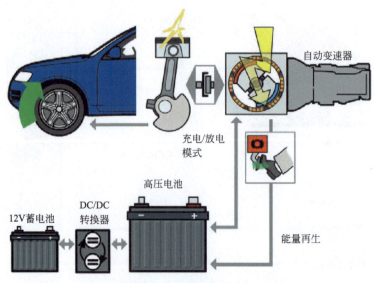

图 1-2-4 全混合动力系统

1.2.2.2 根据混动模式分类

根据混合动力驱动模式,混合动力系统又可以分为以下四类。

(1) 串联式混合动力系统

串联式混合动力系统由发动机、发电机和电机三部分动力总成组成,它们之间用串联方式组成串联式混合动力汽车动力单元系统,发动机驱动发电机发电,电能通过控制器输送到电池或电机,由电机通过变速机构驱动汽车。串联式混合动力系统如图1-2-5所示。

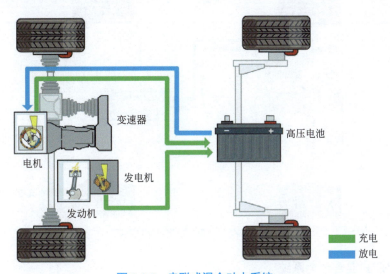

图 1-2-5　串联式混合动力系统

(2) 并联式混合动力系统

并联式混合动力系统的特点是结构简单。这种技术通常用于对已有车辆进行"混合动力化"。发动机、电机和变速器安装于一根轴上。并联式混合动力系统通常配有一台电机。发动机和电机各自输出功率的总和等于总输出功率。这种方案可以保留车辆上大部分的原有零部件。在四轮驱动车辆的并联混合动力设计中,四个车轮的驱动力由托森差速器和分动器传送。并联式混合动力系统如图1-2-6所示。

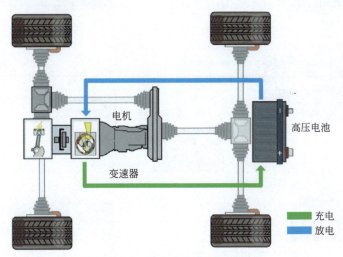

图 1-2-6　并联式混合动力系统

（3）混联式混合动力系统

混联式混合动力系统除配有发动机外，还配有一台电机，两者均安装于前桥上。驱动力由发动机和电机共同提供，通过行星齿轮组传递给变速器。与并联式混合动力系统设计不同，两种形式的动力输出并不能全部传递给车轮。其中一部分动力输出用于驱动车辆，而另一部分则以电能的形式储存在高压电池中。混联式混合动力系统如图 1-2-7 所示。

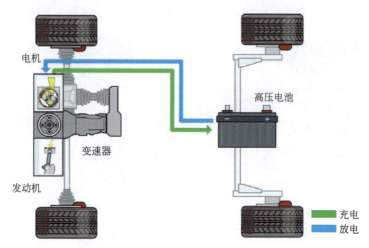

图 1-2-7　混联式混合动力系统

（4）混串联式混合动力系统

混串联式混合动力系统是串联与混联两种混合动力系统的结合。车辆拥有一台发动机和两台电机。发动机和电机 1 安装于前桥上，电机 2 则安装于后桥上。这种方案适用于四轮驱动的车辆。发动机和电机 1 通过行星齿轮组连接至车辆变速器。同样，在这种情况下，各动力源输出的动力并不全部传递给车轮。后桥上的电机 2 会在需要时启动。由于这样的设计，高压电池安装在车辆前、后桥之间。混串联式混合动力系统如图 1-2-8 所示。

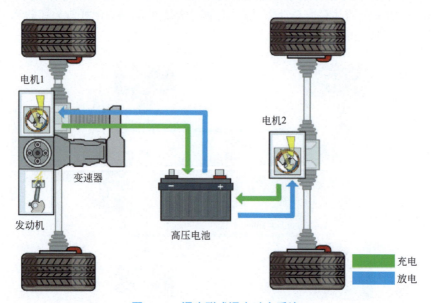

图 1-2-8　混串联式混合动力系统

1.2.3 混合动力汽车运行原理

1.2.3.1 串联式混合动力系统结构原理

在串联式混合动力系统中,电机驱动车轮,发动机利用发电机作为电机的电源。以奥迪 A1 e-tron 车型为例,该车型是配备增程器的车辆之一(RXBEV),它由一台发动机和两台电机驱动,发动机未配备至驱动桥的机械连接。该车辆仅配备电动驱动。

发动机仅驱动电机1,其作为发电机使用,并在车辆行驶时对高压电池充电。在该供能下,发动机以高输出和低油耗高效运作。该构造使车辆行程增加。该高压电池主要由外部充电。

当发动机和电机1作为交流发电机对车辆进行再充电时,其可被视作备用发电机。除了高压系统,车辆还带有12V车载供电转换器和12V车载供电蓄电池。其结构原理如图1-2-9所示。串联式混合动力系统工作模式及运行原理见表1-2-1。

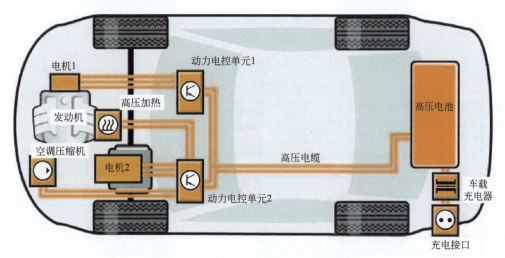

图 1-2-9　串联式混合动力系统结构原理

表 1-2-1　串联式混合动力系统工作模式及运行原理

模式	说明	能量传递路线
电机驱动	如果高压电池已充电,则车辆由电机2驱动。便捷用电设备(高压加热系统和高压空调压缩机)和12V车载供电蓄电池通过高压电池供电	发动机关闭；电机1关闭；动力电控单元1；电机2作为驱动部件运行；高压电池输出电能

续表

模式	说明	能量传递路线
电动驾驶和充电	高压电池缺电,发动机启用,以继续行驶。它驱动电机1,从而为高压电池充电。电机2是推进车辆的唯一动力,也是再生性制动的唯一方式	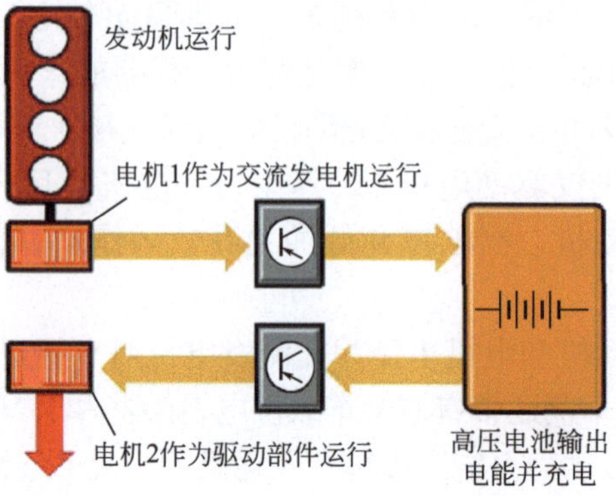 发动机运行；电机1作为交流发电机运行；电机2作为驱动部件运行；高压电池输出电能并充电
外部充电	高压系统和整个驱动停用。高压电池通过车载充电插头、高压充电器和两个充电保护继电器充电。充电过程由系统自动监控和停止	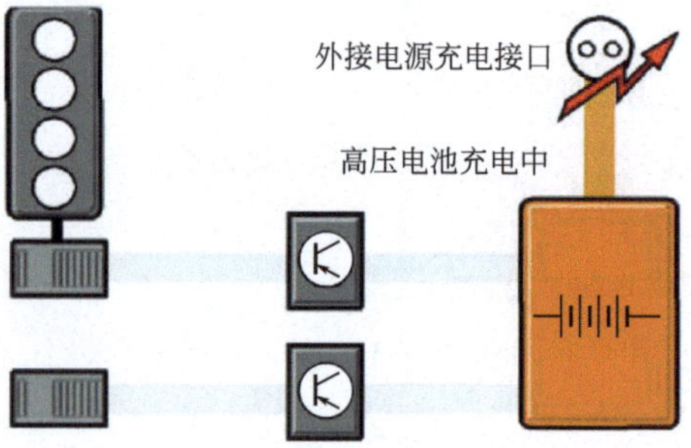 外接电源充电接口；高压电池充电中
车辆静止时充电	没有外部电源对高压电池充电。这种情况下,发动机可在车辆静止时通过电机1对高压电池充电	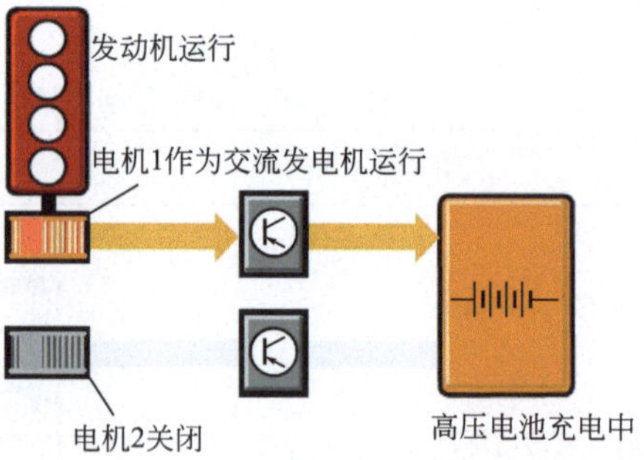 发动机运行；电机1作为交流发电机运行；电机2关闭；高压电池充电中

1.2.3.2 并联式混合动力系统结构原理

在并联式混合动力系统中,发动机和电机均直接驱动车轮。在车辆行驶过程中,除了补充发动机的动力外,电机还可作为发电机为高压电池充电,也可仅使用电机驱动车辆,其结构原理如图1-2-10所示。并联式混合动力系统工作模式及运行原理见表1-2-2。

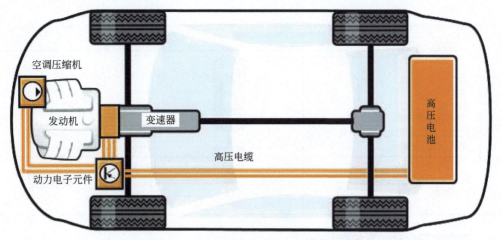

图 1-2-10 并联式混合动力系统结构原理

表 1-2-2 并联式混合动力系统工作模式及运行原理

模式	说明	能量传递路线
电机驱动	发动机停用。电机驱动车辆。在混合动力车中,所有通常情况下由发动机驱动的功能由不同的高压和12V单元驱动	发动机关闭；动力电子元件；高压电池输出电能；电机作为驱动单元运行
发动机驱动	发动机驱动车辆。高压电池充电(根据充电状态)。发动机操作点切换至高效范围	发动机运行；高压电池充电；电机作为交流发电机运行
联合驱动	当发动机有高载荷要求时,电机对其进行辅助。发动机和电机输出短时间内结合在一起	发动机运行；高压电池充电；电机作为驱动单元运行

续表

模式	说明	能量传递路线
再生制动	发动机通常情况下关闭。制动能量通过电机（用作交流发电机）转化为电能并储存在高压电池中	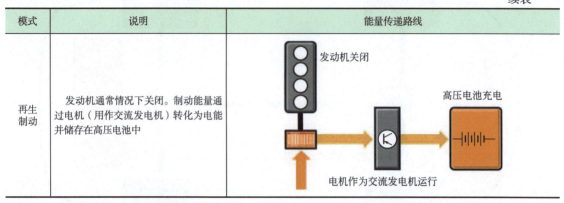

1.2.3.3 混联式混合动力系统结构原理

以大众混合动力驱动系统为例，图 1-2-11 所示为高尔夫 6 双驱 PHEV 插电式混合动力车型结构示意图（混联式混合动力系统结构原理）。驱动系统主要由发动机、混合动力车辆传动桥总成、带转换器的逆变器总成和高压电池组成。载有两台电机。其中一台电机专门用作交流发电机或启动电动机，另一台电机用作电动机和交流发电机。两台电机和发动机通过离合器相互连接。混联式混合动力系统工作模式及运行原理见表 1-2-3。

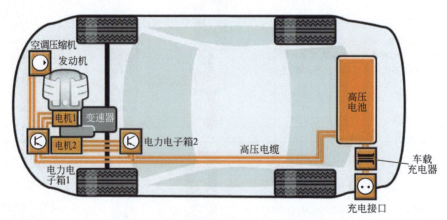

图 1-2-11 混联式混合动力系统结构原理

表 1-2-3 混联式混合动力系统工作模式及运行原理

模式	说明	能量传递路线
电机驱动	发动机停用。车辆由电机 1 驱动。高压电池通过动力电子元件（电力电子箱）1 供能	

续表

模式	说明	能量传递路线
序列驱动	电机2启动发动机。之后电机2作为交流发电机运行并向高压电池供能。该电机提供能量，从而电机1可电动驱动车辆。这种运行模式是个例外	发动机运行；电机2作为交流发电机运行；高压电池输出电能同时充电；电机1作为驱动部件运行
联合驱动	发动机和电机使车辆加速。供能取决于高压电池的充电状态	发动机运行；电机2作为驱动部件运行；高压电池输出电能；电机1作为驱动部件运行
发动机驱动	如果高压电池完全失电，则不再允许电动驾驶。在这种情况下，车辆使用发动机驱动，同时使用电机2产生的额外能量对高压电池充电	发动机运行；电机2作为交流发电机运行；高压电池充电；电机1关闭
耦合驾驶和充电	驾驶者计划的路线可能要求发动机驱动车辆，同时，额外的能量用于给高压电池充电	发动机运行；电机2作为交流发电机运行；高压电池输出电能的同时充电；电机1作为驱动部件运行

续表

模式	说明	能量传递路线
再生制动	离合器接合时,两台电机可用于再生性制动。车辆减速产生的能量可通过这两个动力电子元件(电力电子箱)转换成直流电压,并立刻存储在高压电池中	发动机运行;电机2作为交流发电机运行;电机1作为交流发电机运行;高压电池充电
外插充电	在从外部电源充电过程中,高压系统处于备用模式 电机和动力电子元件(电力电子箱)停用。充电电缆通过充电触点连接至车辆。当控制单元识别用于为高压电池充电的电源时,两个充电保护继电器关闭 充电过程开始。一旦达到要求的容量时,充电过程停止。充电过程中启用的用电设备由外部充电电源供电	外部充电连接插座;发动机和电机2关闭;电机1关闭;高压电池充电中

项目 3　纯电动汽车基本结构与原理

1.3.1　通用型纯电动汽车基本结构

电动汽车的整个驱动系统包括以下几部分。
- 高压电池,带控制单元(用于蓄电池管理)和必要的充电器。
- 电机,带电动控制(动力电子元件)和冷却系统。
- 变速器,包括差速器。
- 制动系统。
- 用于车内的高压空调。

以前驱车型为例,图 1-3-1 所示为纯电动汽车部件布置。

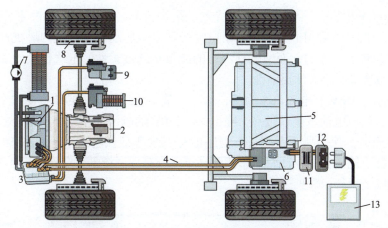

图 1-3-1　纯电动汽车部件布置

1—电机；2—带差速器的变速器；3—动力电子元件；4—高压电缆；5—高压电池；6—电子设备盒（带控制单元，用于蓄电池管理）；7—冷却系统；8—制动系统；9—高压空调压缩机；10—高压加热器；11—蓄电池充电器；12—用于外部充电的充电触点；13—外部充电电源

1.3.2　纯电动汽车基本原理

纯电动汽车的基本结构主要可分为三个子系统，即主能源系统（电动源）、电力驱动系统、能量管理系统。其中电力驱动系统又由电控系统、电机、机械传动系统和驱动车轮等部分组成，能量管理系统是实现电源利用控制、能量再生、协调控制等功能的关键部件。电力驱动系统是电动汽车的核心，也是其区别于内燃机汽车的最大不同点。

纯电动汽车的工作原理：蓄电池→电流→电力调节器→电机→动力传动系统→驱动汽车行驶。

纯电动汽车，相对内燃机汽车而言，主要差别在于四大部件，驱动电机、调速控制器、高压电池、车载充电器。图 1-3-2 所示为特斯拉 MODEL S 车型结构。

图 1-3-2　特斯拉 MODEL S 车型结构

与内燃机汽车相比，纯电动汽车的特点是结构灵活。内燃机汽车的主要能源为汽油或柴油，而纯电动汽车是采用电力能源，由电动源和电机驱动的。传统内燃机汽车的能量是通过刚性联轴器和转轴传递的，而纯电动汽车的能量是通过柔性的电线传输的。因此，纯电动汽车各部件的放置具有很大的灵活性。

以大众高尔夫 BEV 纯电动汽车为例，这是一款不装载发动机的纯电动汽车。除了通过再生性制动充电，高压电池只能通过一个充电站、230V 的电源插座或连接至公共充电站的充电电缆进行外部充电。除了高压系统，车辆还带有 12V 车载供电蓄电池。85kW 电机通过一个减速器和差速器将输出传至驱动轮。车辆驱动单元与高压系统部件分布如图 1-3-3 所示。纯电动汽车工作模式及运行原理见表 1-3-1。

图 1-3-3　车辆驱动单元和高压系统部件分布

表 1-3-1　纯电动汽车工作模式及运行原理

模式	说明	能量传递路线
电机驱动	纯电动汽车电动驱动单元的配置与完全混合动力汽车的配置相同，高压电池向动力电子元件供能，动力电子元件将直流电压转变成交流电压来驱动电机	
再生制动	如果纯电动汽车"滑行"（车辆在没有来自电机的驱动转矩下移动），部分热能通过用作交流发电机的电机转化成电能并对高压电池充电	

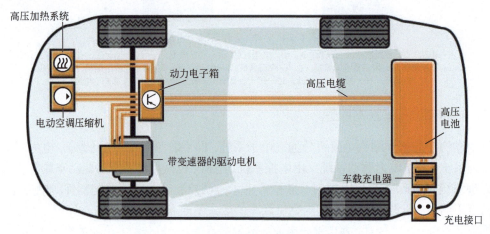

续表

模式	说明	能量传递路线
外部充电	高压电池通过车辆上的充电触点进行充电。当连接外部充电电源时，车辆将按照之前的设定值自动充电。该过程会自动完成。如果充电过程中使用用电设备，它们将由充电电压供电	
车辆温度控制	如果纯电动汽车处于交通阻塞中，则无需电机输出能量。高压加热系统和高压空调压缩机将满足乘员的舒适性需求	

项目 4　氢燃料汽车结构与原理

1.4.1　氢燃料汽车结构

燃料电池堆是燃料电池动力系统的最核心部件，它由多个燃料电池通过一定的方式结合起来形成的通过电化学反应产生直流电的燃料电池组组成。一个单独的燃料电池产生的电压低于1V，所以单电池要做成堆栈应用。

驱动电机及控制系统是燃料电池汽车的心脏，它的功能是使电能转变为机械能，并通过传统系统将能量传递到车轮驱动车辆行驶。其基本构成为电机和控制器，电机由控制器控制，是一个将电能转变为机械能的装置，控制器的作用是将动力源的电能转变为适合于电机运行的另一种形式的电能，所以控制器本质上是一个电能变换控制装置。

电机驱动是燃料电池汽车唯一的驱动模式。大型燃料电池汽车，如大客车，一般采用感应电机驱动；小型燃料电池汽车，如轿车，一般采用无刷直流电机驱动。

燃料电池汽车的整车控制系统和其他类型的新能源汽车是一样的，它负责对燃料电池系统、电机驱动系统、动力转向系统、再生制动系统和其他辅助系统进行监测和管理，也可以向智能化和数字化方向发展，包括神经网络、模糊运算和自适应控制等非线性智能控制技术都可以应用于燃料电池汽车的控制系统中。因此，燃料电池汽车一样可以发展无人驾驶或智能驾驶。

燃料电池汽车是以燃料电池为主要电源和以电机驱动为唯一的驱动模式的电动车辆，燃料电池汽车的基础结构多种多样，按照驱动方式可分为纯燃料电池驱动和混合驱动两种，区别主要在于是否加装了辅助电源。

目前，因受到燃料电池启动较慢和燃料电池不能用充电来储存电能的限制，多数燃料电池汽车都要增加辅助电源以加快燃料电池汽车的启动，同时储存燃料电池的多余电能和车辆制动反馈的再生能量。

因此一般的燃料电池汽车大多是混合驱动型车，其动力系统关键装备除了燃料电池，还包括DC/DC转换器、驱动电机及传动系统、辅助电源。

辅助电源及管理系统是混合型燃料电池汽车动力系统中的重要组成部分，在汽车启动、加速、爬坡等工况下，需要驱动功率大于燃料电池可以提供的功率时，释放存储的电能，从而降低燃料电池的峰值功率需求，使燃料电池工作在一个稳定的工况下，而在汽车怠速、低速或减速等工况下，燃料电池功率大于驱动功率时，存储动力系统富余的能量，或在再生制动时，吸收存储制动能量，从而提高整个动力系统的能量效率。

目前应用于混合型燃料电池汽车的辅助电源主要有铅酸电池、镍镉电池、镍氢电池、锂离子电池、超级电容器等。由于铅酸电池最便宜，目前辅助电源用得最多的还是铅酸电池，主要采用EFB电池（增强型富液式铅酸电池）和AGM电池（玻璃纤维吸附蓄电池），其供应商主要包括博世、法雷奥、德尔福和马自达等厂商。此外，镍氢电池由于其性价比优势，也是现在主流的燃料电池辅助电源之一。

2009年奔驰公司发布了B级F-CELL燃料电池汽车。该车动力系统最大输出功率为130马力（96kW），峰值转矩为290N·m，而且在启动时即可达到峰值转矩，最高车速可达170km/h，时速只比自然吸气式奔驰B200车型低26km。每千米二氧化碳排量为零。B级燃料电池汽车驱动系统的主要部件包括小型氢燃料电池、高效能的锂离子电池、三个700bar（70MPa）高压储氢罐以及一台位于前轴的紧凑而轻量化的驱动电机。该车内部结构如图1-4-1所示。

奥迪公司在2014洛杉矶车展上发布了奥迪A7 Sportback h-tron quattro氢燃料混合动力汽车，其最核心的部件是位于传统发动机舱的氢燃料电池，由300多个电池单元组成。氢气被输送到电池阳极后，被分解为质子和电子，质子到达阴极后与空气中的氧气反应变成水蒸气，同时电子提供电能，整个燃料电池的电压在230～360V之间。在燃料电池模式下，车辆仅需约1kg的液态氢就能行驶100km，产生的能量相当于3.7L汽油提供的能量，加满约5kg液态氢只需不到3min的时间。奥迪A7 Sportback h-tron氢燃料汽车内部结构及关键部件如图1-4-2～图1-4-5所示。

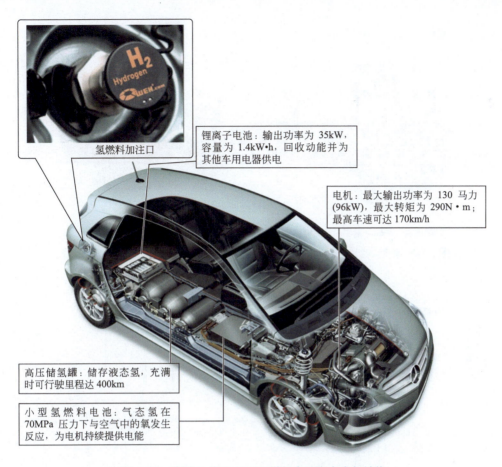

图 1-4-1 奔驰 B 级 F-CELL 燃料电池汽车内部结构

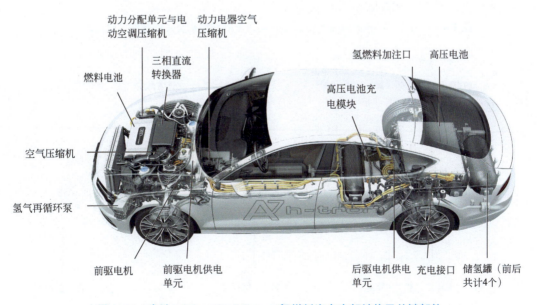

图 1-4-2 奥迪 A7 Sportback h-tron 氢燃料汽车内部结构及关键部件

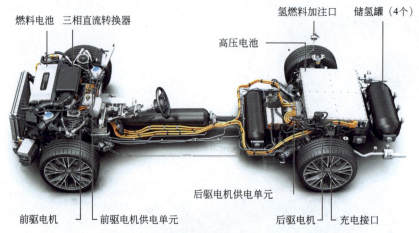

图 1-4-3　奥迪 A7 Sportback h-tron 氢燃料汽车内部结构及关键部件（无车身）

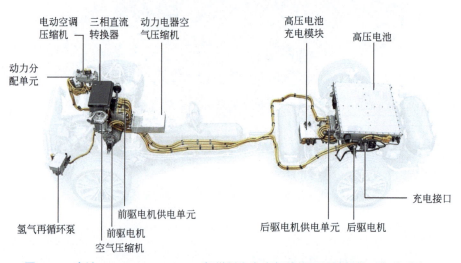

图 1-4-4　奥迪 A7 Sportback h-tron 氢燃料汽车内部结构及关键部件（电动系统）

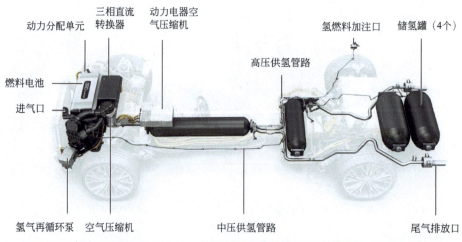

图 1-4-5　奥迪 A7 Sportback h-tron 氢燃料汽车内部结构及关键部件（氢燃料系统）

2014年11月，丰田公司发布了氢燃料电池汽车Mirai，并于12月在日本上市销售。这是丰田第一款量产的燃料电池汽车，Mirai的内部有两个储氢罐，可以存储700个大气压（70MPa）的氢气，总重87.5kg。一个储氢罐布置在后备厢靠前的位置，另一个储氢罐布置在后排座椅下面，这两个储氢罐由三层材料包裹制成。后排座椅椅背后方有一蓄电池组，在车辆运行时，作为燃料电池所产生的多余电力以及能量回收时的电力储存装置使用。在必要时，蓄电池可以同燃料电池同时向电机输出电力以增强车辆动力。Mirai的燃料电池布置在前排座椅下面，最大输出功率为155马力（114kW）。该车内部结构如图1-4-6所示。

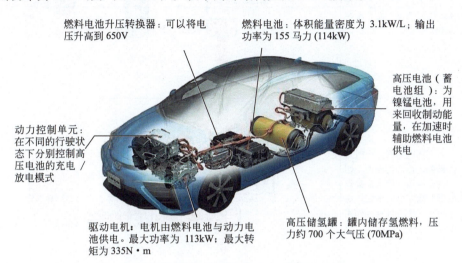

图 1-4-6　丰田 Mirai 氢燃料电池汽车内部结构

1.4.2　氢燃料汽车原理

以大众途观 HyMotion（FCBEV）车型为例，该车采用燃料电池驱动。车辆以氢气作燃料，燃料电池模块为电机提供电能。在该模块中，氢气转化为水以产生电能。根据操作模式，使用高压电池驱动。

该车没有安装附加的发动机。高压电池只能通过特殊充电装置进行外部充电。除了高压系统，车辆还带有 12V 车载供电蓄电池。该车高压部件连接如图 1-4-7 所示。该车工作模式及运行原理见表 1-4-1。

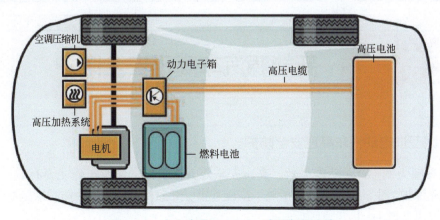

图 1-4-7　大众途观 HyMotion 高压部件连接

表 1-4-1　大众途观 HyMotion 工作模式及运行原理

模式	运行模式说明	能量传递路线
电动驱动	如果高压电池已充电，则可电动驾驶车辆。在这种情况下，燃料电池不再供给任何能量，而且不再消耗任何氢气	燃料电池停用；电机作为驱动单元；动力电子箱；高压电池输出能量
电动驾驶和充电	当高压电池在充电时需要燃料电池的能量时，燃料电池启用。用于驱动及高压电池充电的电能由氢气和空气中氧气相互作用而得	燃料电池启用；电机作为交流发电机；高压电池充电中同时输出能量
再生制动	电机专门用于再生性制动。在超限运转阶段，电机用作交流发电机。它通过动力电子元件为高压电池充电	燃料电池停用；电机作为交流发电机；高压电池充电中

项目 5　新能源汽车高压安全防护

1.5.1　比亚迪电动汽车高压安全防护

以秦车型为例，针对功能失效、高压安全等方面所做的防范工作主要有电源极性反接保护、碰撞保护、主动泄放、被动泄放、高压互锁、开盖检测等，安全防护措施如图 1-5-1 所示，操作说明见表 1-5-1。

图 1-5-1 比亚迪秦安全防护措施

表 1-5-1 安全防护措施操作说明

安全防护措施	操作说明
电源极性反接保护	当因不当操作或其他原因导致秦的高压产品的供电电压极性反转时，驱动电机控制器、DC/DC 转换器、动力电池管理器均可保护自己不被烧坏。当此极性反转的电压去除后，这些电控产品均可正常工作
碰撞保护	当车辆发生碰撞时，动力电池管理器检测到碰撞信号大于一定阈值时，会切断高压系统主回路的电气连接，同时通知驱动电机控制器激活主动泄放，从而可使秦发生碰撞时的短路危险、人员电击危险降到最低
主动泄放	驱动电机控制器中含有主动泄放回路，当检测到车辆发生较大碰撞，或高压回路中某处接插件在拔开状态，或含有高压的高压电控产品存在开盖情况，可在 5s 内将高压回路直流母线电压泄放到 60V 以下，迅速释放危险电能，最大限度保证人员安全
被动泄放	在含有主动泄放的同时，驱动电动机控制器、空调驱动控制器等内部含有高压的高压电控产品同时设计有被动泄放回路，可在 2min 内将高压回路直流母线电压泄放到 60V 以下，被动泄放作为主动泄放失效的二重保护
高压互锁	秦的高压互锁包括结构互锁和功能互锁 结构互锁：秦的主要高压接插件均带有互锁回路，当其中某个接插件被带电断开时，动力电池管理器便会检测到高压互锁回路存在断路，为保护人员安全，将立即进行报警并断开主高压回路电气连接，同时激活主动泄放 功能互锁：当车辆在进行充电或插上充电枪时，秦的高压电控系统会限制整车不能通过自身驱动系统驱动，以防止可能发生的线束拖拽或安全事故
开盖检测	秦的重要高压电控产品具有开盖检测功能，当发现这些产品的盖子在整车高压回路连通的情况下打开时，会立即进行报警，同时断开高压主回路电气连接，并激活主动泄放

1.5.2 奔驰电动汽车高压安全防护

奔驰 C300 PHEV 插电混动车型高压防护措施见表 1-5-2。

表 1-5-2 奔驰 C300 PHEV 插电混动车型高压防护措施

防护措施	说明
直接触摸保护（ECE-R 100）	①壳体、盖板、防护板、高压导线绝缘 ②确保可在运行中访问带电部件的盖板和壳体仅能通过复杂的拆卸去除

续表

防护措施	说明
间接接触保护	高压电网中的所有装置通过导电的壳体、盖板与底盘连接（最大接触电阻为10mΩ）
标识	①用高压警示标签对所有高压组件进行标识 ②用橙色来标记高压电缆和护套
电位隔离	高压电网已与底盘（接地）和12V车载电气系统的正极绝缘（全极隔离）
联锁装置	联锁装置可确保切断高压车载电气系统的电压或在访问高压车载电气系统时，高压车载电气系统不激活
绝缘监控	高压电网和底盘（接地）以及12V车载电气系统之间的绝缘监控和在识别到绝缘故障时，关闭高压车载电气系统直至车辆停止（仪表盘警告和启动阻碍）
过载电流保护装置	出现过载电流时，必须保护高压电缆，以免损坏。在最短的时间识别该危险并采取必要措施（如保护性切断、熔丝等）
碰撞识别	识别到某种程度的碰撞（即便是在停车和内燃机关闭的状态下），高压车载电气系统关闭并切断充电装置
高压切断装置	电源断开后，必须根据当前有效的WIS文档确定高压车载电气系统已锁上，以防止重新接通（接通点火开关），另外，高压切断装置已打开且用接通锁（挂锁）锁上

联锁装置回路用于人员的接触防护，以免无意间接触到高压组件，回路组成如图1-5-2所示。为此，通过可拆卸的高压断开装置（串联电路）传递一个12V/88Hz的电气信号。拔下时，高压车载电气系统将识别到断路，随后高压车载电气系统停用，同时电容器中间电路放电。

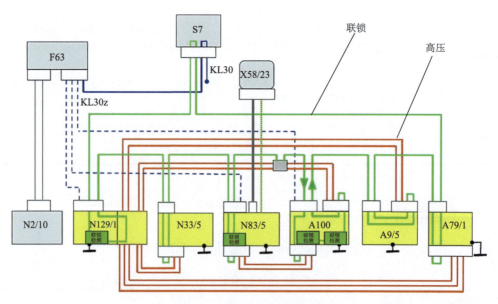

图1-5-2 联锁装置回路组成

A9/5—电动空调压缩机；A79/1—电机；A100—高压电池模块；F63—燃爆熔丝；N2/10—辅助防护系统（SRS）控制单元；N33/5—高压正温度系数（PTC）辅助加热器；N83/5—充电装置；N129/1—动力电子装置控制单元；S7—高压切断装置；X58/23—充电装置供电插座

项目 6 新能源汽车安全作业规范

1.6.1 作业前准备工作

混合动力汽车和电动汽车上的高压车载网络以最高 650 V 的直流电压工作且必须提供较大电能。其高压部分连接线束呈橙色。部分高压部件上有警示标志,如图 1-6-1 所示。如果不遵守作业要求,将导致严重伤害,甚至有生命危险。

图 1-6-1 高压部件警示标志

工作人员一定要穿好绝缘鞋,身上不要携带金属物品,如口袋里不要装硬币等。使用 1000V 耐久性的绝缘手套,并在使用前确认是否破损,在未佩戴手套的情况下不要直接接触高压部分。

进行场地检查,在比较明显的位置使用警示牌提醒其他人员高压作业中触摸危险。将维修车辆停放在维修工作区域时,先确认地面和发动机舱内没有水,不允许在潮湿的环境下作业。确认工作区域内配有二氧化碳灭火器。

准备所需维修工具,确认维修工具经过绝缘处理。

切忌手上沾有水时进行高压作业或在高压部件沾有水的状态下作业。在地面或周围湿度过高时,必须停止作业。

切断高压系统电源,首先切断手动维修开关。

1.6.2 安全操作规范

① 在维修作业前采用安全隔离措施(使用警戒栏隔离),并树立高压警示牌,如图 1-6-2所示,以警示相关人员,避免发生安全事故。

图 1-6-2 作业区域隔离与警示牌标示

② 在维修高压部件前，将车身用搭铁线连接到混合动力及纯电动车型专用维修工位的接地线上。

③ 在检修有电解液泄漏的高压电池包时，需佩戴防护眼镜，以防止电解液溅入眼中。

④ 在车辆上电前，注意确认是否还有人员在进行高压维修操作，避免发生意外。

⑤ 检修高压线束时，对拆下的任何高压配线应立刻用绝缘胶带包扎绝缘。

⑥ 进行钣金维修时，必须采用干磨工艺，严禁采用水磨工艺。

⑦ 整车进入烤漆房进行烘烤工艺时，必须将高压电池包与整车分离。

⑧ 不能用手指触摸高压线束接插件里的带电部位以免触电，另外应防止有细小的金属工具或铁条等接触到接插件中的带电部位。

⑨ 若发生异常事故和火灾时，操作人员应立即切断高压回路，其他人员立即使用灭火器扑救（使用干粉灭火器，严禁用水基灭火器）。

⑩ 当发生电池漏电解液，切勿用手触摸，电解液需用葡萄糖酸钙溶液进行稀释，不可用水稀释。

图 1-6-3　前机舱高压部件及橙色线束（北汽 EC200）

⑪ 对于空调制冷剂和冷冻油的回收、加注必须用单独的专用设备进行，不能与燃油车型制冷剂加注及回收设备混用，避免对车辆空调系统及环境造成危害。

⑫ 作业中注意用于高压部件及区域提示的颜色或标示。

a. 橙色线束均为高压（适用于所有新能源车型，如图 1-6-3 所示的北汽新能源 EC200 车型前机舱高压部件及橙色线束）。

b. 动力整车电池包连至电源管理器的红色电压采样线束（适用于部分新能源车型，如图 1-6-4 所示的比亚迪新能源车型高压电池采样线束）。

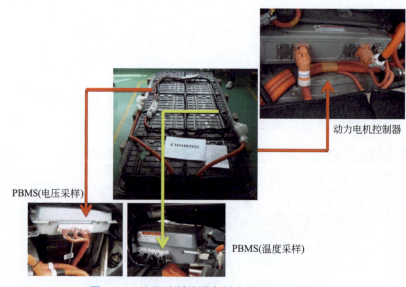

图 1-6-4　比亚迪新能源车型高压电池采样线束

c. 高压零部件包括高压电池包、高压配电箱、车载充电器、太阳能充电器（如比亚迪 F3DM）、驱动电机控制器总成（前、后）、电力驱动总成（前、后）、电动压缩机总成、电加热芯体 PTC、漏电传感器等。图 1-6-5 所示为宝马 i3 高压部件分布。

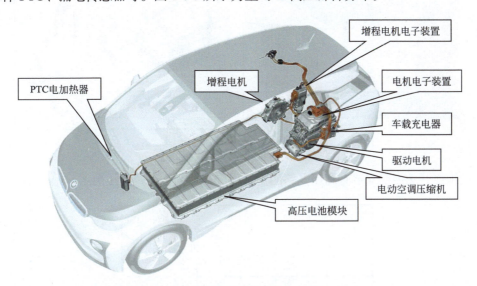

图 1-6-5　电动汽车高压部件分布（宝马 i3）

⑬ 新能源汽车高压系统维修安全操作步骤如下（图 1-6-6）。
a. 切断车辆电源（将启动按钮置于 OFF 挡），等待 5min。
b. 戴好绝缘手套。
c. 拔下维修开关并存放在规定的地方。
d. 在断开维修开关 5min 后，检修高压系统前应使用万用表测量整车高压回路，确保无电。

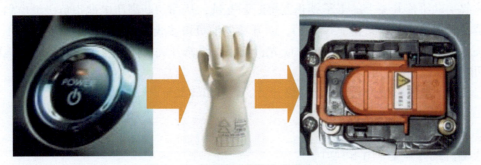

图 1-6-6　高压系统维修安全操作步骤

1.6.3　手动维修开关

维修开关（Service Switch）位于高压电池包总成上方的左上角，连接了高压电池的一个正极和一个负极（图 1-6-7 所示为比亚迪唐 DM 维修开关安装位置）。它的主要作用是在车辆维修时直接断开高压回路，从而保证操作人员的安全。维修开关正常状态时，手柄处于水平位置；需要拔出时，应先将手柄旋转至竖直状态，再向上拔出；需要插上时，应先沿竖直方向用力向下插入，再将手柄旋转至水平状态。

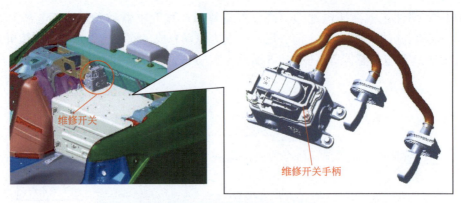

图 1-6-7 维修开关安装位置（比亚迪唐 DM）

手动维修开关内部安装有高压电路的主熔丝和互锁的舌簧开关（图 1-6-8）。

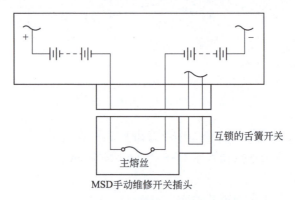

图 1-6-8 手动维修开关内部原理

拉起手动维修开关上的卡子锁止器可断开互锁，从而切断高压电池正负极继电器。为确保安全，务必将启动开关置于 OFF 挡，断开蓄电池负极接线柱，等待 10min 后再拆下手动维修开关。在执行任何检查或维护前，应先拆下手动维修开关，使高压电路在高压电池的中间位置切断，以确保维护期间的安全。

以江淮新能源车型为例，手动维修开关的取出步骤如下：

① 钥匙置于 LOCK 挡。

② 断开 12V 蓄电池负极。

③ 断开维修开关（图 1-6-9）。

图 1-6-9 维修开关位置

④ 打开维修开关上方的地毯盖板。
⑤ 拆下维修盖板四个安装螺栓，拆除维修开关盖板。
⑥ 打开维修开关二次锁扣，如图 1-6-10 所示。

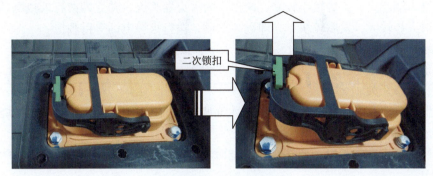

图 1-6-10　打开二次锁扣

⑦ 按住卡扣，按图 1-6-11 所示方向转动维修开关把手，然后向上用力至把手垂直，取出维修开关。拔下维修开关后，需等待 10min，确保高压残余电量耗尽。

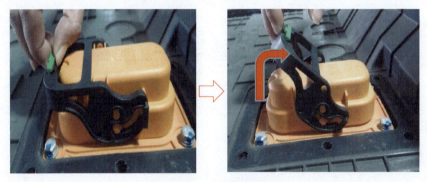

图 1-6-11　取出维修开关

1.6.4　高压事故急救

（1）电击事故急救措施

援救电气事故中受伤人员时，绝对不可触碰仍然与电有接触的人员。如果可能，马上将电气系统断电（关闭点火开关或者马上拔出维修开关）。用不导电的物体（木条、竹竿等）把事故受害者或者导电体与放电体分离。

电击事故后实施急救时，如果事故受害者没有反应，应采取如下急救措施：首先确定受害者是否还有生命迹象，比如脉搏和呼吸；马上呼叫急救医生，或者马上让旁边人去呼叫；进行人工呼吸以及心肺按压直到医生到达；如果呼吸停止，使用非专业的去纤颤器（如果有的话）进行抢救。

如果事故受害者能回应问询，应采取如下急救措施：对烧伤处进行降温处理，并用消过毒的无绒布进行包扎；即使事故受害者拒绝，也要要求其接受治疗（避免出现长期的后遗症）。

（2）高压电池事故急救措施

电动汽车或高压电池起火时，根据实际情况，进行下列操作。

① 将车辆退电至 OFF 挡，并在条件允许的情况下断开 12V 蓄电池。
② 断开维修开关。
③ 就近寻找灭火器（勿使用水基型灭火器）。
④ 如果车辆起火，火势较小较慢，使用干粉灭火器灭火，并立即拨打求救电话。
⑤ 如果火势较大，发展较快，立即远离车辆，拨打火警电话等待救援。

如果高压电池发生泄漏（有明显液体流出），按照以下方法对车辆进行操作。
① 将车辆退电至 OFF 挡，并在条件允许的情况下断开 12V 蓄电池。
② 断开维修开关。
③ 发生少量泄漏时，远离火源，使用吸水布吸附后置于密闭容器中，或采用焚烧方式处理，操作前佩戴防酸碱手套。
④ 发生大量泄漏时，统一收集，按照危险化学品处理，可加入葡萄糖酸钙溶液来处理产生的气体 HF。
⑤ 当人体不慎接触泄漏液体时，应立即用大量水冲洗 10～15min，如果有疼痛感可用 2.5% 的葡萄糖酸钙软膏涂敷，或用 2%～2.5% 的葡萄糖酸钙溶液浸泡止痛，若无改善或出现不适症状，立即就医。

项目 7　维修设备与工位配置

1.7.1　常用工具设备

新能源汽车维修用基本设备见表 1-7-1。

表 1-7-1　新能源汽车维修用基本设备

设备工具名称	规格要求或技术标准
测电笔	① 非接触式，声光提示 ② 可测试电压范围：90～1000VAC
数字钳形表	电压测量：1000VAC/1000VDC
兆欧表（绝缘电阻测试仪）	① 输出电压：250V/500V/1000V ② 测试电流：250V（$R=250\mathrm{k}\Omega$）1mA；500V（$R=500\mathrm{k}\Omega$）1mA；1000V（$R=1\mathrm{M}\Omega$）1mA ③ 绝缘电阻：250V 0.1～2.0MΩ；500V 0.1～50MΩ；1000V 0.1～100MΩ ④ 测试电压：750VAC
三相交流电相序计	① 相序检测电压使用范围：200～480V ② 相序检测频率使用范围：20～400Hz ③ 用于三相正弦交流电源相序的顺、逆及断相检查 ④ LCD 和蜂鸣器指示正相、反相和缺相
Has_Hev 制动液充放机	① 储液容量：≥ 4L ② 工作压力范围：0～0.4MPa

新能源汽车维修用辅料见表 1-7-2。

表 1-7-2　新能源汽车维修用辅料

名称	单位	数量	规格及要求
精密 0～7pH 试纸	盒	5	型号：pH 0～14，分辨率 0.5pH 单位
电工胶带	卷	10	尺寸：18mm×20m×0.18mm 电压等级：600V；介电强度 1000V/mil（39.37kV/mm） 绝缘电阻：>1012Ω
干粉灭火器	个	4	如果车辆起火，火势较小较慢，使用干粉灭火器灭火，并立即拨打求救电话

1.7.2　安全防护用具

新能源汽车维修用安全防护用具见表 1-7-3。部分防护用具如图 1-7-1 所示。

表 1-7-3　新能源汽车维修用安全防护用具

名称	单位	数量	设备规格及要求
安全警示牌	件	2	规格：30cm×60cm 高强度 ABS 塑料 内容："危险请勿靠近"与高压标识
绝缘手套	双	3	耐直流电压 1000V 以上
防酸碱手套	双	3	耐酸碱
绝缘鞋	双	3	耐直流电压 1000V 以上
绝缘胶垫	张	4	单张 1m^2，耐直流电压 1000V 以上
防护眼镜	个	3	耐酸碱

(a) 绝缘手套

(b) 绝缘胶鞋

(c) 绝缘胶垫

(d) 防护眼镜

图 1-7-1　部分防护用具

1.7.3　维修工位配置标准与辅料规格

（1）混合动力及纯电动车型安全维修工位配置标准

① 设立专用维修工位（配备 3.5t 以上龙门举升机）。
② 采用安全隔离措施，并树立高压警示牌与隔离栏（图 1-7-2）。
③ 墙面贴挂《混合动力及纯电动车型维修安全作业规范》。
④ 专用维修工位配有符合 GB 2099.1 额定电压 250V、额定电流 16A 的单相且有效接地的标准三孔插座。

（2）混合动力及纯电动车型安全维修工位辅料规格

① 高压警示牌（30cm×60cm、高强度 ABS 塑料）。

②隔离栏（总高 90cm，拉带宽 5cm，拉带长 200cm、300cm、500cm，拉带颜色为红色）。

③绝缘地胶（绝缘 1000V 的电压，防水级别与塑料或橡胶材料类似，尺寸 7m×4m），铺装效果如图 1-7-3 所示。

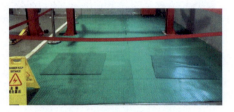

图 1-7-2　高压警示牌与隔离栏　　　　　图 1-7-3　绝缘地胶铺装效果

项目 8　电动汽车诊断设备应用

1.8.1　诊断硬件与软件构成

电动汽车上位机检测所需硬件有 USB-CAN 卡、OBD 接插件与笔记本电脑，如图 1-8-1 所示。

上位机检测所需软件有 CAN 驱动程序包、诊断软件，如图 1-8-2 所示。

(a) USB-CAN卡　　(b) OBD接插件　　(c) 笔记本电脑　　　(a) CAN驱动程序包　(b) 诊断软件

图 1-8-1　上机位检测所需硬件　　　　　图 1-8-2　上位机检测所需软件

1.8.2　CAN 卡驱动安装步骤

①CAN 卡驱动安装包解压缩，并置于电脑桌面。

②如图 1-8-3 所示，将 CAN 卡连接至电脑（电脑未安装 CAN 卡驱动时，CAN 卡 SYS 灯显示为红灯）。

③打开电脑"设备管理器"选项，如图 1-8-4 所示，找到"未知设备"选项，右击选择

更新驱动程序选项。

图 1-8-3　连接 CAN 卡到电脑

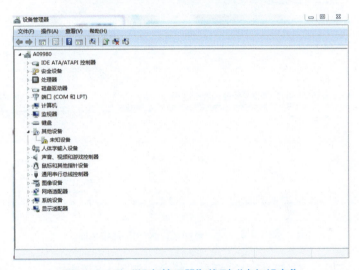

图 1-8-4　从"设备管理器"找到"未知设备"

④ 选择"浏览计算机以查找驱动程序软件",如图 1-8-5 所示。

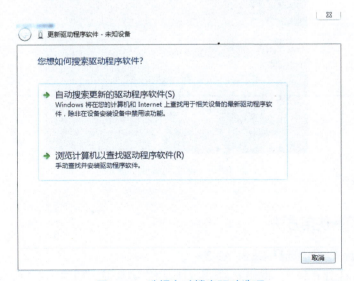

图 1-8-5　选择自动搜索驱动选项

⑤ 浏览文件夹，选定桌面上的 CAN 卡驱动文件夹，单击确定后自动安装，如图 1-8-6 所示。

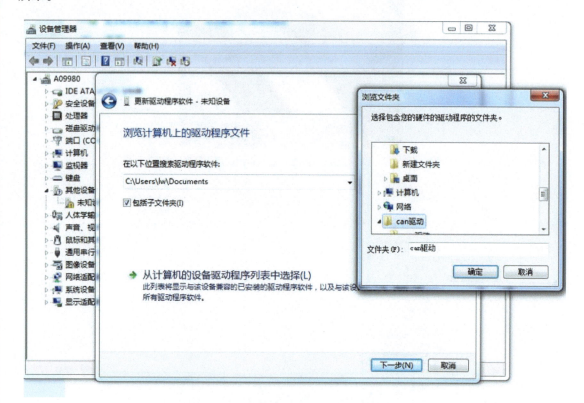

图 1-8-6　找到驱动文件夹中的驱动文件

⑥ 驱动安装成功后，CAN 卡 SYS 灯显示绿色，如图 1-8-7 所示。

图 1-8-7　驱动安装成功提示

1.8.3　诊断设备使用方法

① Device Type 栏目中选择 USBCAN2。
② CAN Chanel 分 0 和 1，选择 CAN 卡对应的连接频道，如图 1-8-8 所示。

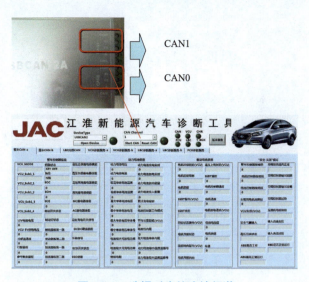

图 1-8-8　选择对应的连接频道

③ 先单击 Open Device，后单击 Start CAN。

模块 2

高压配电系统维修

 高压配电系统简介

2.1.1 配电系统功能

高压配电箱总成的主要功能是通过对接触器的控制来实现将高压电池的高压直流电供给整车高压电器，以及接收车载充电器或非车载充电器的直流电来给高压电池充电，同时含有其他辅助检测功能，如电流检测、漏电检测等。以比亚迪新能源车型为例，唐 DM 的高压配电箱总成如图 2-1-1 所示，宋 DM 高压配电箱安装位置如图 2-1-2 所示。

图 2-1-1　比亚迪唐 DM 高压配电箱总成

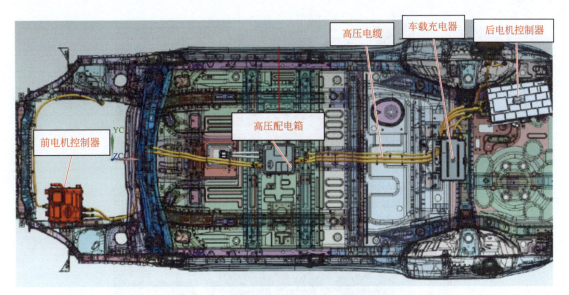

图 2-1-2 比亚迪宋 DM 高压配电箱安装位置

高压配电箱功能见表 2-1-1。

表 2-1-1 高压配电箱功能

功能	描述
高压直流输出	通过电池管理器控制预充接触器、主接触器等吸合，使放电回路导通，为前、后电机控制器、空调负载供电
车载充电器单相充电输入	通过电池管理器控制车载充电接触器吸合，使车载充电器充电回路导通，为高压电池充电
电流采样	通过霍尔电流传感器采集高压电池正极母线中的电流，为电池管理器提供电流信号
高压互锁	通过低压信号确认整个高压系统盖子及高压接插件是否已经完全连接。唐 DM 车型设计为三个相互独立的高压互锁系统：驱动系统（串接开盖检测）、空调系统、充电系统

2.1.2 配电箱总成结构

以比亚迪唐 DM 车型为例，高压配电箱外部接口如图 2-1-3 所示，内部结构如图 2-1-4 所示。

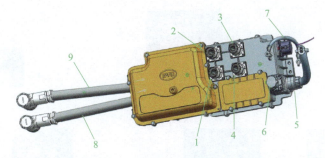

图 2-1-3 比亚迪唐 DM 高压配电箱外部接口
1—前电机控制器正极输出；2—前电机控制器负极输出；3—后电机控制器负极输出；4—后电机控制器正极输出；
5—低压接插件；6—空调输出；7—车载充电器输入；8—电池包正极输入；9—电池包负极输入

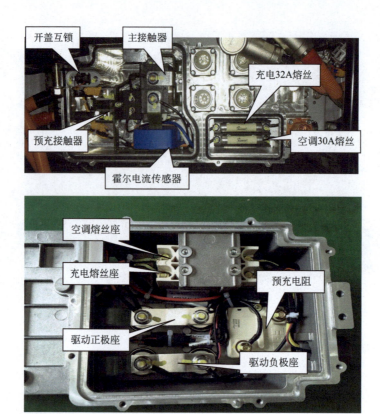

图 2-1-4 比亚迪唐 DM 高压配电箱内部结构

2.1.3 高压互锁功能

以比亚迪新能源车型为例,高压互锁包括结构互锁(图 2-1-5)和功能互锁(图 2-1-6)。结构互锁的主要高压接插件均带有互锁回路,当其中某个接插件被带电断开时,高压电池管理器便会检测到高压互锁回路存在断路,为保护人员安全,将立即进行报警并断开主高压回路电气连接,同时激活主动泄放。

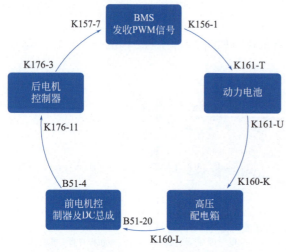

图 2-1-5 高压结构互锁(比亚迪唐 DM)

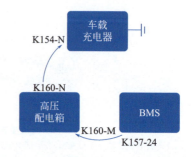

图 2-1-6 高压功能互锁(比亚迪唐 DM)

功能互锁指的是当车辆在进行充电或插上充电枪时，高压电控系统会限制整车不能通过自身驱动系统驱动，以防止可能发生的线束拖拽或安全事故。

以北汽新能源 EV200/EV160 车型为例，高压控制盒互锁线路连接如图 2-1-7 所示，高压线束总成互锁线路连接如图 2-1-8 所示。

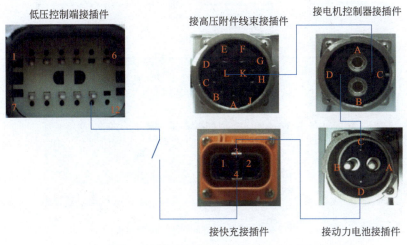

图 2-1-7　高压控制盒互锁线路连接（北汽 EV200/EV160）

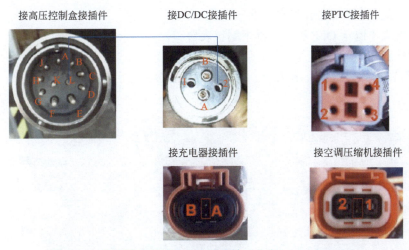

图 2-1-8　高压线束总成互锁线路连接（北汽 EV200/EV160）

项目 2　高压配电系统部件拆装

2.2.1　高压配电箱的拆装

以 2019 年款比亚迪 e1 车型为例，该车充配电总成布置在车辆前舱上部，直流充电插座分总成布置在前格栅，交流充电插座分总成布置在左后侧围，高压配电线束布置在车身下连接充配电总成和电池包。充配电总成与高压配电线束分布如图 2-2-1 所示。

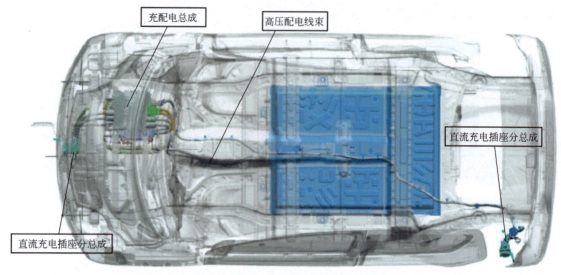

图 2-2-1　充配电总成与高压配电线束分布

充配电总成的拆卸与安装步骤如下。

① 车辆熄火（退至 OFF 挡），拆下副仪表台。

② 拆卸外部接口。

a. 使用管钳拆卸进水管、出水管、排气管，如图 2-2-2 所示。

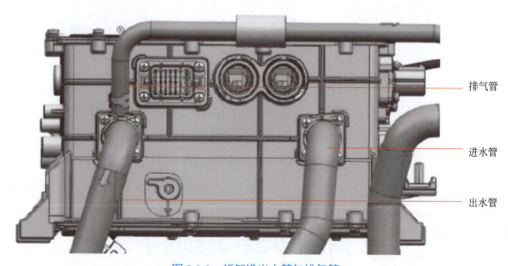

图 2-2-2　拆卸进出水管与排气管

b. 手工拆卸高压直流输入/输出接插件、交流充电接插件（图 2-2-3）、低压线束接插件（图 2-2-4）、空调 PTC 接插件、空调压缩机接插件（图 2-2-5）。

图 2-2-3　拆卸高压直流输入/输出接插件与交流充电接插件

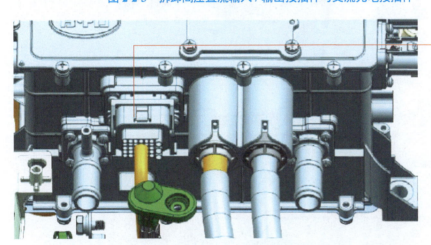

图 2-2-4　拆卸低压线束接插件

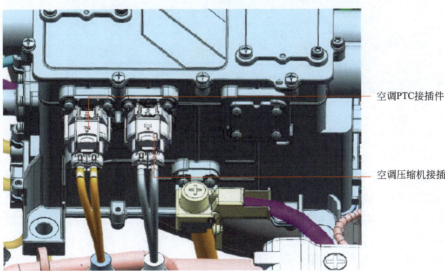

图 2-2-5　拆卸空调 PTC 与压缩机接插件

c. 使用 13 号套筒工具拆卸低压正极线（图 2-2-6）、两条搭铁线（图 2-2-7）。

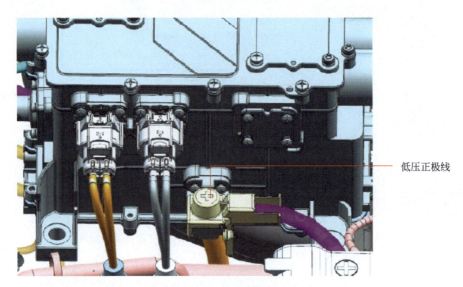

图 2-2-6　拆卸低压正极线

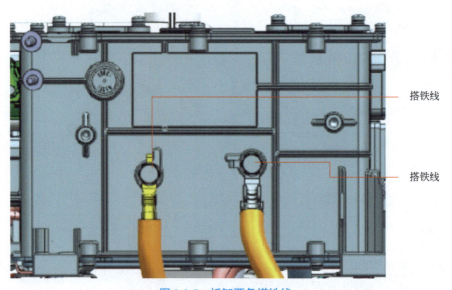

图 2-2-7　拆卸两条搭铁线

③拆卸充配电总成小盖。用专用工具拆卸小盖上 8 个 M5 紧固件（图 2-2-8），其中 2 个内五花螺栓与 6 个十字槽螺钉。

④拆卸充配电总成内部压线端子（线鼻子）。拆开充配电总成小盖后，用万用表测量直流母线电压，电压为零后再进行下一步操作。用 10 号套筒工具拆卸电控甩线和直流充电线束共 8 个 M6 螺栓，如图 2-2-9 所示。

⑤装配充配电总成小盖。用专用工具装配小盖上 8 个 M5 紧固件（包括 2 个内五花螺栓与 6 个十字槽螺钉）。

模块 2　高压配电系统维修

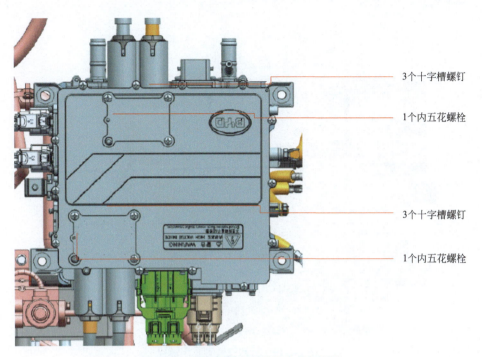

图 2-2-8　拆卸充配电总成的小盖紧固件

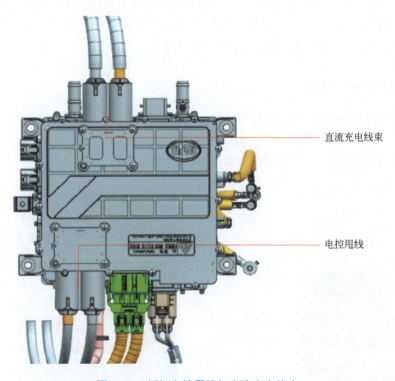

图 2-2-9　拆卸电控甩线与直流充电线束

⑥ 拆卸充配电总成安装脚。用 13 号套筒工具拆卸充配电总成安装脚 4 个 M8 螺栓，如图 2-2-10 所示。

43

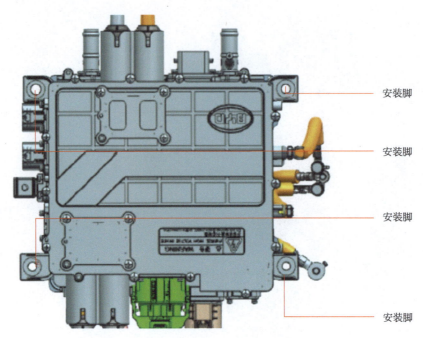

图 2-2-10　拆卸安装脚固定螺栓

⑦ 装配说明：取出故障充配电总成，更换一个新的充配电总成，按照拆卸的倒序，用同样的工具装配好充配电总成。其中 M5 螺栓安装力矩为（2.8±0.3）N·m，M6 螺栓安装力矩为（9±1）N·m，M8 螺栓安装力矩为（22±1）N·m。

2.2.2　维修开关的拆装

以众泰芝麻 E30 车型为例，维修开关总成的拆装步骤如下。
① 断开图 2-2-11 所示维修开关上低压线束插头。
② 取下维修开关高压线束连接模组防护罩，如图 2-2-12。

图 2-2-11　断开低压线束插头

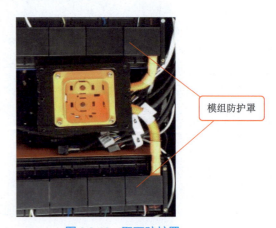

图 2-2-12　取下防护罩

③ 拧下维修开关高压线束连接模组处的 4 个螺栓，如图 2-2-13 所示。

④拧下支架固定于箱体上的 4 个螺栓，如图 2-2-14 所示，取出维修开关及支架。

图 2-2-13　拧下维修开关高压线束连接模组处的螺栓　　图 2-2-14　拧下支架固定于箱体上的螺栓

⑤安装按照与拆卸步骤相反的顺序进行。

高压互锁故障排除

2.3.1　比亚迪 E6 高压互锁故障

故障现象

车辆无法启动，系统故障灯点亮，电池故障灯点亮（图 2-3-1），上位机读取故障码为 P3011。

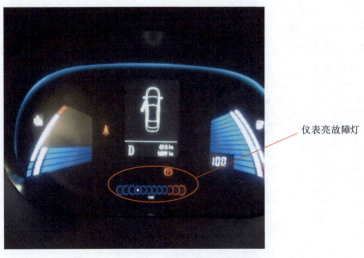

图 2-3-1　仪表故障灯点亮

故障分析

高压互锁线路中出现断路，导致 VCU 没有接收到 12V 电压，从而采取策略保护。

前舱室外继电器盒内的 MC 继电器在钥匙置于 ON 挡时，87 号针脚（PU01）通电 12V，经过前舱线束与前舱控制线束对插接插件（PU01），到达高压接线盒低压接插件，进入高压接线盒内部，再次经过前舱线束与前舱控制线束对插接插件（BX08），到达高压电池低压接插件，进入电池内部，最终到达整车控制器（VC39），如图 2-3-2 所示。

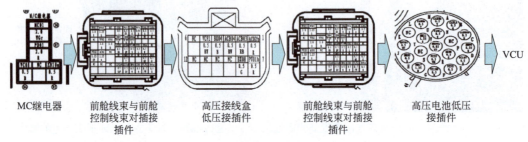

图 2-3-2　高压互锁线路连接器件

故障诊断

① 高压接线盒内部互锁接插件虚焊或脱落（PU01b 测量有 12V 电压，BX08 测量无 12V 电压）。

② 前舱线束与前舱控制线束对插接插件内部针脚退针，断开接插件，检查 PU01 和 BX08。

③ 高压电池内部互锁接插件虚焊或脱落（BX08 测量有 12V 电压，VC39 测量无 12V 电压）。

④ VCU 接插件 VC39 退针。

2.3.2　广汽 GA3S PHEV 高压互锁故障

故障现象

① 组合仪表报"系统故障、联系维修"。

② 车辆无法启动，且上不了高压电。

故障分析

① 如图 2-3-3 所示，确认当前故障码：当前的 HVIL 线断开或当前的 BMS emergency 线断开、当前的高压电池电池包电压过低（1 级）、当前的高压电池电池包电压过低（2 级）、当前的高压电池初始化错误。

序号	控制器	硬件号	软件号	零件号	故障码	故障类型	定义	状态
1	制动控制系统	8030009BAC020H.0	8030009BAC020S.0	8030009BAC0200	无故障码			
2	助力转向系统	3410006BAC010H??	3410006BAC010S??	3410006BAC0100	无故障码			
3	发动机管理系统	1120003BAC1100H.C	1120003BAC1100S.C	1120003BAC1100	无故障码			
4	辅助安全系统	8040003BAC000H??	8040003BAC000S??	8040003BAC0000	U041881	历史的	从BCS收到的车速值无效 或者 BCS_VehSpdVD的值是无效的	28
5	电池管理系统				通讯异常			
6	前驱电机	1520007BAC0000H.0	1520007BAC0000S.4	1520007BAC0000	无故障码			
7	混动控制系统	1110003BAC0300H.C	1110003BAC0300S.C	1110003BAC0300	P0A0A13	当前的	高压互锁线开路	8B
8	混动控制系统	1110003BAC0300H.C	1110003BAC0300S.C	1110003BAC0300	P0A0B13	历史的	HVIL反搞线开路	0A
9	混动控制系统	1110003BAC0300H.C	1110003BAC0300S.C	1110003BAC0300	P16FC16	当前的	高压电池电池包电压过低（1级）	0B
10	混动控制系统	1110003BAC0300H.C	1110003BAC0300S.C	1110003BAC0300	P16FC84	当前的	高压电池电池包电压过低（2级）	0B
11	混动控制系统	1110003BAC0300H.C	1110003BAC0300S.C	1110003BAC0300	P166496	当前的	高压电池初始化错误	0B
12	混动控制系统	1110003BAC0300H.C	1110003BAC0300S.C	1110003BAC0300	U10C181	当前的	HVIL线断开	0B
13	混动控制系统	1110003BAC0300H.C	1110003BAC0300S.C	1110003BAC0300	P166900	当前的	BMS emergency线断开	0B
14	集成启动发电机	1520007BAC0000H.0	1520007BAC0000S.4					

图 2-3-3　进行故障码分析

② 如有上述故障，判断为高压互锁线路断开，排查高压互锁线路。排查顺序为：500Ω 电阻器→车载充电器→ PTC →电动空调压缩机→ IPU → HVH → BMS → VCU。高压互锁回路电路如图 2-3-4 所示。

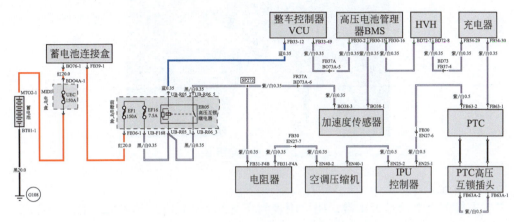

图 2-3-4　高压互锁回路电路（广汽 GA3S PHEV）

故障诊断

① 检查前舱电气盒（EF1、EF16 熔丝，ER05 继电器）和 12V 蓄电池处的 UEC150A 是否有松动、烧坏、氧化现象。

② 检查高压电池手动维修开关安装状态（无松脱），如图 2-3-5 所示。

图 2-3-5　检查维修开关有无松脱

③ 检测高压电池管理器 BMS。用万用表测量 BMS FB30-16 是否有 12V 电压。如果有电压，说明 HVH → BMS 这段回路是正常的。复原接插件后，测量 FB30-2 是否有 12V 电压输出，如有则说明 BMS 正常，如无则要检查该接插件及 BMS。

④ 检查电阻器。如果 FB54-30 没有 12V 电压，则测量电阻器 FB31-F4B 是否有 12V 电压。如果有，则说明电阻器这段回路正常。再把接插件复原，检查 500Ω 的电阻器或者接插件状态，如图 2-3-6 所示。

图 2-3-6 检查电阻器

⑤检查充电系统。

a. 首先检测充电器是否正常,用万用表测充电器 FB54-30 与 FB54-29 是否导通,若导通则充电器正常,反之则充电器异常。

b. 用万用表检测充电器 FB54-30 是否有 12V 电压,若有则正常(蓄电池→前舱电气盒 EF1 熔丝→EF16 熔丝→ER05 继电器→电阻器→空调压缩机→IPU 控制单元→PTC 充电器 FB54-30),反之则需逐步排查上述部分。

⑥检测 PTC 系统,位置如图 2-3-7 所示。用万用表检测 PTC 高压互锁插头 FB63A-2 是否有 12V 电压。若有则测量 FB63A-1 是否有 12V 电压输出,或往下一步,测量充电器 FB54-30 是否有 12V 电压。若有,则说明 PTC 有电压输送过来,PTC 无问题;反之,PTC 高压互锁。再排查 PTC 连接充电器的线束状态。

图 2-3-7 检测 PTC 系统

⑦检测电动空调压缩机,位置如图 2-3-7 所示。用万用表测量压缩机 EN40-2 是否有 12V 电压。若有,则检测 EN40-1,如有 12V 电压则压缩机正常,反之则压缩机异常;若没有,则检查电阻器连接压缩机的线束状态。

⑧检测 IPU 控制器(图 2-3-8)。利用万用表检测 IPU 控制器的 EN25-2 是否有 12V 电压。

若有，则检测 EN25-1 是否有 12V 电压，如有则 IPU 控制器正常，反之则 IPU 控制器内部异常；若没有，则检测空调压缩机连接 IPU 控制器的线束状态。

图 2-3-8　检测 IPU 控制器

⑨ 检测 HVH（图 2-3-9）。利用万用表检测 HVH 的 BD72-8 是否有 12V 电压。若有，则检测 BD72-7，若有 12V 电压则 HVH 正常，反之则 HVH 异常；若没有，则检查充电器连接 HVH 的线束状态。

图 2-3-9　检测 HVH

⑩ 检测整车控制器（VCU），位置如图 2-3-10 所示。利用万用表检测 VCU 的 FB33-49 是否有 12V 电压。若有，则检测 FB33-12，如有 12V 电压则 VCU 正常，反之则 VCU 异常；若没有，则检查 BMS 连接到 VCU 的线束状态。

图 2-3-10　检测 VCU

2.3.3　比亚迪秦 PHEV 高压互锁故障

故障现象

比亚迪秦 PHEV 车型，上 OK 挡电发动机启动，无法使用 EV 模式，仪表提示检查动力系统，动力系统故障灯亮；BMS 报故障码 P1A6000（高压互锁故障），故障码无法清除或者清除后再现。

故障分析

秦的主要高压接插件［高压电池管理器（BMS）、高压配电箱、维修开关、驱动电机控制器与 DC 总成］均带有互锁回路，当其中某个接插件被带电断开时，BMS 便会检测到高压互锁回路存在断路，为保护人员安全，将立即进行报警并断开主高压回路电气连接，同时激活主动泄放。高压互锁流程图如图 2-3-11 所示。

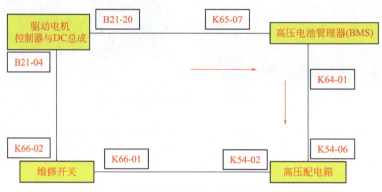

图 2-3-11　高压互锁流程图（比亚迪秦 PHEV）

故障诊断

① 读取故障码。高压电池管理器报故障码 P1A6000（高压互锁故障）、P1A4A00（高压互锁一直检测为高信号故障），且故障码无法清除，如图 2-3-12 所示。

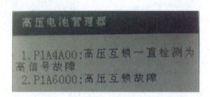

图 2-3-12　读取高压系统故障码

② 用诊断仪读取高压电池管理器及驱动电机控制器数据流如下。

a. 高压电池管理器数据流显示"高压互锁：锁止"，如图 2-3-13 所示。

b. 高压电池管理器显示高压接触器断开，如图 2-3-13 所示。

图 2-3-13　数据流分析

③测量高压互锁端子及低压互锁线束。

a. 测量高压电池管理器 K64-01 与 K65-07 之间不导通（电阻无穷大，不显示电阻值），确认互锁回路存在开路，根据经验，故障点一般在驱动电机控制器与 DC 总成、高压配电箱这两个零部件，以下重点检查。

b. 测量高压配电箱 K54-02 与 K54-06 之间导通（电阻小于 1Ω），逐个轻微晃动高压配电箱上的高压互锁插头，测量没有开路现象，说明高压配电箱互锁端子没有开路或者偶发性开路情况。

c. 驱动电机控制器与 DC 总成无法直接测量，可以采用排除法先测量维修开关 K66-01 与 K66-02，导通正常（电阻小于 1Ω），拔掉高压线束检查互锁针脚是否有退针现象，确认存在退针现象，重新处理互锁插头，故障排除，如图 2-3-14 所示。

图 2-3-14　高压线束互锁针脚

维修小结

① 首先要确认故障是偶发性故障还是一直存在的故障，偶发性故障一般是线束接插不良，可以在测量导通性时逐个轻微晃动高压互锁插头，寻找故障点。

② 高压配电箱上有 7 个互锁插头，包括动力电池包输入正，动力电池包输入负，驱动电机控制器与 DC 总成正，驱动电机控制器与 DC 总成负，车载充电器输入、输出至空调配电盒、高压配电箱开盖检测。这些插头插上后互锁针脚是串联状态，通过测量 K54-02 与 K54-06 的导通性即可确认高压配电箱的互锁是否正常。如果不导通，检查高压及低压互锁针脚是否有退针现象。

高压绝缘故障排除

2.4.1　高压系统漏电检修方法

下面以比亚迪秦 PHEV 车型为例，讲解电动汽车高压系统漏电的检修方法。

根据维修经验，高压系统可能漏电的模块有电动压缩机本体漏电，2#、4#、6#、8# 电池模组漏电，PTC 水加热器漏电，驱动电机控制器与 DC 总成漏电，高压配电箱漏电。

高压系统报漏电故障时，确认是 ON 挡电报漏电故障，还是 OK 挡电报漏电故障；整车所有高压模块、橙色线束、漏电传感器及连接线束故障时均有可能报漏电故障码，可参考以下方法检查漏电故障。

高压系统漏电检测原理如图 2-4-1 所示。当高压系统漏电时，漏电传感器发出一个信号给高压电池管理器，高压电池管理器检测到漏电信号后，禁止充放电并报警；漏电传感器检测高压电池包负极及与其相连接的高压模块和车身底盘之间的绝缘电阻，来判断高压电池包的漏电程度；当高压电池管理器报漏电故障时，先初步排除漏电传感器线路异常，再确认是 ON 挡电报漏电故障，还是 OK 挡电报漏电故障。图 2-4-2 所示为比亚迪秦 PHEV 高压系统漏电检测电路。

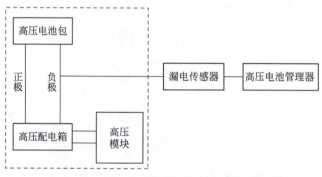

图 2-4-1　高压系统漏电检测原理

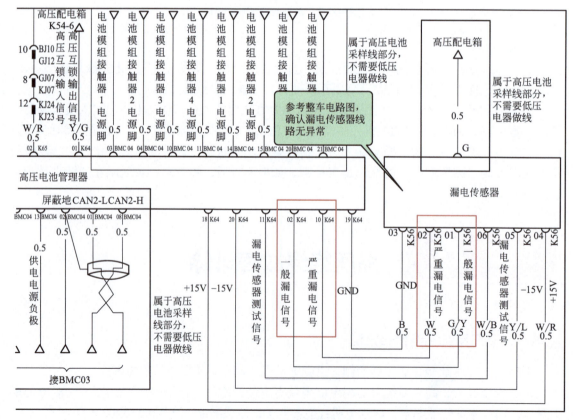

图 2-4-2　高压系统漏电检测电路

① 如果 ON 挡电报漏电故障，初步判断为高压电池包漏电。具体哪个电池模组漏电，根据以下流程检查（图 2-4-3）。

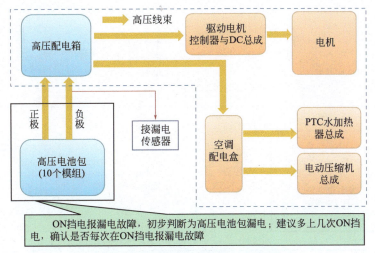

图 2-4-3　ON 挡电报漏电排查流程

a. OFF 挡，拔掉 8# 电池模组接触器接插件，再上 ON 挡电，用诊断仪读取系统故障：如果不漏电，判断 8#～10# 电池模组漏电（根据经验，8# 电池模组故障率高）；如果漏电，则排除 8#～10# 电池模组故障，需检查 1#～7# 电池模组。

b. OFF 挡，拔掉 6# 电池模组接触器接插件，再上 ON 挡电，用诊断仪读取系统故障：如果不漏电，判断 6#、7# 电池模组漏电（根据经验，6# 电池模组故障率高）；如果漏电，则排除 6#、7# 电池模组故障，需检查 1#～5# 电池模组。

c. OFF 挡，拔掉 4# 电池模组接触器接插件，再上 ON 挡电，用诊断仪读取系统故障：如果不漏电，判断 4#、5# 电池模组漏电（根据经验，4# 电池模组故障率高）；如果漏电，则排除 4#、5# 电池模组故障，需检查 1#～3# 电池模组。

d. OFF 挡，拔掉 2# 电池模组接触器接插件，再上 ON 挡电，用诊断仪读取系统故障：如果不漏电，判断 2#、3# 电池模组漏电（根据经验，2# 电池模组故障率高）；如果漏电，则排除 2#、3# 电池模组故障，判定 1# 电池模组漏电。

铁电池组：1#、3#、5# 可以互换；2#、4# 可以互换；6#、8# 可以互换；7#、9# 可以互换。电池模组接触器接插件安装位置如图 2-4-4 所示。

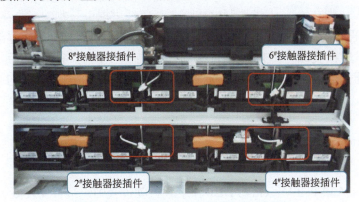

图 2-4-4　电池模组接触器接插件安装位置

② 如果上 OK 挡电报漏电故障，初步判断为动力电池包以外的高压模块漏电。具体哪个高压模块漏电，根据以下流程检查（图 2-4-5）。

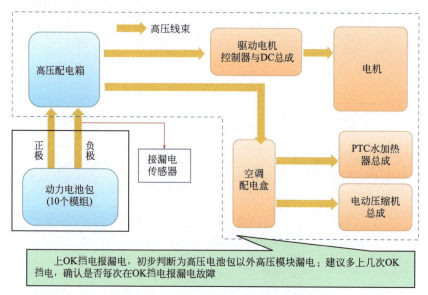

图 2-4-5　OK 挡电报漏电检测流程

a. OFF 挡，断开紧急维修开关，再断开电动压缩机高压线束插头。装上紧急维修开关，上 OK 挡电，用诊断仪读取系统故障：如果不漏电，判断电动压缩机漏电；如果漏电，判断电动压缩机正常。继续断开其他高压模块。

b. OFF 挡，断开紧急维修开关，再断开 PTC 高压线束插头。装上紧急维修开关，上 OK 挡电，用诊断仪读取系统故障：如果不漏电，判断 PTC 漏电；如果漏电，判断 PTC 正常。继续断开其他高压模块。

图 2-4-6　空调配电盒与高压线束

c. OFF 挡，断开紧急维修开关，再断开空调配电盒输入端高压线束插头。装上紧急维修开关，上 OK 挡电，用诊断仪读取系统故障：如果不漏电，判断空调配电盒及高压线束（图 2-4-6）漏电；如果漏电，判断 PTC 及线束正常。继续断开其他高压模块。

按照以上方法，依次断开剩余高压模块，逐个判断哪个模块漏电或哪条高压线束漏电。判定一个高压模块或高压线束漏电时，尽量再将高压模块或线束插头插上去确认故障是否再现，避免零部件误判。

部分地区车型检查漏电故障时，每次断开带高压互锁的高压部件后，需要先短接高压模块端互锁开关，再上 OK 挡电判断漏电情况。注意在维修高压部件时，必须采取绝缘保护措施。

2.4.2　广汽高压零部件绝缘故障

故障现象

广汽新能源 GA3S PHEV、GS4 PHEV 车辆在行驶过程中，组合仪表提示"系统故障，联系维修；降功率行驶"。熄火重启后，故障消除，行驶一段时间后，故障重现。

故障分析

用诊断仪读取故障码显示：当前的 BMS 故障级别 4（图 2-4-7）；当前的高压电池绝缘阻抗低于 100Ω/V。注意：绝缘故障都是由 BMS 系统报出来的故障，但并不代表就是 BMS 绝缘故障。

10	混动控制系统	1110003BAC0300H.B	1110003BAC0300S.B	1110003BAC0300	U007388	历史的	HCAN总线关闭	08
11	混动控制系统	1110003BAC0300H.B	1110003BAC0300S.B	1110003BAC0300	P171019	历史的	DCDC输出电流超出阈值	08
12	混动控制系统	1110003BAC0300H.B	1110003BAC0300S.B	1110003BAC0300	P16C119	历史的	高压电池充电电流过大（1级）	08
13	混动控制系统	1110003BAC0300H.B	1110003BAC0300S.B	1110003BAC0300	U10C287	历史的	丢失与充电机的通信超1秒	08
14	混动控制系统	1110003BAC0300H.B	1110003BAC0300S.B	1110003BAC0300	P0AA601	历史的	高压电池系统绝缘故障	08
15	混动控制系统	1110003BAC0300H.B	1110003BAC0300S.B	1110003BAC0300	P169796	当前的	BMS故障级别4	8B
16	集成启动发电机	1520007BAC0000H.0	1520007BAC0000S.1	1520007BAC0000	无故障码			

图 2-4-7 诊断仪显示故障内容及级别

BMS 故障级别 4，是新能源车故障等级最高的一种故障级别，该故障定义为绝缘故障，出现该故障码需要检查整车高压零部件的绝缘情况。引起绝缘故障的原因可能有高压零部件内部进水、高压线束破皮接地、高压零部件内部损坏等。

故障诊断

确认为绝缘故障的车辆先不要清除故障码；排查绝缘故障时，应断开高压电（拔除高压电池包 MSD 开关）。

首先要了解该车的高压线束走向（图 2-4-8），然后通过测量高压电池端的所有高压线束接插件的绝缘值来判断整车的绝缘情况。

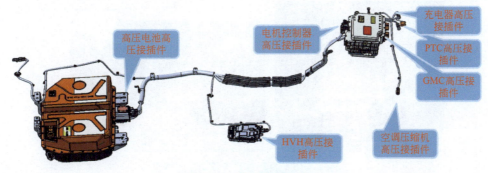

图 2-4-8 高压线束连接

① 拔掉高压电池连接的四个高压接插件，分别用绝缘表测量高压接插件的正、负极（图 2-4-9），如测量值不符，则说明该节点存在绝缘故障；若符合绝缘值要求，那么就测高压电池本体的高压接口，确认当前的绝缘值（正常为 550MΩ）。如测量值不符，则说明高压电池存在绝缘故障。

② 在确认高压电池本体绝缘值正常的情况下，拆除电机控制器直流母线高压接插件，然后测量直流母线高压接插件的绝缘值，如绝缘值不符合要求，说明高压电池到 IPU 端的高压线存在绝缘故障；反之，再次测量 IPU 的绝缘值。再测量 IPU 本体接口（图 2-4-10），若绝缘值不符合要求，说明 IPU 本体到 GMC 本体（发电机和驱动电动机）存在绝缘故障，再拆分每个节点（发电机和驱动电动机的高压三相线）排查。

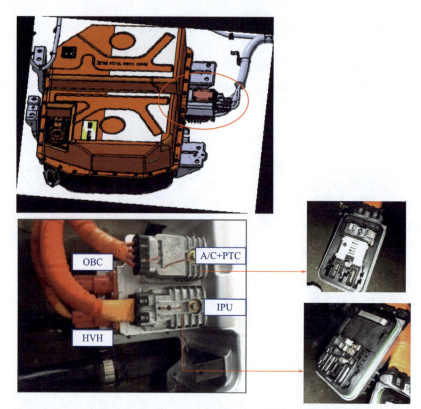

图 2-4-9　分别测量高压线束连接端子绝缘值

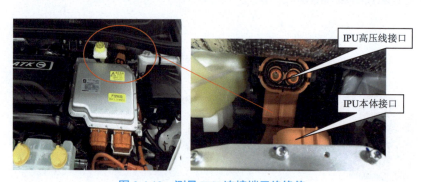

图 2-4-10　测量 IPU 连接端子绝缘值

③ 测量 IPU 的绝缘值，如此时绝缘值不符合 550MΩ，则拆除 GMC（发电机及驱动电动机的高压三相线），再次测量 IPU 的绝缘值，若此时绝缘值仍不符合 550MΩ，说明 IPU 本体存在绝缘故障；反之，IPU 本体绝缘符合要求，那么就分别测量 GMC 上的发电机及驱动电动机高压三相线，不符合 550MΩ 的说明该部件存在绝缘故障。再次分别拆下 GMC 上的发电机及驱动电动机的高压三相线束端测量绝缘，来判断 GMC 本体、发电机高压三相线、驱动电动机高压三相线的绝缘值（图 2-4-11）。

④ 如果测量 A/C+PTC 端时绝缘值不符合要求，则拆除 A/C（空调压缩机）高压接插件，测量高压线束端的绝缘值（图 2-4-12），如此时测量到的绝缘值不符合要求，则说明此段高压线束存在绝缘故障；反之，测量 A/C（空调压缩机）本体接口，如绝缘值不符合要求，说明压缩机存在绝缘故障。

图 2-4-11　测量 GMC 三相线绝缘值

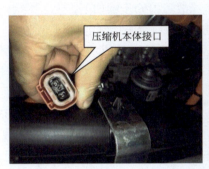 

图 2-4-12　测量空调压缩机高压线束端绝缘值

⑤ 如上述步骤绝缘值正常，则测量 PTC 高压线束端的绝缘值（图 2-4-13），从而判断 PTC 的高压线是否存在绝缘故障；反之，则检查 PTC 本体的绝缘情况。

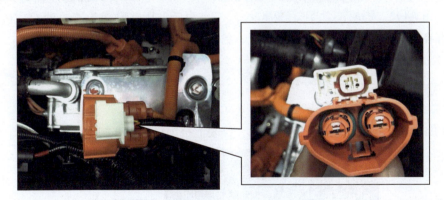

图 2-4-13　测量 PTC 高压线束端绝缘值

⑥ 如果测量 HVH 接口绝缘值有异常，则拆除 HVH（高压液体加热器）高压接插件，然后测量 HVH 高压线束接插件的绝缘阻值，如阻值不符合 550MΩ 的要求，说明高压电池到 HVH 端的高压线存在绝缘故障；反之，再次测量 HVH 本体的绝缘值（图 2-4-14），如绝缘值不符合要求，说明 HVH 存在绝缘故障。

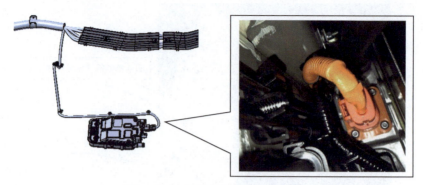

图 2-4-14 测量 HVH 本体绝缘值

2.4.3 众泰高压系统绝缘故障

以众泰芝麻 E30 车型为例，其高压系统绝缘故障检修步骤如下。

①取出电脑及 CAN 卡，一端接到诊断接口，另一端连接到电脑。

②确认连接无误后，打开上位机程序，上面如显示通信成功，则可查看具体信息；如显示 ZLG 通信失败，则需重新检查连接之处是否正确或 CAN 卡是否正常。

③通信正常后，选择 BMU 配置，选中故障信息栏，然后单击下载。

④查看下载内容，读取故障信息（图 2-4-15）。

⑤排除外在因素，检查电机控制器等外部高压器件是否报绝缘故障。

⑥经检查外部高压器件均无绝缘问题后，用兆欧表检查电池总成内部器件，

图 2-4-15 用诊断仪读取故障信息

H-BMU 存在绝缘故障，拆卸 H-BMU 主板，更换后故障排除。

2.4.4 江铃仪表亮绝缘故障指示灯

故障现象

江铃 E100A 车型把钥匙拧到启动挡后，仪表上报绝缘故障，如图 2-4-16 所示。

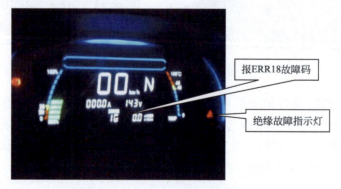

图 2-4-16 仪表亮绝缘故障指示灯

故障诊断

① 把空调压缩机的高压接插件拔开，此绝缘故障指示灯还是报警。

② 把充电器输出端接插件拔开，故障指示灯仍亮。

③ 把 DC/DC 转换器高压输入端接插件拔开，故障指示灯还是报警。

④ 把高压配电箱打开，分别把高压配电箱至电机控制器的正极线和负极线拆下，绝缘指示灯仍然报警（图 2-4-17）。

⑤ 把高压配电箱四个固定脚用绝缘橡胶垫垫在高压配电箱与支架中间，绝缘指示灯仍亮。

⑥ 拆卸电池包总正极至高压配电箱的动力线，绝缘指示灯还是报警，拆下电池包总负极至高压配电箱的动力线（图 2-4-18），绝缘指示灯熄灭，故障排除。当不拆下该线时，直接把电源总开关按下去，绝缘指示灯也熄灭。

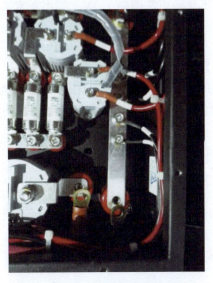

图 2-4-17　拆下高压配电箱至电机
控制器的正极线和负极线

图 2-4-18　拆下电池包总负极至
高压配电箱的动力线

⑦ 把电池包上的正、负极航插拔下，分别测量电池包正极与负极对电池包外壳电压，相同，通过上位机软件监测，此时绝缘指示灯熄灭，依此排除电池包导致的绝缘报警问题。

⑧ 拆卸电源总开关，使两端的负极线接触，绝缘指示灯未亮。

⑨ 综合以上的排查过程，判定此绝缘故障是由动力线束引起的。更换动力线束总成。

 **高压配电箱故障排除**

2.5.1　高压配电箱故障检修方法

下面以比亚迪唐车型为例，讲解高压配电箱的检修流程与方法。

检测与判别

① 检查高压配电箱空调熔丝。

a. 整车置于 OFF 挡。

b. 拆开高压配电箱侧边小盖。

c. 测量上方空调熔丝（32A）是否导通。若导通，则高压配电箱熔丝正常；若不导通，则更换空调熔丝。

② 检查接触器电源脚。

a. 整车上电（ON 挡），连接好蓄电池。

b. 用万用表测量低压接插件针脚对地电压，K160-B～车身地正常值约 12V，如不正常，则检查低压线束供电。

③ 检查预充接触器控制脚。在上电（OK 挡）过程中，用万用表测量低压接插件针脚，K160-G 对地电压是否有 12V—0V—12V，K160-G～车身地正常值小于 1V，如不正常，则检查高压电池管理器及线束。

④ 检查正极接触器控制脚。

a. 整车上电于 ON 挡/OK 挡（车辆启动前检测各方面正常会点亮 OK 挡指示灯）。

b. 用万用表测量低压接插件针脚对地电压，K160-H～车身地正常值小于 IV（ON 挡）/约 12V（OK 挡）。测量为正常值，则接触器控制正常；测量值不正常，则检查高压电池管理器及线束。

常见故障分析

① 无 EV 模式，仪表报"请检查动力系统"，故障码报"主接触器烧结"。

a. 先查询高压 BMS 的程序版本（确认是最新版），确认故障码是否能清除，然后再尝试多次上 OK 挡电，看故障是否会重现。

b. OFF 挡用万用表检测高压配电箱的电机控制器正极端和电池包正极端是否导通或开箱检查主接触器是否导通。如导通，则更换主接触器。

② 无 EV 模式，高压电池管理器报"预充失败故障"：在上电过程中测量 K160-G 对地电压是否会有 12V—0V—12V 这样的一个过程。

a. 有，且电机控制器直流母线无瞬间高压输入，则重点排查预充接触器。

b. 无，检查高压电池管理器、采样线束。

③ 高压电池管理器报"电流霍尔传感器故障"。

a. 整车上 OK 挡电（车辆启动前检测各方面正常会点亮 OK 挡指示灯）。

b. 用万用表测量低压接插件 K160-D 和 K160-E 对地电压。

● 若 K160-D 对地电压在 +15V 左右且 K160-E 对地电压在 -15V 左右，更换高压配电箱（电流霍尔传感器）。

● 若两针脚对地电压不在上述范围内，检查高压电池管理器及线束。

④ 电流异常检测，测试霍尔信号（"1V"对应 100A）并与电源管理器的当前电流进行对比，从而来判断电流霍尔传感器正常与否。

2.5.2 高压配电箱交流充电接触器故障

故障现象

一辆新款比亚迪 e6 车辆启动后 OK 挡指示灯不能正常点亮，无法行驶。随后仪表报"请检查动力系统",故障指示灯不能正常点亮,无法行驶。随后仪表报"请检查动力系统故障,车辆无法正常充电"。

用诊断仪读取电池管理器故障码为P1A5400(一般漏电故障)、P1AA100(主预充失败)、P1AA200(DC预充失败),如图2-5-1所示。

故障诊断

① 根据电池管理器故障码并按照高压上OK挡电流程分析,由MICU发出启动命令并通过网关控制器报送给电池管理器和VTOG控制器。电池管理器收到报文后,控制负极接触器吸合,同时电池管理器进行自检,自检完毕无异常后,吸合预充接触器,电池管理器根据VTOG反馈信号,判断预充是否完成,完成后吸合主接触器,OK挡指示灯点亮。导致该车OK挡指示灯不点亮的原因为预充失败导致主接触器未吸合。

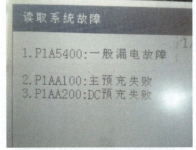

图 2-5-1 读取电池管理器故障码

② 打开高压配电箱后准备测量其预充电压,测量发现150A充电熔丝已熔断。更换150A充电熔丝后,启动车辆后OK挡指示灯点亮,重新关闭再次启动车辆,OK挡指示灯又无法点亮了,测量充电熔丝再次熔断。

③ 充电熔丝二次熔断,怀疑为VTOG控制器内部短路,更换充电熔丝和VTOG控制器后启动车辆,第一次OK挡指示灯点亮,2s后又熄灭。仪表报"请检查动力系统",再次启动动力系统,再次启动车辆后,OK挡指示灯正常点亮,车辆恢复正常。

④ 测试交流充电也是插枪后第一次充电不成功,二次拔枪后再充电正常。

⑤ 掌握了故障发生规律,OK挡指示灯不能点亮时读取电池管理器故障码为P1AA100(主预充失败),读取VTOG控制器故障码为P1B0400(驱动过压保护故障),如图2-5-2所示。

⑥ 读取数据流发现启动车辆时,驱动电机母线电压瞬间达到420V(图2-5-3),读取电池管理器数据流包总电压为306V。分析电池包总电压才为306V,驱动电机母线电压能达到420V,可能原因有VTOG控制器自检错误,因刚更换新VTOG控制器,所以排除VTOG故障。

图 2-5-2 读取 VTOG 控制器故障码

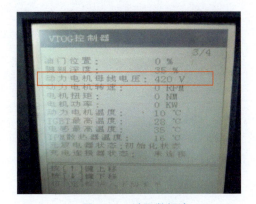

图 2-5-3 读取数据流

⑦ 为进一步判定是否为VTOG控制器自检错误,打开高压配电箱,测量从电池包正极端到主接触器输入端电压为308V,从主接触器到VTOG控制器正极输出端测量为433V(图2-5-4),排除VTOG控制器故障。因主接触器输入端电压正常,主接触器输出端电压

异常，仔细分析高压配电箱高压上电流程和充电流程，根据故障现象，每次第一次启动车辆主接触器不能正常吸合和交流充电第一次不成功，怀疑为主接触器或交流充电接触器故障。高压配电箱内部结构如图 2-5-5 所示。

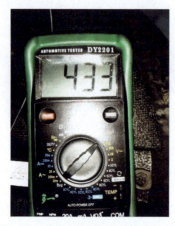

图 2-5-4　VTOG 控制器正极输出端电压　　　图 2-5-5　高压配电箱内部结构（比亚迪 e6）

⑧ 测量主接触器吸合正常，发现交流充电接触器一直处于导通状态，该交流充电接触器与 VTOG 交流充电正极母线处于导通状态，从而导致预充异常。

⑨ 更换高压配电箱后故障排除。

模块 3

高压电池系统维修

项目 1　高压电池构造与原理

3.1.1　蓄电池的特性与原理

本书中的高压电池一般指可充电的、为高压部件提供电源的大容量蓄电池。高压电池是电动车的心脏。高压电池通过电源插头等进行外部充电。它向动力电子单元直接供电。动力电子单元将直流电压转化为交流电压并通过三条线路（U、V 和 W）向电机供应三相交流电。在电机驱动下电动汽车开始运行。

高压电池典型电子数据（如标称电压、效率和能量密度）取决于用于能量存储媒介内部配置的化学物质的种类。

如果将锌棒和铜棒分别置于不同容器适当的电解溶液中，则两种金属会以不同速率向电解质中释放离子，电子将留在金属棒上。在一个容器中，溶液中有很多带正电的锌离子，锌棒上则留有许多电子。在另一个容器中，溶液中仅有少量正极铜离子，铜棒上也只有少量电子。如果现在将两个容器用离子桥相互连接起来，则会因不同的离子浓度而发生电荷交换。由于锌棒上聚集了过量电子，因此它将作为正极，而铜棒将作为负极。由于电子浓度不同，因此两者之间的电压可测。

如果使用导线连接两个电极，则电子会从正极流向负极。该构造通常被称作原电池，是蓄电池最简单的形式。如果能量从蓄电池中释放，则正极转为负极。在可充电蓄电池中，相同的电极可作为正极或负极交替工作，取决于蓄电池正在充电还是正在放电。蓄电池工作原理如图 3-1-1 所示。

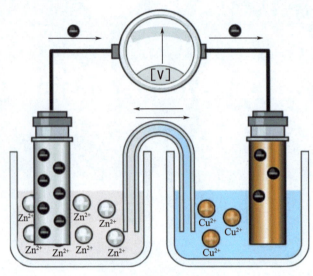

图 3-1-1　蓄电池工作原理

可充电蓄电池通过电极和电解质使用的材料进行分类。最常见的可充电蓄电池为铅酸蓄电池、镍镉蓄电池、镍氢蓄电池和锂离子蓄电池等。

3.1.2　锂电池的组成与原理

3.1.2.1　磷酸铁锂电池

磷酸铁锂电池全称是磷酸铁锂锂离子电池，也有把它称为锂铁（LiFe）电池的。磷酸铁锂电池是用磷酸铁锂（$LiFePO_4$）材料作电池正极的锂离子电池，它是锂离子电池家族的新成员。目前用作锂离子电池正极的材料主要有 $LiCoO_2$、$LiMn_2O_4$、$LiNiO_2$ 及 $LiFePO_4$。这些组成电池正极材料的金属元素中，钴（Co）最贵，并且存储量不多，镍（Ni）、锰（Mn）较便宜，而铁（Fe）最便宜。

$LiFePO_4$ 电池的内部结构如图 3-1-2 所示。左边由橄榄石结构的 $LiFePO_4$ 作为电池的正极，由铝箔与电池正极连接，中间是聚合物的隔膜，它把正极与负极隔开，锂离子可以通过，而电子不能通过。右边是由石墨组成的电池负极，由铜箔与电池的负极连接。电池的上下端之间是电池的电解质，电池由金属外壳密闭封装。$LiFePO_4$ 电池在充电时，正极中的锂离子通过聚合物隔膜向负极迁移；在放电过程中，负极中的锂离子通过隔膜向正极迁移。锂离子电池就是因锂离子在充放电时来回迁移而命名的。

以比亚迪 F3DM 电动汽车为例，该车型高压电池包共有 10 个电池模组，每个模组包含 10 个单体，电压采样线 101 条，温度采样线 110 条，正、负极母线各 1 条，电池托盘 1 个，压条若干。内部结构如图 3-1-3 所示。

电池包参数：每个单体电压为 3.3V，电池包标称电压为 330V，容量电压为 45A·h，一次充电 15kW·h。

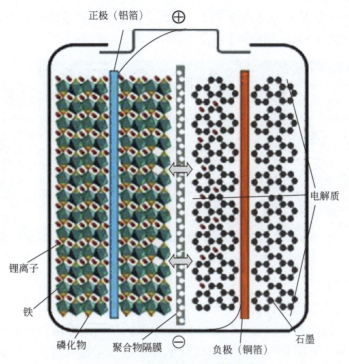

图 3-1-2　磷酸铁锂电池内部结构

图 3-1-3　比亚迪 F3DM 高压电池包内部结构

高压电池系统是电动汽车主要动力能源之一，它为整车驱动和其他用电器提供电能。

比亚迪秦的高压电池系统由 10 个高压电池模组、10 个高压电池信息采集器、高压电池串联线、高压电池支架、高压电池包密封罩、高压电池采样线等组成，相比 2014 年款，高压电池包把模组内部的继电器熔丝外挂，继电器由 4 个减少为 1 个，熔丝 1 个。10 个高压电池模组中各有 14～18 个数量不等的电池单体，总共由 160 个电池单体串联而成。额定总电压为 528V，总电量为 13kW·h。高压电池包安装位置如图 3-1-4 所示。

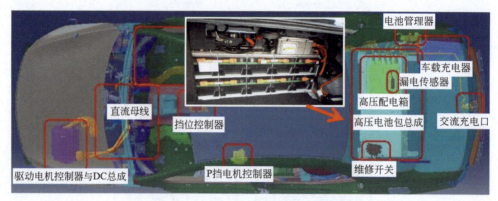

图 3-1-4　比亚迪秦高压电池包安装位置

3.1.2.2　三元锂电池

三元锂电池又称三元聚合物锂电池，指的是以镍钴锰三元材料作为正极材料，以石墨作为负极材料的电池，其以镍盐、钴盐、锰盐为原料，里面镍钴锰的比例可以根据实际需要调整，这是日本、韩国等电池企业主攻技术方向。三元锂电池最大优势在于电池储能密度高，其储能密度通常在 200W·h/kg 以上，相对于磷酸铁锂电池的 90～120W·h/kg，更适合乘用车市场对续驶里程的需求，但是三元锂电池材料分解温度在 200℃左右，它会释放氧分子，在高温作用下电解液会迅速燃烧，存在电池自燃和易爆风险，因此它对电池管理要求很高，需要做好过充保护（OVP）、过放保护（UVP）、过温保护（OTP）和过流保护（OCP）等。

宝马 i3 电动汽车高压电池内使用的电池属于锂离子电池类型（电池类型为 NMC/LMO 混合）。锂离子电池的阴极材料基本上是锂金属氧化物。"NMC/LMO 混合"这一名称说明了这种电池类型使用的金属一方面是镍、锰和钴的混合物，另一方面是锂锰氧化物。通过所选阴极材料优化了电动车所用高压电池的特性（能量密度较高、使用寿命较长）。像往常一样使用石墨作为阴极材料，放电时锂离子沉积在石墨内。i3 高压电池单元安装位置如图 3-1-5 所示。

总共 96 个单体电池，提供的额定电压为 355.2V。可用能量为 18.2 kW·h。放电时的最大功率为持续 40 kW。直流充电时的最大功率为 50 kW（0.4h 内快速充电到 80 % 的充电状态）。交流充电时的最大功率为 7.4 kW（2.8 h 内快速充电到 80 % 的充电状态）

图 3-1-5　宝马 i3 高压电池单元安装位置

高压电池单元由以下主要组件构成：电池模块；电池监控电子装置；安全盒；蓄能器管理电子装置（SME）；带散热器或选装配置加热装置的热交换器；导线束；接口（电气、制冷剂、排气）；壳体和固定部件。高压电池单元外围部件分布如图 3-1-6 所示。

除了高压接口外，高压电池单元还有一个至 12V 车载网络的接口。借此为蓄能器管理电子装置（SME）提供电压、总线信号和传感器信号。

在无需拆卸高压电池单元的情况下，可以断开导线（高压接口和至 12V 车载网络的接口）以及制冷剂管路。高压电池单元位于车厢内部之外。如果单格电池因故障严重而产生过压，则相应气体无需通过放气管向外排出。高压电池单元壳体上的放气单元已足够进行压力补偿。

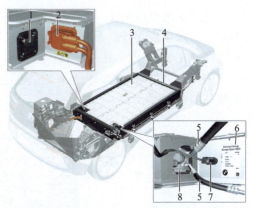

图 3-1-6　宝马 i3 高压电池单元外围部件分布
1—排气单元；2—高压接头；3—电池模块；4—框架；5—制冷剂管路；6—带系列号的型号铭牌；7—至 12V 车载网络的接口，至 12V 车载网络接口的通信线路；8—制冷剂单向阀（带膨胀阀）

高压电池单元用于吸收、储存及准备电动驱动装置和高压车载网络的电能。高压电池单元由多个电池模块组成，而电池模块则带有相应的多个单体电池。电池模块串联连接，结构如图 3-1-7 所示。

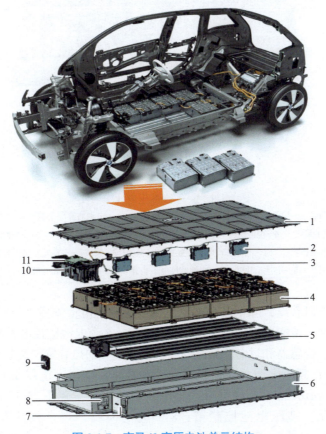

图 3-1-7　宝马 i3 高压电池单元结构
1—壳体盖；2—电池监控电子装置；3—电池监控电子装置电线束；4—电池模块；5—带冷却通道和加热装置的热交换器；6—壳体；7—电子插头；8—制冷剂管路接口；9—通气口；10—安全盒；11—蓄能器管理电子装置（SME）

为了实现可追溯性，出厂时会记录高压电池单元的组成：在蓄能器电子管理装置（SME）内存储有最重要部件的系列号。如果高压电池单元在保养时进行修理，则将新装不可见的系列号存储在 SME 内，并通过 ISTA 记录。

将记录下列部件的系列号：8 个电池模块；8 个附属的电池监控电子装置。高压电池模块位置如图 3-1-8 所示。

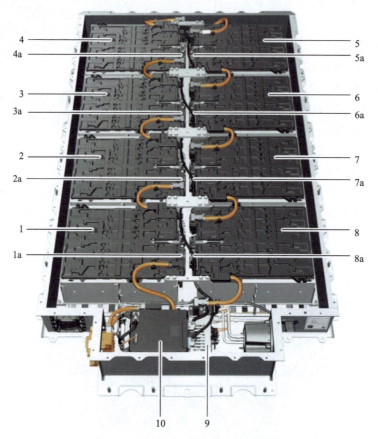

图 3-1-8　宝马 i3 高压电池模块位置

1—电池模块 1；1a—电池监控电子装置 1；2—电池模块 2；2a—电池监控电子装置 2；3—电池模块 3；
3a—电池监控电子装置 3；4—电池模块 4；4a—电池监控电子装置 4；5—电池模块 5；5a—电池监控电子装置 5；
6—电池模块 6；6a—电池监控电子装置 6；7—电池模块 7；7a—电池监控电子装置 7；
8—电池模块 8；8a—电池监控电子装置 8；9—安全盒；10—SME

从图 3-1-9 中可以看出，除汇集在 8 个电池模块内的电池本身外，高压电池单元还包括以下电气/电子部件：蓄能器管理电子装置（SME）；8 个电池监控电子装置（电池监控电路 CSC）；带接触器、传感器和过电流熔丝的安全盒；电气加热装置控制装置（选装）。

除电气组件外，高压电池单元还包括制冷剂管路、冷却通道以及电池模块的机械固定元件。奥迪 A3 Sportback e-tron 混合动力电池组紧固在车辆下方并由以下部件组合在一起：电池控制单元；高压电池控制箱；8 个电池模块，每个模块有 12 个单体电池和控制器（图 3-1-10）；电池单元的冷却系统；高压电缆接口；12V 电气系统的接口；冷却液接口。高压电池包组成如图 3-1-11 所示。

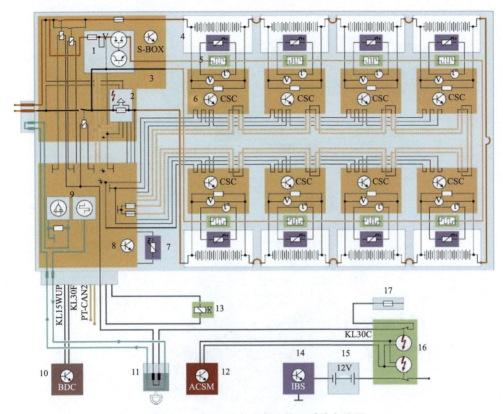

图 3-1-9 宝马 i3 高压电池单元系统电路图

1—电气加热装置控制装置；2—用于测量高压电池单元负极导线内电流强度的传感器；3—安全盒；4—电池模块；5—电气加热装置；6—电池监控电子装置（电池监控电路 CSC）；7—制冷剂管路温度传感器；8—蓄能器管理电子装置（SME）；9—高压触点监控电路控制装置；10—车身域控制器；11—高压安全插头（售后服务中断开连接）；12—用于触发安全型蓄电池接线柱的 ACSM 控制管路；13—冷却液管路截止阀；14—智能型蓄电池传感器；15—蓄电池；16—安全型蓄电池接线柱；17—前部配电盒

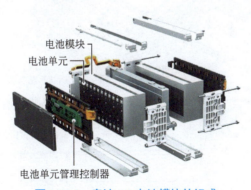

图 3-1-10 奥迪 A3 电池模块的组成

混合动力电池单元的外壳由铸铝和塑料（上部壳体）制成。上壳与下壳通过螺栓和密封件结合。混合动力电池单元的顶部用一个压力补偿元件和泄压阀连接，温度变化引起的外壳压力变化由压力补偿元件进行补偿调节。如果混合动力电池单元中的压力变得太大，则会打开泄压阀。混合动力电池单元通过电位均衡线连接到车身上。

电池模块底部安装有冷却元件，四个散热元件在混合动力电池单元中用并联方式连接。进口和出口温度的编码器集成在冷却液接口处。

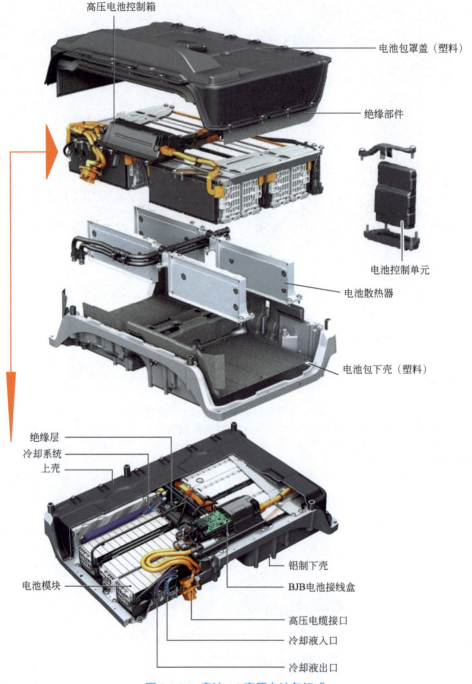

图 3-1-11 奥迪 A3 高压电池包组成

3.1.2.3 锰酸锂电池

锰酸锂是较有前景的锂离子电池正极材料之一,相比钴酸锂等传统正极材料,锰酸锂具有资源丰富、成本低、无污染、安全性好、倍率性能好等优点,是理想的高压电池正极材料,但其较差的循环性能及电化学稳定性却大大限制了其产业化。锰酸锂主要包括尖晶石型锰酸锂和层状结构锰酸锂,其中尖晶石型锰酸锂结构稳定,易于实现工业化生产,如今市场产品均为此种结构。

目前市场上主要的锰酸锂有 A、B 两类，A 类是指高压电池用的材料，其特点主要是考虑安全性及循环性；B 类是指手机电池类的替代品，其特点主要是高容量。

锰酸锂的生产主要以 EMD 和碳酸锂为原料，配合相应的添加物，经过混料、烧成、后期处理等。从原材料及生产工艺的特点来考虑，生产本身无毒害，对环境友好。不产生废水废气，生产中的粉末可以回收利用。因此对环境没有影响。

AESC、东芝、LEJ、日立与 LG 等日韩电池企业将锰酸锂电池广泛应用于日本、韩国及欧美等多种主流品牌的新能源汽车上。尤其日产 Leaf 截至 2016 年底累计销售 35 万辆。日本电池厂的锰酸锂电池以大的掺杂单晶颗粒为主；克容量稍低，设计面密度很低，高温及循环性能好；多与三元或二元材料掺混使用。相关应用材料及车型见表 3-1-1 和表 3-1-2。

表3-1-1　日本主要电池厂家产品及配套车型

厂家	正极材料	应用车型
松下	三元(NCA)	Tosla Model系列 Ford Fuslcn Hybrkl/Energil 大众c-UP
松下	三元(NCM)	大众高尔夫GTE PHEV 奥迪Q5混合动力 大众捷达混合动力
AESC	锰酸锂混合三元 (LMO+NCM)	日产Leaf 日产风雅混合动力
东芝	锰酸锂	本田飞度EV 三菱i-MiEV(10.5kW·h)
LEJ	锰酸锂	三菱i-MiEV(16kW·h)
Eaue Enetgy	三元(NCM)	本田思域PHEV
Eaue Enetgy	磷酸铁锂	本田雅阁PHEV
日立	锰酸锂混合三元 (LMO+NCM)	通用别克君越/君威HEV 通用雪佛兰迈锐宝HEV 日产探路者混合动力 （2014年款）
PEVE	三元(NCA)	丰田普锐斯o

表3-1-2　韩国主要电池厂家产品及配套车型

厂家	正极材料	应用车型
LG化学	三元(NCM)	通用雪佛兰Volt/Bolt(新款) 通用雪佛兰Spark EV(新款) 日产Leaf(2016年款) 现代Lx35 FCEV 现代雅ারEIGHT混合动力 起亚K7混合动力
LG化学	锰酸锂	通用雪佛兰Volt 欧宝mpera 福特Focus EV 现代i10 EV 起亚K5混合动力 沃尔沃V60 雷诺Twfzy/Zoe/Fiuence
三星	三元(NCM)	宝马i3/i8 宝马X5/X6 PHEV 宝马Acbve Hybrid5/7 奥迪Q7 e-tron Quraltro 克莱斯勒F500e 大众帕萨特GTE
SK能源	三元(NCM)	北汽绅宝EV200

日本日产 Leaf 与三菱 i-MiEV 电动汽车上就应用了锰酸锂电池，其高压电池组安装位置如图 3-1-12 所示。高压锂电池包组成见表 3-1-3。

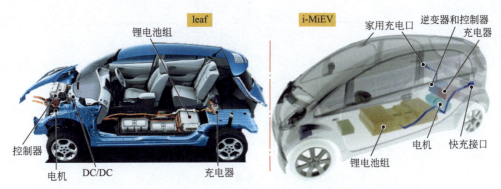

图 3-1-12　日产 Leaf 与三菱 i-MiEV 汽车设计高压电池组安装位置

表 3-1-3　日产 Leaf 与三菱 i-MiEV 汽车高压锂电池包组成

项目	Leaf	i-MiEV
电池组群	电压360V，24kW·h，质量280kg	电压330V，16kW·h，质量230kg
电池模块	四个电池单体，先串联两个，再并联，额定电压7.5V	四个电池单体串联
电池单体	电压3.75 V	电压3.7V

3.1.3　镍氢电池的组成与原理

3.1.3.1　基本结构原理与应用介绍

镍氢（NiMH）电池单体电池的源电压是由电极上过量的带电氢粒子产生的。镍氧氢化合物（氢氧化镍）用作正电极，负电极由能对氢进行可逆存储的合金组成。镍氢电池单体电池内部结构如图 3-1-13 所示。

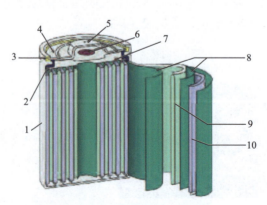

图 3-1-13　镍氢电池单体电池内部结构

1—壳体和接头；2—绝缘层；3—密封件；4—盖；5—+接头；6—安全阀；7—PTC（正温度系数热敏电阻）；8—隔离层；9—正电极；10—负电极

充电过程中，氢粒子从负电极迁移至正电极，并吸附在电极材料上。放电过程顺序相反。

镍氢电池的单体电池采用了两个安全机制。PTC电阻器可限制高温时的电流，安全阀可以受控方式释放蓄电池单体电池中产生的过高压力。

镍氢电池已代替了以前的普通镍镉电池。在蓄电池系统的三种基本单体电池设计（扁平单体电池、圆形/圆柱形单体电池和棱柱形单体电池）中，保时捷采用了圆柱形单体电池设计，因为它具有极稳定的机械属性和高能量密度，并且制造成本低。此外，各单体电池间的空间使圆柱形单体电池更易冷却。镍氢电池的能量密度通常为80W·h/kg。

丰田（包括雷克萨斯）和本田HEV车型使用的是镍氢电池，镍氢电池能量密度虽然没有锂电池高，却更加安全可靠，有着更长的充放电循环寿命。

镍氢电池电解液为不可燃的水溶液，比热容、电解液蒸发热相对较高，而能量密度相对较低，即使发生短路等极端异常情况，电池温升小，也不会燃烧。

在低温地区，室外温度在0℃以下，镍氢电池也能正常的充放电，不会存在安全隐患。此外，镍氢电池的产品质量控制难度也相对较低，因制造过程导致缺陷的可能性很小。

所以对电池电量要求不高的普通混动车型，大多都选择使用镍氢电池。除了丰田卡罗拉-雷凌双擎、凯美瑞双擎、普锐斯，雷克萨斯CT200H、ES300H，本田思域HEV、英赛特INSIGHT、CR-Z等混动车型，其他使用镍氢电池的混合动力车辆包括福特的Ford Escape、雪佛兰的Chevrolet Malibu。

3.1.3.2 丰田HEV车用镍氢电池

第一代丰田普锐斯（代号NHW10/NHW11）（1997～2003年）作为全球第一款量产的混动车型，搭载型号1NZ-FXE的1.5L直列四缸自然吸气发动机和一台288V永磁交流电机，其中汽油发动机最大功率为58马力（约42kW），最大转矩102N·m，电机最大功率为29kW（约40马力），最大转矩为305N·m，配备ECVT（电控无级变速器）变速器，镍金属氢化物（镍氢）电池组作为电力源（安装位置见图3-1-14），丰田公司将这套油电混合动力系统称为THS，即Toyota Hybrid System（丰田混合动力系统）。截至2003年，第一代普锐斯在全球20多个国家共售出12.3万辆。

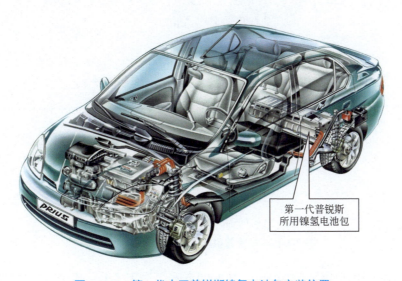

图3-1-14　第一代丰田普锐斯镍氢电池包安装位置

第二代丰田普锐斯（代号NHW20）（2003~2011年）由三厢车变为五门掀背造型，继续沿用型号1NZ-FXE的1.5L四缸自然吸气发动机，此发动机具有VVT-i可变正时气门技术，最大功率为77马力（约56kW），最大转矩为115N·m，500V电机最大功率为50kW（约68马力），最大转矩为400N·m，混合动力净功率为112马力（约82kW），配备ECVT无级变速器。第二代普锐斯配备了全电动空调压缩机，此外还使用了电动转向系统。如图3-1-15所示，配备了尺寸更小且重量更轻的镍氢电池组，丰田公司在北美市场给这套电池组提供10万英里（约16.1万公里）内或8年保修期。2005年12月，一汽丰田长春工厂开始投产第二代普锐斯。截至2011年停产，第二代普锐斯在全球40多个国家共售出119.2万辆。

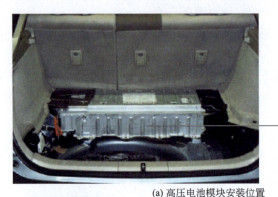

(a) 高压电池模块安装位置

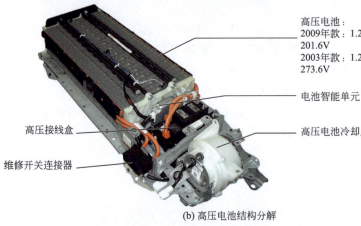

(b) 高压电池结构分解

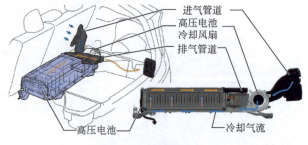

(c) 高压电池冷却部件位置

图3-1-15 丰田普锐斯（THS二、三代产品）

第三代丰田普锐斯（代号ZVW30）（2009年~）沿用了上一代车型的造型设计，车顶配备了丰田公司和京瓷公司共同研发的太阳能板，用以在夏天收集足够的电能来启动空调等电子设备。后轮的鼓式刹车系统已升级为盘式刹车系统。型号 2ZR-FXE 的 1.8L VVT-i 四缸汽油发动机取代了原先的 1.5L 发动机,最大功率为 99 马力(约 72kW),最大转矩为 142N·m,650V 电机最大功率为 60kW(约 81 马力),最大转矩为 207N·m,混合动力最高输出功率为 100kW(约 135 马力),传动系统依然配备了一台 ECVT 电控无级变速器。采用电子水泵,这也让它成为第一款全车无需皮带传动的量产车型。丰田公司在 2011 年将代号 ZVW35 的普锐斯 PHV 插电式混动车型推向市场,该车百公里油耗进一步降至 2.2L,CO_2 的排放降至 49g/km。2012 年 2 月,国产第三代普锐斯正式上市。从 2009 年诞生以来,第三代普锐斯全球销量已达 168.8 万辆。

第四代丰田普锐斯(代号 ZVW50)基于丰田公司全新的 TNGA 平台打造(丰田公司在 2016 年 12 月正式发布了全新 TNGA 全球架构平台之后,第四代普锐斯则成为该平台下的首款车型),曾经占用一部分后备厢空间的电池组被移到了后座下方,仍沿用代号 2ZR-FXE 的 1.8L 自然吸气四缸发动机,提供 2WD 及 E-Four 四轮驱动两种车型可选,可辅助发动机或前电机输出动力,并让新款普锐斯具备电动四驱的能力。第四代普锐斯提高了电池的输出功率,辅助行驶时,能提供更强的动力,充电时也能承受更大的电流。新车根据车型等级使用不同的电池,如图 3-1-16 所示。E、A、A Premium 配备的是锂离子电池,S 和四轮驱动车型都配备的是镍氢电池。锂离子电池组的质量为 24.5kg,镍氢电池组的质量为 40.3kg。

图 3-1-16　第四代普锐斯用高压电池

3.1.3.3　通用 HEV 车用镍氢电池

驱动电机电池也称混合动力电池。以凯迪拉克凯雷德 HEV 车型为例,驱动电机电池包括 40 个单独的电池模块。每个电池模块的额定电压是直流 7.2V,所有模块串联在一起,合并输出电压约直流 288V,电池组内部结构如图 3-1-17 所示。直流高压通过高压直流电线经车辆底部连接到驱动电机电源逆变器模块(PIM)。高压电池正极和负极电线总成(300V)为橙色,表示有潜在高压。PIM 将直流电压转换成交流电压,启用动力总成混合动力功能的电气部分。驱动电机电池有很少的移动零件。移动零件有两个高压接触器继电器、高压电流限制继电器、电池通风风扇继电器和一个电池通风风扇。通风风扇用于帮助冷却电池。电池能量控制模块(BECM)控制着这些装置,利用混合动力电池总成内的几个传感器监控电流、电压和温度。BECM 将根据这些输入设置诊断故障码。

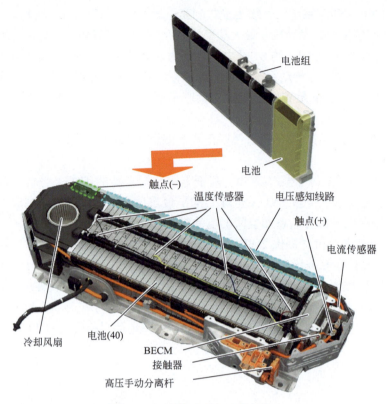

图 3-1-17　镍氢电池组内部结构

混合动力驱动电机电池位于中间一排座椅底下（运动型车型）或后排座椅底下（皮卡车型），如图 3-1-18 所示。BECM、通风风扇、通风风扇继电器、电流限制继电器和高压接触器继电器位于混合动力电池总成内。

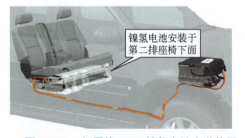

图 3-1-18　凯雷德 HEV 镍氢电池安装位置

3.1.4　燃料电池的组成与原理

氢/氧燃料电池是原电池的一种特殊形式。主要部件为两个电极 1 和镀铂的碳纤维纳米管 2（用作催化剂）以及一层特殊薄膜 3。多种化合物均可用作电极。特殊薄膜具有气密性，对电子不导电，对质子（不带电子的氢核）具有渗透性。氧气（O_2）来自环境空气，无需专门填充。燃料电池构造如图 3-1-19 所示。

氢气（H_2）和氧气（O_2）分别分配至两个电极：氢气至正极，氧气至负极。氢气在催化剂的作用下释放两个电子并分裂成两个带正电的氢核（质子）。氢核可以渗入并穿过薄膜，因为薄膜另一侧（负极）电解质的质子数较正极少（扩散）。氧气在其电极侧通过催化作用吸收电子，然后立即与自由的氢质子反应生成水（H_2O）。

如果电子连接正极和负极，则该反应会产生电流。随着氢气转化为水，燃料电池中直接产生电能。燃料电池工作原理如图 3-1-20 所示。

氢气在特别灌注泵中装满。加氢燃料的过程与天然气燃料加注的过程一致。氢气在 700bar（70MPa）的压力下泵入车辆下方的增压箱中。根据氢的物理属性，80L 氢气的质量约为 6.44kg。氢气通过减压器进入燃料电池。在工作压力为 3bar（0.3MPa）时，燃料电池可提供 250～450V 直流电压。

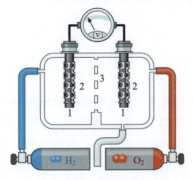

图 3-1-19　燃料电池构造

1—电极；2—镀铂的碳纤维纳米管；3—特殊薄膜

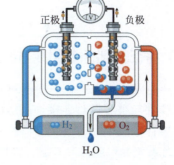

图 3-1-20　燃料电池工作原理

燃料电池本质是水电解的"逆"装置，主要由三部分组成，即阳极、阴极、电解质。其阳极为氢电极，阴极为氧电极。通常，阳极和阴极上都含有一定量的催化剂，用来加速电极上发生的电化学反应。两极之间是电解质。

以质子交换膜燃料电池（PEMFC）为例，其工作原理如下：氢气通过管道或导气板到达阳极；在阳极催化剂的作用下，1 个氢分子解离为 2 个氢质子，并释放出 2 个电子，阳极反应为 $H_2 \longrightarrow 2H^+ + 2e$；在电池的另一端，氧气（或空气）通过管道或导气板到达阴极，在阴极催化剂的作用下，氧分子和氢离子与通过外电路到达阴极的电子发生反应生成水，阴极反应为 $1/2O_2 + 2H^+ + 2e \longrightarrow H_2O$。总的化学反应为 $H_2 + 1/2O_2 =\!=\!= H_2O$。电子在外电路形成直流电。因此，只要源源不断地向燃料电池阳极和阴极供给氢气和氧气，就可以向外电路的负载连续地输出电能。

奥迪 A7 Sportback h-tron quattro 概念车搭载氢/氧燃料电池动力系统，这套系统的最大功率为 230 马力（约 169kW），最大转矩为 540N·m。其 0～100km/h 加速仅为 7.9s，极速可以达到 180km/h。这套系统可以使用氢气燃料行驶或在纯电动模式下行驶，使用氢气作燃料时，每千克氢气可行驶 100km。纯电动模式时则可行驶 50km。其总续驶里程可达到 500km。其燃料电池构成如图 3-1-21 所示。

图 3-1-21　奥迪 A7 Sportback h-tron quattro 概念车燃料电池构成

项目 2　高压电池模组与 BMS 简介

3.2.1　高压电池系统组成与结构

高压电池模组放置在一个密封并且屏蔽的高压电池箱里,高压电池系统使用可靠的高、低压接插件与整车进行连接,高压电池模组的安装位置如图 3-2-1。高压电池系统内的 BMS 实时采集各电池单体的电压值、各温度传感器的温度值、电池系统的总电压值和总电流值、电池系统的绝缘电阻值等数据,并根据 BMS 中设定的阈值判定电池系统工作是否正常,并对故障实时监控。高压电池系统通过 BMS 使用 CAN 与 VCU 或充电器进行通信,对高压电池系统进行充放电等综合管理。

高压电池系统也接收和存储由车载充电器、发电机、制动能量回收装置和外置充电装置提供的高压直流电,并为驱动电机控制器、DC/DC、电动空调、PTC 等高压元件提供高压直流电。

图 3-2-1　高压电池模组的安装位置

高压电池系统主要由高压电池模组、电池管理系统、高压电池箱及辅助元器件四部分组成,如图 3-2-2 所示。

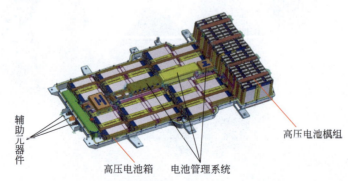

图 3-2-2　高压电池系统组成(北汽 E150EV)

电池单体是构成高压电池模组的最小单元,一般由正极、负极、电解质及外壳等构成,可实现电能与化学能之间的直接转换;电池模块是一组并联的电池单体的组合,该组合额定电压与电池单体的额定电压相等,是电池单体在物理结构和电路上连接起来的最小分组,可作为一个单元替换;模组是由多个电池模块或电池单体串联组成的一个组合体,如图3-2-3所示。

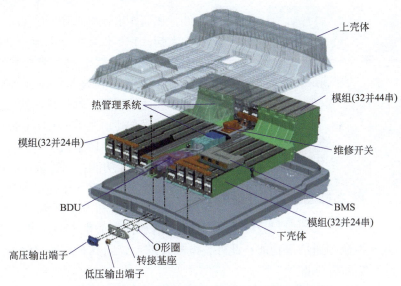

图3-2-3　高压电池模组结构组成(江淮新能源车型)

高压电池箱是支撑、固定、包围电池系统的组件,主要包含上盖和下托盘,还有辅助元器件,如过渡件、护板、螺栓等,高压电池箱有承载及保护高压电池组及电气元件的作用。

电池箱体用螺栓连接在车身底板下方,其防护等级为IP67,螺栓拧紧力矩为80～100N·m。整车维护时需观察电池箱体螺栓是否松动,电池箱体是否有破损、严重变形,密封法兰是否完整,确保高压电池可以正常工作;在外观上,电池箱体外表面颜色要求为银灰色或黑色,亚光,如图3-2-4所示;电池箱体表面不得有划痕、尖角、毛刺及残余油迹等外观缺陷,焊接处必须打磨圆滑。

电池模组辅助元器件主要包括高压电池系统内部的电气元件,如图3-2-5,如熔断器、继电器、分流器、接插件、维修开关、烟雾传感器等,另外还包括密封条、绝缘材料等。

图3-2-4　高压电池箱体(北汽E150EV)

图3-2-5　高压电池模组内部辅元器件

3.2.2 高压电池管理系统

电池管理系统英文全称为 Battery Management System，缩写为 BMS。BMS 模块实体如图 3-2-6 所示。

图 3-2-6　BMS 模块实体（北汽 E150EV）

① BMS 作用：电池保护和管理的核心部件，在高压电池系统中，它的作用就相当于人的大脑，它不仅要保证电池安全可靠地使用，而且要充分发挥电池的能力并延长其使用寿命，作为电池和整车控制器（VCU）以及驾驶者沟通的桥梁，通过控制接触器控制高压电池组的充放电，并向 VCU 上报高压电池系统的基本参数及故障信息。

② BMS 功能：通过电压、电流及温度检测等功能实现对高压电池系统的过压、欠压、过流、过高温和过低温保护，继电器控制，SOC 估算，充放电管理，均衡控制，故障报警及处理，与其他控制器通信等功能；此外，电池管理系统还具有高压回路绝缘检测功能，以及为高压电池系统加热功能。

③ BMS 组成：按性质可分为硬件和软件，按功能分为数据采集单元和控制单元。

④ BMS 硬件：主板、从板及高压盒，还包括采集电压、电流、温度等数据的电子器件。

⑤ BMS 软件：监测电池的电压、电流、SOC 值、绝缘电阻值、温度值，通过与 VCU、充电器的通信，控制高压电池系统的充放电。

项目 3　电池管理系统工作原理

3.3.1 比亚迪分布式与集中式电池管理器

（1）分布式电池管理器

动力电池采用分布式管理器，负责整车电动系统的电力控制并实施监测高压电力系统的用电状态，采取保护措施，保证车辆安全行驶。其主要作用是动力电池状态监测、充放电功能控制、预充控制。

分布式电池管理器与集中式电池管理器相比有以下优势。

① 结构更加优化、智能，原来电压、温度采样线现在已经被替代。

② 布置更加合理，上位机的体积减小，有利于整车空间的充分利用，便于布置。

③ 性能更加完善，增加下位机采集器后，能够更加精确地控制电池的电压，通过均充均放保证单体的一致性，提高电池性能。

④ 整车更加安全，在电池内部增加继电器和熔丝，不仅保证了电池包本身的安全，同时也为整车提供了安全保障。

⑤ 电压采样线和温度采样线走线比较方便，固定比较容易。

⑥ 防水等级更高（IP67），而且安装的位置比较高，更加可靠。

⑦ 安全性更好，集中式的电压采样线从电池包直接引出到电池管理器，线束破损或者接插件进水则容易产生安全隐患，还容易使电池管理器短路而烧毁。

e6 分布式电池管理器安装位置如图 3-3-1 所示。

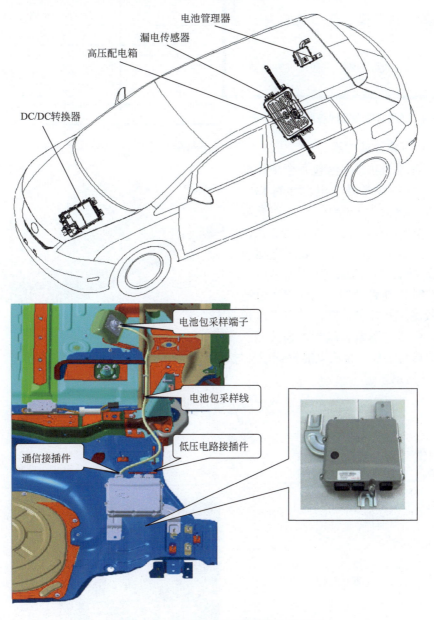

图 3-3-1　e6 分布式电池管理器安装位置

分布式电池管理器端子针脚分布如图 3-3-2 所示，端子定义见表 3-3-1。

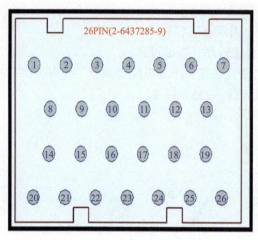

表 3-3-1 分布式电池管理器端子定义

针脚号	功能定义
1	CAN3L（采集器）
2	采集器 CAN3 屏蔽地
3～6	未连接
7	BIC 电源 +12V_ISO
8	CAN3H（采集器）
9～13	未连接
14	12VDC（双路电）（预留）
15	12VDC（双路电）（预留）
16～19	未连接
20	电池内部接触器控制 1
21～25	未连接
26	BIC 电源地 GND_ISO

图 3-3-2 分布式电池管理器端子针脚分布

（2）集中式电池管理器

集中式管理器动力电池包每个单体电压为 3.3V，共 96 个单体，电池包标称电压为 316.8V，容量为 180A·h，一次充电 57kW·h。另外，还包括电压采样线 1 条，温度采样线 1 条，托盘 1 个。高压电池包接口线连接如图 3-3-3 所示。

e6 集中式电池管理器是电动汽车电池系统的参数测试及控制装置，具有安全预警（温度、电压、漏电、碰撞）与控制、剩余电量估算与指示、充放电能量管理与过程控制、信息处理与通信等主要功能。其安装位置如图 3-3-4 所示。

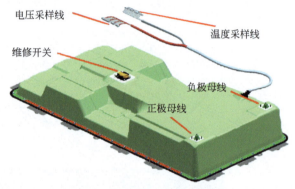

图 3-3-3 高压电池包接口线连接

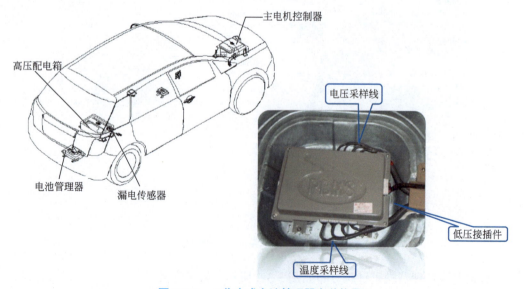

图 3-3-4 e6 集中式电池管理器安装位置

3.3.2 日产双 CPU 结构锂电池控制器

以日产轩逸 EV 车型为例,该车锂电池由锂电池控制器(LBC)控制,并将锂电池状态传送至车辆控制模块(VCM)。VCM 根据锂电池状态执行车辆控制。锂电池控制器包含在锂电池组中,并安装在后模块堆的左侧位置,如图 3-3-5 所示。

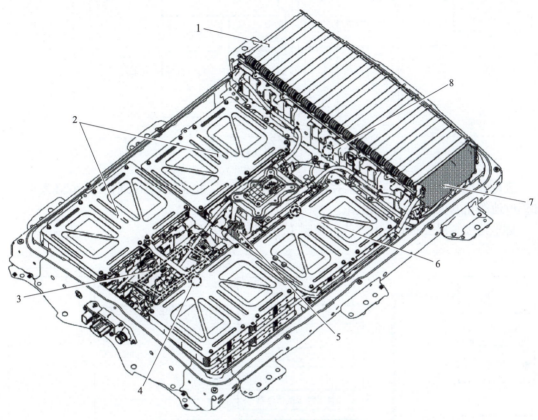

图 3-3-5　锂电池控制器安装位置

1—后模块堆;2—前模块堆;3—锂电池接线盒;4—锂电池温度传感器 4;5—锂电池电流传感器;
6—锂电池温度传感器 2;7—锂电池控制器(LBC);8—锂电池温度传感器 1

锂电池控制器是锂电池控制的核心。LBC 检测锂电池组的电压和电流,每个模块的温度以及每个电池单体的电压,以判断充电状态(SOC),它还可以计算可能的输入/输出值,仪表指示值和可充电值。

LBC 通过 CAN 通信将锂电池状态信号发送到 VCM,VCM 根据锂电池状态控制车辆。

锂电池控制器的主要作用:锂电池状态检查(充电状态、可能的输出值、可能的输入值、温度),优化锂电池电压,过电压和过电流保护,防止过热,检测高压电路绝缘电阻的下降,检测高压线束接头和充电用插头的安装状况。

LBC 采用双 CPU 结构,其工作原理如图 3-3-6 所示,两个 CPU(主 CPU 和副 CPU)集成在 LBC 中,CPU 并行诊断并判断每个 CPU 的电池电压,以及温度传感器和电流传感器的数据。副 CPU 监视主 CPU,并在必要时重新启动主 CPU。每个 CPU 直接与诊断器通信,并可以进行诊断。

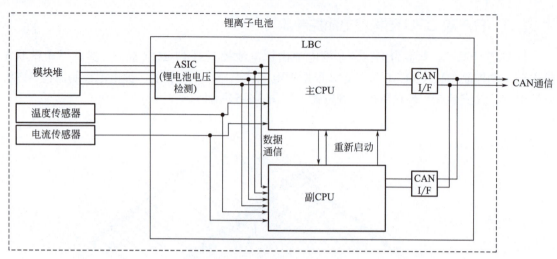

图 3-3-6 双 CPU 结构工作原理

锂电池控制器（LBC）始终监控锂电池内部的状态，并通过 CAN 通信向 VCM 发送信息，如锂电池的充电状态和可用的电量。

锂电池控制器按照如下方式执行控制（图 3-3-7）。

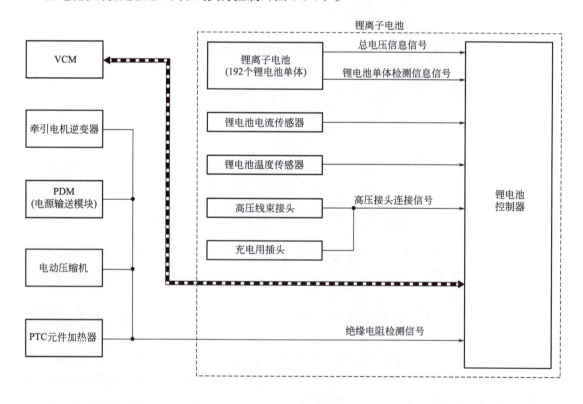

图 3-3-7 锂电池控制原理

① 监控锂电池状态，并将可充电/可放电电源传送到 VCM，以防止出现过压、过度放电或锂电池温度过度升高等故障。

② 在发生错误时立即检测到错误（过压、过度放电、过电流或温度过度升高），并请求 VCM 断开系统主继电器，以中断充电/放电。

③ 通过电池容量调节功能持续保持最佳锂电池状态，以防止由电池容量变化引起的充电/放电容量降低。

④ 检测功能的接头适配状态，以检测高压线束接头的安装情况，并将检测到的状态传送到 VCM，避免车辆在不稳定的状态下启动。

⑤ 检测功能的绝缘电阻状态，以检测高压和低压之间的绝缘电阻，并将检测到的状态传送到 VCM，避免车辆在异常状态下启动。

⑥ 基于通过锂电池状态检测功能获得的数据，估计锂电池充电状态和低锂电池电量状态，并反映在锂电池容量计上。

锂电池有可充电/可放电的电压范围，如果充电/放电超过此范围，则会导致容量过低故障。为防止此类情况发生，锂电池控制器检测到分电池的电压并向 VCM 请求充电/放电能量控制以使分电池电压保持在电压范围内。锂电池的控制项目及工作条件见表 3-3-2。

表 3-3-2　锂电池的控制项目及工作条件

控制项目	控制	工作条件
过电压/过电流保护	充电能量控制	单体电压达到可充电电压上限时，逐步控制充电能量
	系统主继电器切断	单体电压超过被判断为过电压的电压并保持此电压超过规定时间
过度放电保护	放电能量控制	单体电压接近可放电电压的下限时，逐步控制放电能量
	系统主继电器切断	单体电压超过被判定为过度放电的电压且保持此电压超过规定时间
温度过度升高保护	充电/放电能量控制	锂电池温度接近可用温度的上限时，逐步控制充电/放电能量
	系统主继电器切断	锂电池温度超过被判定为温度过度升高的温度且保持此温度超过规定时间

调节单体容量时，各单体的容量都是基于系统启动时无负荷电压估算的，调节容量以使其处于目标水平。各单体的电压在锂电池控制器的内部检测，然后，打开旁路开关以使容量过大的单体放电。通过这种方式，用锂电池控制器调节容量使所有分电池的容量都能够被充分利用。电池单体容量调节原理如图 3-3-8 所示。

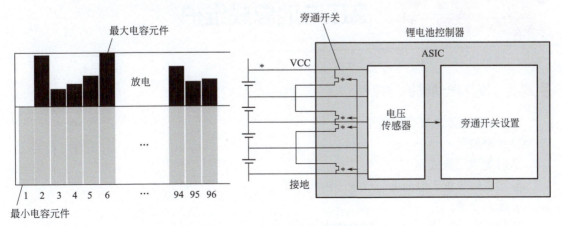

图 3-3-8　电池单体容量调节原理

安装在锂电池控制器内部的绝缘电阻检测电路测量每个高压部件的绝缘电阻,并通过CAN通信将测量结果发送到VCM。VCM根据接收的绝缘电阻值,判断每个高压部件中的异常绝缘电阻。绝缘电阻检测原理如图3-3-9所示。

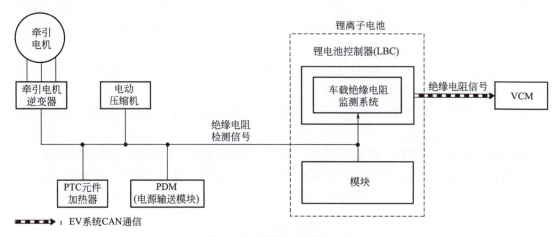

图3-3-9 绝缘电阻检测原理

当锂电池控制器检测到锂电池故障时,它会进入控制模式,通过停止或限制锂电池的输出/充电来保护锂电池,失效保护模式根据检测到的故障内容而不同。该模式可以分为如下七种。

模式A:无行驶,充电停止,且EV系统警告灯点亮。

模式B:行驶输出电量限制,充电停止且EV系统警告灯点亮。

模式C:行驶输出电量限制,充电限制且EV系统警告灯点亮。

模式D:EV系统警告灯点亮。

模式E:行驶输出电量限制且EV系统警告灯点亮。

模式F:继电器切断,从下一次禁止快速充电。

模式G:快速充电停止。

 高压电池总成维护

3.4.1 高压电池维护与保养

(1)高压电池总成存放要求

①水平放置。

②避免双层叠放。

③勿直接放置于地面上,放置于橡胶垫上。

④远离水源。

⑤禁止杂物坠落于动力电池总成上。

（2）高压电池单体维护标准
①密封盖无裂痕，无凹陷、凸起等变形。
②托盘边缘无变形。
③托盘压条螺钉无松动。
④正、负极标识和高压警示标识清晰，无破损。
⑤正、负极引出插孔内无异物。
⑥正、负极引出处附近螺栓无断裂。
⑦采样线接口无破损。

3.4.2 高压电池事故处理

（1）碰撞
新能源车辆发生碰撞，根据实际情况按照以下方法对车辆进行操作。
①在有绝缘防护的条件下，将车辆车门打开。
②检查车辆是否在 OFF 挡。
③断开前舱 12V 蓄电池。
④断开维修开关。
⑤查看高压电池托盘边缘是否开裂，有无明显液体流出。
⑥若有漏电、漏液现象，及时拆下高压电池及断开各模组采样线、高压连接线。

（2）水淹
若新能源车辆浸入深水中（深度超过电池托盘），根据实际情况按照以下方法对车辆进行操作。
①在有绝缘防护的条件下，将车辆从水中移出并打开车门。
②检查车辆是否在 OFF 挡。
③断开前舱 12V 蓄电池。
④断开维修开关。
⑤清除车辆内部水迹，检查车辆高压电池是否漏电。
⑥若漏电，及时拆下高压电池及断开各模组采样线、高压连接线。

（3）泄漏
如果高压电池发生泄漏（有明显液体流出），按照以下方法对车辆进行操作。
①将车辆退电至 OFF 挡，断开前舱 12V 蓄电池。
②断开维修开关。
③及时拆下高压电池及断开各模组采样线、高压连接线。
④发生少量泄漏时，远离火源，使用吸液垫吸附后置于密闭容器中，或采用焚烧方式处理。操作前佩戴防腐手套。
⑤发生大量泄漏时，统一收集，按照危险化学品处理，可加入葡萄糖酸钙溶液来处理有毒气体 HF。
⑥当人体不慎接触泄漏液体时，应立即用大量水冲洗 10～15min，如有疼痛感，可用 2.5% 的葡萄糖酸钙软膏涂敷，或用 2%～2.5% 的葡萄糖酸钙溶液浸泡止痛。若无改善或出现不适症状，立即就医。

(4) 起火

如果车辆起火,根据实际情况按照以下方法对车辆进行操作。

① 若条件允许,将车辆退电至 OFF 挡,断开前舱 12V 蓄电池,断开维修开关。

② 使用灭火器(勿使用水基型灭火器)灭火,并立即拨打 119 电话救援。

③ 如果火势较大,发展较快,立即远离车辆,并立即拨打 119 电话救援。

3.4.3 高压电池容量测试及校正

(1) 电池容量测试步骤

① 放电至下限保护电压(单体电压 2.2V),即 SOC=0。

② 充电至上限保护电压(单体电压 3.8V),即 SOC=100%。

③ 记录充入的容量 C。

④ 充电结束后,拔掉充电器,关闭充电口舱门。

⑤ 连接 VDS1000,将标称容量更改为 C。

(2) 电池容量标定方法

以比亚迪唐 DM 车型为例,电池包标称容量标定方法如下。

① 确认电池包标称容量(品检代号)、SOC。

② 进入系统标定设置,如图 3-4-1 所示。

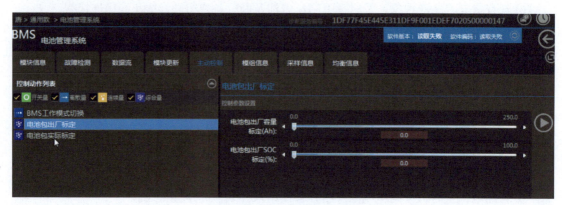

图 3-4-1　进入系统标定设置

以标定出厂容量为例,进入设置界面如图 3-4-2 所示。

品检代号命名规则:A 为 0、B 为 1、C 为 2……

 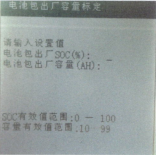

图 3-4-2　电池包容量标定设置界面

项目 5　高压电池模组整体拆装

3.5.1　需要工具及注意事项

以比亚迪新能源车型为例,高压电池模组拆装工具及设备见表3-5-1。

表3-5-1　高压电池模组拆装工具及设备

图示	名称	规格	主要作用
	高压绝缘工具套件	耐压1000V以上	拆卸螺钉等
	举升机	汽修专用举升机	抬高车辆
	简易支架	高度1.2～1.4m,承重1000kg	托住高压电池
	套筒扳手套件	常用的汽车维修工具	拆卸车辆零部件
	升降平台	台面尺寸1800mm×800mm,抬升高度不低于1.4m,承重1000kg以上	托住高压电池
	叉车	承重300kg以上,提升高度1.5m以上	移动高压电池

高压电池属于高压危险产品,维修人员拆装过程需注意以下事项。

①高压电池卸下前应断开电池包维修开关,且开关插座进行覆盖绝缘保护。
②高压电池动力输出插座必须进行绝缘覆盖保护,避免异物落入造成触电。
③拆卸过程中,注意采样信号线不得用力拉拔、过度弯曲,以防损坏。
④安装过程中,螺钉紧固扭矩必须按照设计扭矩要求使用专业工具紧固。
⑤动力铜排连接片与模组连接位置装配前应进行除尘、去污处理。
⑥高压电池拆卸过程中注意零部件标识,以免遗漏或错装。
⑦安装完成后必须对紧固件打扭矩标。
⑧高压电池拆卸和安装过程禁止暴力拆卸、跌落、碰撞、模组倾斜、重压模组、过度拉扯采样信号线、人为短路等非正常工作行为,禁止非工作人员拆卸。

3.5.2 高压电池模组的拆卸

为避免造成人身伤害，在无佩戴相应防护用具的情况下，不要接触或对高压电池进行操作。操作前将车辆退电至 OFF 挡，比亚迪 e6 车型按以下流程拆卸：准备→断开维修开关→拆卸后排座椅→拆卸高压连接线→拆卸采样信号线→拆卸进、出水口→拆卸底部螺钉→结束。

拆卸过程中，部分零部件具有锁紧功能，不要用蛮力，注意对高压电池进行防护。

（1）断开维修开关（图 3-5-1）

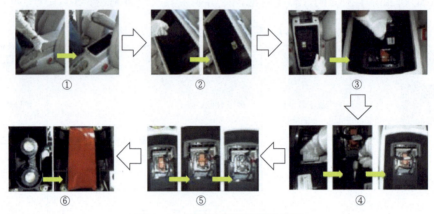

图 3-5-1　断开维修开关操作步骤

① 打开车辆内室储物盒，取出内部物品。
② 取出储物盒底部隔板。
③ 使用十字螺丝刀（旋具）将安装盖板螺钉（共 4 个）拧下，并掀开盖板。
④ 取出维修开关盖板。
⑤ 拉动维修开关手柄呈竖起状态，向上提拉，取出维修开关。
⑥ 使用电工绝缘胶布封住维修开关接插件母端。

（2）拆卸后排座椅（图 3-5-2）

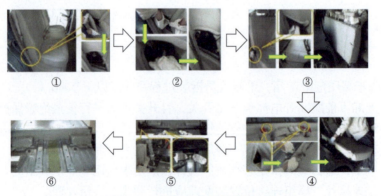

图 3-5-2　拆卸后排座椅操作步骤

① 取下后排座椅两侧螺钉盖板。
② 拆下座椅折弯处螺钉（M14）。

③同时拉动座椅两侧弯折处黑色拉绳,并将座椅靠背前倾,取出座椅靠背。
④拆掉座椅安全带后缝隙处螺钉(M6)并取出座椅。
⑤卸掉座椅横梁固定螺钉以及安全带固定螺钉。
⑥取出横梁。

(3) 拆卸高压连接线(图3-5-3)

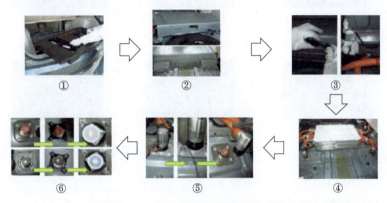

图 3-5-3　拆卸高压连接线操作步骤

①打开后备厢,取出物品。
②拆卸高压配电箱保护盖板固定螺钉(M6)。
③拔掉高压配电箱保护盖板上的信号连接线接口。
④取出高压配电箱保护盖板。
⑤取下正、负极接插件的红色卡扣,轻提黑色卡扣,听到"咔"的声响后,拔掉接插件。
⑥拆卸正、负极引出固定板,并使用保护盖或电工绝缘胶布对正、负极引出处进行防护。

(4) 拆卸采样信号线(图3-5-4)

图 3-5-4　拆卸采样信号线操作步骤

①拧下采样信号线盖板螺钉(M6)并取下盖板。
②旋转采样信号线连接卡扣。
③取下采样信号线接插件。

(5) 拆卸底部螺钉(图3-5-5)
①用举升机支撑端对准车架横梁举起车辆。
②拆卸车头防撞梁固定螺钉(M10)。
③取下防撞梁。
④调整车辆高度,将升降平台或简易支架置于高压电池底部顶住高压电池。

⑤拆卸高压电池底部固定螺钉（M12，共13个）。
⑥提升车辆，并将高压电池拉出。

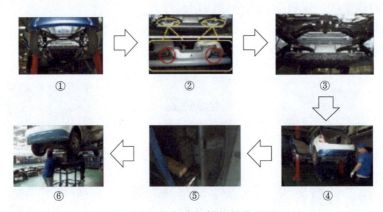

图 3-5-5　拆卸底部螺钉操作步骤

3.5.3　高压电池模组的安装

高压电池模组安装按照与拆卸相反的过程进行：准备→安装高压电池→安装进、出水口→安装信号接插件及正、负极→安装后排座椅→安装维修开关→结束。

①高压电池的安装如图 3-5-6 所示。

用电动叉车将高压电池放置在举升平台或简易支架上，推入安装工位，高压电池自重约 750kg，注意安全操作。

图 3-5-6　用举升平台或简易支架安装高压电池

对正位置，将车身降到合适高度，将高压电池的采样信号线通过底盘预留的采样信号线口牵引至车舱内，然后继续将车身降至底盘与高压电池边缘相接触，对角固定安装高压电池螺钉，以 150N·m 的扭矩拧紧。

②安装信号接插件及正、负极操作步骤如图 3-5-7 所示。

注意信号接插件安装时应避免过度扭曲（不允许超过 180°），正、负极固定板共 8 个螺母，规格为 M10，安装扭矩为 7.8～8.3N·m。安装正、负极时必须佩戴绝缘手套。

图 3-5-7　安装信号接插件及正、负极操作步骤（比亚迪 e6）

③安装后排座椅步骤与拆卸过程相反。

④安装维修开关操作步骤如图 3-5-8 所示。

安装维修开关时，必须确保整车低压电源已关闭，启动按钮未按下（切忌在整车低压电源通电状态下进行维修开关的拔插，否则可能会对控制器造成损害）。维修开关安装后，应及时安装盖板、橡胶垫，紧固螺钉也必须按要求锁紧。

图 3-5-8　安装维修开关操作步骤（比亚迪 e6）

项目 6 高压电池模组内部拆装

3.6.1 电池模组拆解

以江淮新能源 IEV6、IEV7 车型为例,其高压电池模组由左前、右前及后部三个模块组成,如图 3-6-1 所示。

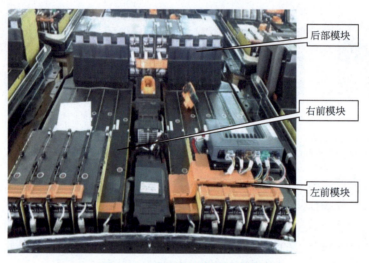

图 3-6-1 高压电池模组组成模块

① 拆卸 BDU 上壳体,拆卸连接左前模块与 BDU 输出铜条和高压护盖,如图 3-6-2 所示。为了防止电击,应立即使用绝缘胶带包裹好断开连接的高压连接端子。

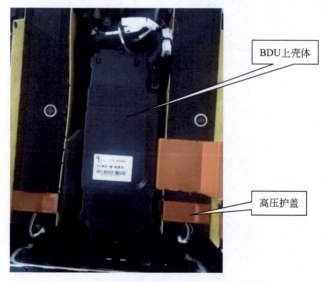

图 3-6-2 拆卸 BDU 上壳体与高压护盖

② 移除中央风道海绵条，移除左风道盖板塑料卡钉，拆卸左风道盖板，如图 3-6-3 所示。

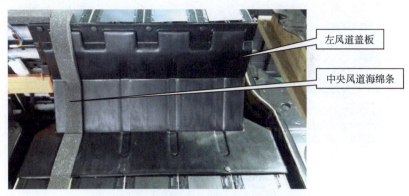

图 3-6-3　移除中央风道海绵条与风道盖板

③ 拆卸左前模块与后部模块间的软连接件，如图 3-6-4 所示。

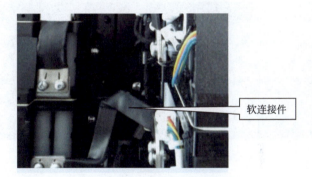

图 3-6-4　拆卸软连接件

④ 拔出 LBC 低压线束接插件，拆卸线束固定盖板，分别移除低压线束及其线束固定盖板，如图 3-6-5 所示。

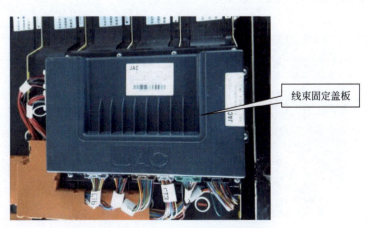

图 3-6-5　拆卸线束固定盖板

⑤ 拔出模组前部低压线束接插件，拆卸左前模块固定螺母，如图 3-6-6 所示。

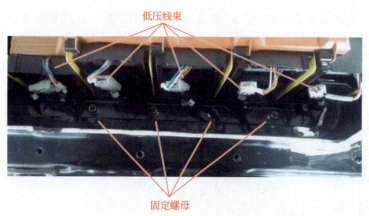

图 3-6-6 取出低压线束接插件

⑥拆卸左前模块测压钣金固定螺栓,如图 3-6-7 所示。

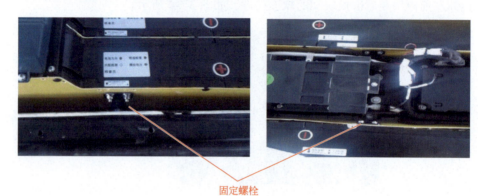

图 3-6-7 拆卸固定螺栓

⑦移除左前模块,将左前模块放置在绝缘的工作台上。
⑧拆下后部模块的风道盖板,如图 3-6-8 所示。

图 3-6-8 拆下后部模块风道盖板

⑨拔出后部模块低压线束接插件,如图 3-6-9 所示。移除后部模块低压主线束固定卡口,移除低压主线束。

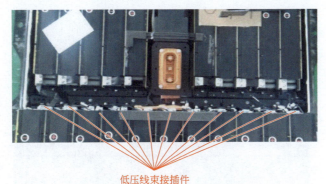

图 3-6-9　拔出低压线束接插件

⑩ 分别拆卸左前、右前模块与后部模块间高压护盖及软连接件，如图 3-6-10 所示。

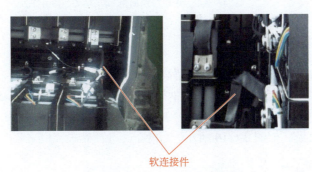

图 3-6-10　拆卸软连接件

⑪ 拆卸后部模块与维修开关间软连接高压护盖，移除软连接件。拆卸维修开关支架固定螺栓，移除维修开关软连接支架，如图 3-6-11 所示。

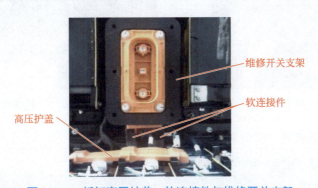

图 3-6-11　拆卸高压护盖、软连接件与维修开关支架

⑫ 分别拆卸后部模块固定件与下壳体总成固定螺栓，如图 3-6-12 所示。
⑬ 移出后部模块，并放置于绝缘的工作台上。

拆装作业警示

在所有拆卸过程中，应确保穿好防护用品；不得有裸露在外的高压连接端子及高压软连接件，如有，应立即用绝缘胶带包裹好；即使使用防护设备触碰高压部件，仍有可能会被电击。

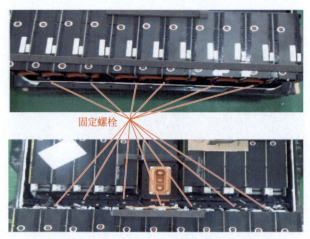

图 3-6-12 拆卸壳体总成固定螺栓

3.6.2 电池模组更换方法

下面以比亚迪秦 PHEV 车型为例，讲解高压电池模组的更换方法。

① 如图 3-6-13 所示，拉动维修开关手柄呈竖直状，拔下维修开关。维修开关拔出时需佩戴高压绝缘手套。

② 拔下蓄电池负极，如图 3-6-14 所示。

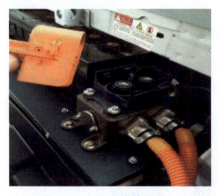   

图 3-6-13　取出维修开关　　　　　图 3-6-14　拔下蓄电池负极

③ 拆除高压电池包前、后盖板，如图 3-6-15 所示。

图 3-6-15　拆除高压电池包前、后盖板

④拆除前、后部高压电池包串联线，如图3-6-16所示。注意需佩戴绝缘手套。

 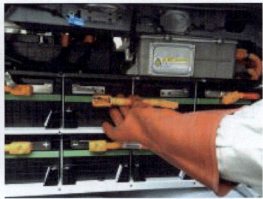

图3-6-16　拆除前、后部高压电池包串联线

⑤拔下BIC采样线接插件，如图3-6-17所示。
⑥拆除BIC采样线固定板，如图3-6-18所示。

图3-6-17　拔下采样线接插件　　　　　　　图3-6-18　拆除采样线固定板

⑦拆除模组固定螺栓，如图3-6-19所示。
⑧取出模组，如图3-6-20所示。注意戴好绝缘手套，小心取出模组，避免挤压和碰撞。

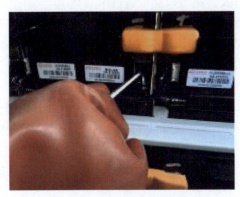 

图3-6-19　拆除模组固定螺栓　　　　　　　图3-6-20　取出电池模组

⑨ 搭接高压电池包特定的串联线，将一模组的负极与另一模组的正极连起来（图 3-6-21 所示为取出两个模组的搭接方式；图 3-6-22 所示为取出一个模组后将串联线从其中穿过将两相邻模组正、负极搭接的方式）。注意戴好绝缘手套且务必将串联线搭接牢固。

图 3-6-21　取出两个模组的搭接方式

图 3-6-22　取出一个模组的搭接方式

维修模式充电设置

① 整车上 ON 挡电。
② 连接诊断仪，进入高压电池管理器，如图 3-6-23 所示。
③ 选取"9"进入维修模式设置，如图 3-6-24 所示。

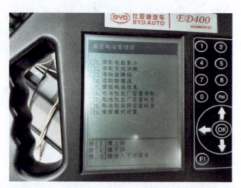

图 3-6-23　诊断仪进入"高压电池管理器"

图 3-6-24　进入维修模式设置

④ 退出，重新进入当前工作模式查询，若显示已在维修模式，则可以插枪进行车载充电。

⑤ 车载充电完成后，重新进入诊断仪，选择退出维修模式，如图 3-6-25 所示。注意充满之后一定要记得退出维修模式。

拆卸注意事项

① 拆卸时一定要保证整车退至 OFF 挡且维修开关处于断开状态。维修开关拔出和恢复时一定要佩戴绝缘手套。

② 拆卸高压电池包前后部串联线及取出模组时一定要佩戴绝缘手套。

③ 拆卸高压电池包前后串联线时一定不要两人

图 3-6-25　退出维修模式

同时操作,只能由一人单独完成。恢复过程也只能由一人单独完成。

④必须先将故障模组拆除,显示连接好之后才能用诊断仪请求进入维修模式。在 ON 挡电请求完进入维修模式后直接插枪充电,若退电了,则管理器复位,还要重新请求。

⑤维修模式下只能进行车载充电,若进行其他操作可能会有风险。

⑥拆除模组的采集器必须串联在线束上(即连接通信接插件)。

3.6.3 电池管理模块的拆装

以众泰芝麻 E30 车型为例,其模块拆装步骤及注意事项如下。

①断开电池箱盖上的维修开关,注意要先提起维修开关的锁扣,如图 3-6-26 所示。

②松开箱体上的紧固螺栓,包括车底固定板处的 6 个 M6×30 的螺栓及箱盖周边的 34 个 M5×10 的螺栓,如图 3-6-27 所示。

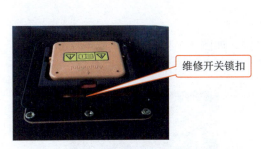

图 3-6-26 提起维修开关锁扣

图 3-6-27 松开箱体上的紧固螺栓

③断开 H-BMU 主板上的 4 个线束接插件,如图 3-6-28 所示。

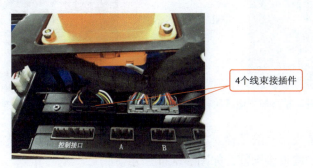

图 3-6-28 断开线束接插件

④松开支架固定于箱体上的 2 个螺栓,如图 3-6-29 所示,取出 H-BMU 主板及支架。

图 3-6-29 松开箱体固定螺栓

⑤ 松开 H-BMU 固定于支架上的 4 个 M5×10 组合螺钉，取出 H-BMU 主板，如图 3-6-30 所示。

图 3-6-30　取出 H-BMU 主板

安装按照与拆卸相反的顺序进行。

3.6.4　电池单体及加热片的拆装

① 松开模组连接处的防护罩及模组连接铜排，如图 3-6-31 所示。
② 松开单体电池连接处的连接片、信号采集线及温度采集线，如图 3-6-32 所示。

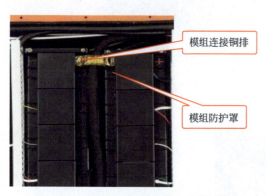

图 3-6-31　松开防护罩与模组连接铜排

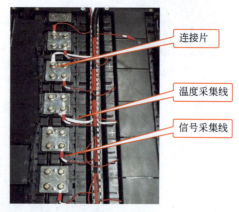

图 3-6-32　松开连接片与采集线

③ 松开线槽安装支架处的螺栓，如图 3-6-33 所示，取下线槽及安装支架总成。
④ 断开加热片的线束接插件，如图 3-6-34 所示。

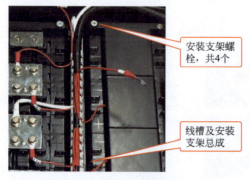

图 3-6-33　松开支架螺栓

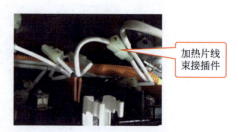

图 3-6-34　断开加热片线束接插件

⑤ 松开模组固定于箱体的 4 个螺栓，如图 3-6-35 所示，取出模组。
⑥ 松开模组侧面的 8 个螺栓，如图 3-6-36 所示，取下模组侧面的加热片，共 2 片。

图 3-6-35　松开模组固定于箱体的螺栓

图 3-6-36　松开模组侧面螺栓

⑦ 松开模组两边的紧固螺母及螺杆，取下两边的模组安装支架、侧支撑板及单体电池，如图 3-6-37 所示。

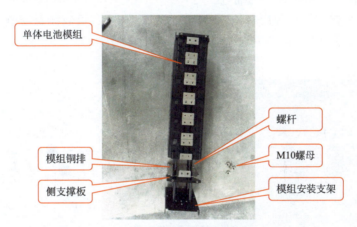

图 3-6-37　取下单体电池

安装按照与拆卸相反的顺序进行。

高压电池系统故障排除

3.7.1　高压电池故障检测及处理

（1）温度类

一般故障表现形式：车辆上不了 OK 挡电，仪表盘提示高压电池温度过高。出现温度警告后，首先需排除管理器、连接线束等问题（更换管理器、管理器与电池包连接采样线束）；更换后若故障仍存在，则判断为高压电池故障。

（2）漏电类

一般故障表现形式：仪表 OK 灯不亮，仪表提示检查动力系统，高压系统漏电故障。

断开电池包与车身所有连接（正、负极引出及采样线接口），闭合维修开关，用万用表测试电池包以下各参数。

① 使用万用表测量高压电池总电压 V。
② 使用万用表测量正极与车身电压 V_1。
③ 使用万用表测量负极与车身电压 V_2。
④ 万用表表笔更换为并联定值电阻表笔，并将挡位拨至电阻挡，测量定值电阻 R。
⑤ 万用表挡位拨回直流电压挡，测量并联电阻后，正极与车身电压 V_1'。
⑥ 测量并联电阻后，负极与车身电压 V_2'。

测量结束后断开维修开关。分别计算：

$$R_1 = \frac{V_1 - V_1'}{V_1'} \times \frac{R}{V}, \quad R_2 = \frac{V_2 - V_2'}{V_2'} \times \frac{R}{V} \quad （计算结果的单位为 \Omega/V）$$

两者中的较小值为绝缘电阻（计算过程中，V、V_1、V_1'、V_2、V_2' 的单位为 V，R 的单位为 Ω）。绝缘电阻值小于 500Ω/V，为漏电。

正、负极对采样线接口 V12- 的电压正常小于 1V，正、负极任意一侧与 V12- 的电压大于 20V，即判断温感漏电（图 3-7-1）。

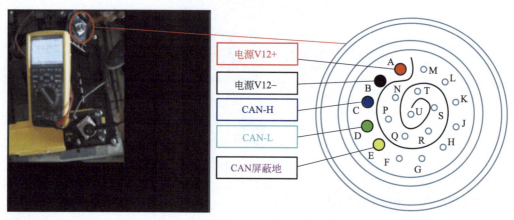

图 3-7-1　高压电池包低压端子检测

3.7.2　电池管理器端子定义与检测数据

以比亚迪秦 pro DM 车型为例，电池管理器位于主驾驶位座椅下方，BMS 通信转换模块和电池信息采集器均位于高压电池包内部。

该车采用级联式电池管理系统，由 1 个电池管理器（BMC）、1 个 BMS 通信转换模块和 3 个电池信息采集器（BIC）及 1 套采样通信线组成。电池管理器主要有充放电管理、接触器控制、功率控制、电池异常状态报警和保护、SOC/SOH 计算、自检以及通信功能等；电池信息采集器的主要功能有电池电压采样、温度采样、电池均衡、采样线异常检测等；BMS 通信转换模块的主要功能是将电池信息采集器的数据发送给 BMC；采样通信线的主要功能是连接 BMS 通信转换模块和电池信息采集器，实现两者之间的通信及信息交换。电池管理器系统框图如图 3-7-2 所示。

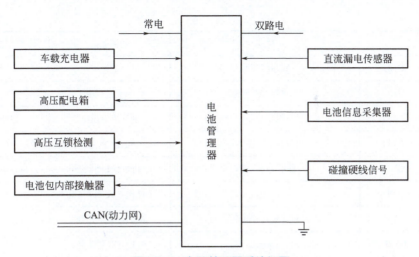

图 3-7-2　电池管理器系统框图

电池管理器端子针脚分布如图 3-7-3 所示，端子定义及检测数据见表 3-7-1。

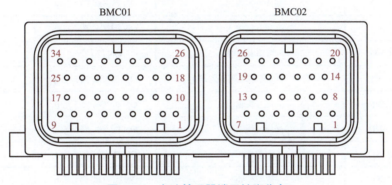

图 3-7-3　电池管理器端子针脚分布

表 3-7-1　电池管理器端子定义及检测数据

连接	描述	检测条件	正常值
BMC01-1～GND	电池子网 CANH	ON 挡 /OK 挡 / 充电	2.5～3.5V
BMC01-2～GND	电池子网屏蔽地	始终	小于 1V
BMC01-3～GND	通信转换模块供电 +12V	ON 挡 /OK 挡 / 充电	9～16V
BMC01-7～GND	分压 / 负极接触器供电	ON 挡 /OK 挡 / 充电	9～16V
BMC01-8～GND	充电仪表指示灯信号	车载充电时	小于 1V
BMC01-9～GND	分压接触器拉低控制	分压接触器吸合时	小于 1V
BMC01-10～GND	电池子网 CANL	ON 挡 /OK 挡 / 充电	1.5～2.5V
BMC01-12～GND	通信转换模块供电地	始终	小于 1V
BMC01-15～GND	主 / 预充接触器供电	ON 挡 /OK 挡 / 充电	9～16V
BMC01-18～GND	霍尔供电 -15V	ON 挡 /OK 挡 / 充电	-16～-9V

续表

连接	描述	检测条件	正常值
BMC01-19～GND	霍尔屏蔽地	始终	小于1V
BMC01-21～GND	预充接触器拉低控制	预充过程中	小于1V
BMC01-22～GND	主接触器拉低控制	整车上高压电	小于1V
BMC01-26～GND	电流霍尔采样信号	电源ON挡	0～4.2V
BMC01-27～GND	霍尔供电+15V	ON挡/OK挡/充电	9～16V
BMC01-28～GND	常电	ON挡/OK挡/充电	9～16V
BMC01-29～GND	负极接触器拉低控制	负极接触器吸合时	小于1V
BMC02-1～GND	常电	ON挡/OK挡/充电	9～16V
BMC02-2～GND	车身地	始终	小于1V
BMC02-3～GND	碰撞信号	启动	约-15V
BMC02-4～GND	高压互锁输出1	ON挡/OK挡/充电	PWM脉冲信号
BMC02-5～GND	高压互锁输入1	ON挡/OK挡/充电	PWM脉冲信号
BMC02-8～GND	双路电电源	ON挡/充电	11～14V
BMC02-9～GND	整车CAN终端电阻并入端1	ON挡/OK挡/充电	2.5～3.5V
BMC02-10～GND	高压互锁输出2	ON挡/OK挡/充电	PWM脉冲信号
BMC02-11～GND	高压互锁输入2	ON挡/OK挡/充电	PWM脉冲信号
BMC02-14～GND	整车CAN终端电阻并入端2	ON挡/OK挡/充电	1.5～2.5V
BMC02-16～GND	整车CANH	ON挡/OK挡/充电	2.5～3.5V
BMC02-17～GND	整车CANL	ON挡/OK挡/充电	1.5～2.5V
BMC02-20～GND	慢充电感应信号	车载充电时	小于1V
BMC02-21～GND	车身地	始终	小于1V
BMC02-22～GND	充电指示灯信号	车载充电时	小于1V
BMC02-23～GND	整车CAN屏蔽地	始终	小于1V

3.7.3 电池管理系统常见故障排除

BMS内置四级警告，由高到低依次为：
A级（一级警告，切断级，发生该等级警告后一般要切断主回路继电器）；
B级（二级警告，控制级，发生该等级警告后一般要求整车控制充放电状态）；
C级（三级警告，提示级，发生该等级警告后BMS只作为提示，一般不控制继电器）；
D级（四级警告，最轻微的一级警告）。
BMS调试及使用过程中可能会遇到下列报警信息，参考以下方法进行处理（表3-7-2）。

表 3-7-2 报警信息与处理方法

故障现象	报警提示	可能原因	简易排除法
BMS 不能与 ECU 通信	ECU 显示 BMS 通信故障	BMU 主控模块未工作，CAN 信号线断线	检查 BMU 的电源 12V/24V 是否正常，检查 CAN 信号线插头是否退针或插头未插，监听 BMU 外 CAN 端口数据，确认是否能够收到 BMS 或者 ECU 数据包
BMS 与 ECU 通信不稳定	ECU 有时显示 BMS 通信故障	外部 CAN 总线匹配不良，总线分支过长	检查总线匹配电阻是否正确，匹配位置是否正确，分支是否过长
BMS 内部通信不稳定	有时报 BUS 离线	接线插头松动，CAN 走线不规范，BSU 地址有重复	检测接线插头是否松动，检测总线匹配电阻是否正常，匹配位置是否正常，分支是否过长，检查 BSU 地址是否重复
绝缘检测警告	漏电过大	电池或驱动器漏电，绝缘模块检测线接错	使用 BDU 显示模块查看绝缘检测数据，查看电池母线电压，负母线对地电压是否正常，使用绝缘摇表分别测量母线和驱动器对地绝缘电阻
上电后主继电器不吸合	预充失败	负载检测线 PRE+ 未接，预充继电器开路，预充电阻开路	使用 BDU 显示模块查看母线电压数值，查看电池母线电压、负载母线电压是否正常，检查预充过程中负载母线电压是否上升
采集模块数据为 0	电压采集线断线，温度采集线断线	采集模块采集线断开，采集模块损坏	重新拔插模块接线，在电压采集线接头处测量电池电压是否正常，在温度传感器插头处测量阻值是否正常
电池电流数据错误	稳态充电过流，稳态放电过流	霍尔信号线插头松动，霍尔传感器损坏，采集模块损坏	重新拔插电流霍尔传感器信号线，检查霍尔传感器电源是否正常，信号输出是否正常，更换采集模块
电池温度过高	温差过大	散热风扇插头松动，散热风扇故障	重新拔插风扇插头，给风扇单独供电，检查风扇是否正常
电池温度过高或过低	温度过高，温度过低	散热风扇插头松动，散热风扇故障，温度探头损坏	重新拔插风扇插头，给风扇单独供电，检查风扇是否正常，检查电池实际温度是否过高或过低，测量温度探头内阻
继电器动作后系统报错	辅助触点错误	继电器辅助触点断线，继电器触点粘连	重新拔插线束，用万用表测量辅助触点通断状态是否正确
不能使用充电器充电	充电器与 BMS 通信不正常		更换充电器或 BMS，以确认是充电器故障还是 BMS 故障，检查 BMS 充电端口的匹配电阻是否正常，插充电枪后阻值应接近 60Ω
BSU 电压采集不准		电池组 PACK 后没有校准	重新校准，误差较大时检测线束是否有接触不良情况

3.7.4 电池管理器故障诊断

电池管理器故障包括电压采样功能异常、温度采样功能异常、熔丝烧毁、失去通信、信号采集异常及电池管理器其他故障。

（1）电压采样功能异常

① 电压采样异常：电池管理器内部故障可能导致采集到的高压电池的单体电压、总电压失真，导致车辆无法正常使用。

②出现总电压采样过高或过低时，车辆动力会自动切断，仪表高压电池故障灯点亮。
处理方法如下。
a.用故障诊断仪读取电池管理器数据流，采集到总电压大小。
b.更换配件并试车。
c.更换配件后故障无法消除，转到电池包维修流程。
③出现单体电压采样过低时，车辆SOC进行修正（2.5V时SOC修正为0），车辆动力会自动切断，仪表高压电池故障灯点亮。
处理方法如下。
a.用故障诊断仪读取电池管理器数据流，采集到单体最低电压大小。
b.更换配件并试车。
c.更换配件后故障无法消除，转到电池包维修流程。
④出现单体电压采样过高时（4.2V），车辆动力会自动切断，仪表高压电池故障灯点亮。
处理方法如下。
a.用故障诊断仪读取电池管理器数据流，采集到单体最高电压大小。
b.更换配件并试车。
c.更换配件后故障无法消除，联系厂家进行处理。

（2）温度采样功能异常

①温度采样异常：电池管理器内部故障可能导致采集到的高压电池的单体温度失真，导致车辆无法正常使用。
②出现温度采样异常时，车辆动力会自动切断，仪表高压电池过热故障灯亮。
处理方法如下。
a.用故障诊断仪读取电池管理器数据流，采集到单体温度大小。
b.更换配件并试车。
c.更换配件后故障无法消除，转到电池包过温维修流程。

（3）熔丝烧毁

①由于外部电流过大导致电池管理器熔丝烧毁，使管理器无法正常供电工作。
②出现电池管理器熔丝（直流充电为BMS熔丝，交流充电为双路电熔丝）烧毁时：管理器没有工作电压，进行不了与车辆其他模块的信息交换，导致车辆无法正常启动上OK挡电；交流充电继电器没有电无法吸合，导致BMS无法正常交换信号充电。

（4）失去通信

与采集器、整车模块失去通信。

（5）信号采集异常

漏电检测信号、碰撞信号、高压电池电流信号等，由于电池管理器内部采集模块故障或外部交换的CAN数据异常，导致信息反馈到BMS进行处理时出现异常。

（6）电池管理器其他故障

充电管理、放电管理、接触器控制、电池均衡、数据记录、SOC计算功能、SOH计算功能等方面的故障，视具体情况解决。
以元EV535车型为例，根据故障诊断仪读取到的电池管理器故障码进行排查，具体排查方法参考表3-7-3。

表 3-7-3　电池管理器故障码定义与排查方法

故障码	故障定义	排查方法
P1A0200	BIC1 工作异常故障	更换电池包
P1A0300	BIC2 工作异常故障	更换电池包
P1A0400	BIC3 工作异常故障	更换电池包
P1A0500	BIC4 工作异常故障	更换电池包
P1A0600	BIC5 工作异常故障	更换电池包
P1A0700	BIC6 工作异常故障	更换电池包
P1A0800	BIC7 工作异常故障	更换电池包
P1A0900	BIC8 工作异常故障	更换电池包
P1A0A00	BIC9 工作异常故障	更换电池包
P1A0B00	BIC10 工作异常故障	更换电池包
P1A9800	BIC11 工作异常故障	更换电池包
P1A9900	BIC12 工作异常故障	更换电池包
P1A9A00	BIC13 工作异常故障	更换电池包
P1A9B00	BIC14 工作异常故障	更换电池包
P1A9C00	BIC15 工作异常故障	更换电池包
P1A9D00	BIC16 工作异常故障	更换电池包
P1A9E00	BIC17 工作异常故障	更换电池包
P1A9F00	BIC18 工作异常故障	更换电池包
P1AA000	BIC19 工作异常故障	更换电池包
P1AA100	BIC20 工作异常故障	更换电池包
P1A0C00	BIC1 电压采样异常故障	更换电池包
P1A0D00	BIC2 电压采样异常故障	更换电池包
P1A0E00	BIC3 电压采样异常故障	更换电池包
P1A0F00	BIC4 电压采样异常故障	更换电池包
P1A1000	BIC5 电压采样异常故障	更换电池包
P1A1100	BIC6 电压采样异常故障	更换电池包
P1A1200	BIC7 电压采样异常故障	更换电池包
P1A1300	BIC8 电压采样异常故障	更换电池包
P1A1400	BIC9 电压采样异常故障	更换电池包
P1A1500	BIC10 电压采样异常故障	更换电池包
P1AA200	BIC11 电压采样异常故障	更换电池包

续表

故障码	故障定义	排查方法
P1AA300	BIC12 电压采样异常故障	更换电池包
P1AA400	BIC13 电压采样异常故障	更换电池包
P1AA500	BIC14 电压采样异常故障	更换电池包
P1AA600	BIC15 电压采样异常故障	更换电池包
P1AA700	BIC16 电压采样异常故障	更换电池包
P1AA800	BIC17 电压采样异常故障	更换电池包
P1AA900	BIC18 电压采样异常故障	更换电池包
P1AAA00	BIC19 电压采样异常故障	更换电池包
P1AAB00	BIC20 电压采样异常故障	更换电池包
P1A2000	BIC1 温度采样异常故障	更换电池包
P1A2100	BIC2 温度采样异常故障	更换电池包
P1A2200	BIC3 温度采样异常故障	更换电池包
P1A2300	BIC4 温度采样异常故障	更换电池包
P1A2400	BIC5 温度采样异常故障	更换电池包
P1A2500	BIC6 温度采样异常故障	更换电池包
P1A2600	BIC7 温度采样异常故障	更换电池包
P1A2700	BIC8 温度采样异常故障	更换电池包
P1A2800	BIC9 温度采样异常故障	更换电池包
P1A2900	BIC10 温度采样异常故障	更换电池包
P1AAC00	BIC11 温度采样异常故障	更换电池包
P1AAD00	BIC12 温度采样异常故障	更换电池包
P1AAE00	BIC13 温度采样异常故障	更换电池包
P1AAF00	BIC14 温度采样异常故障	更换电池包
P1AB000	BIC15 温度采样异常故障	更换电池包
P1AB100	BIC16 温度采样异常故障	更换电池包
P1AB200	BIC17 温度采样异常故障	更换电池包
P1AB300	BIC18 温度采样异常故障	更换电池包
P1AB400	BIC19 温度采样异常故障	更换电池包
P1AB500	BIC20 温度采样异常故障	更换电池包

续表

故障码	故障定义	排查方法
U20B000	BIC1 CAN 通信超时故障	①检查 BMC 与电池包 CAN 通信线路是否异常 ②检查 BIC 供电线路是否异常 ③若①和②都无异常，则更换电池包
U20B100	BIC2 CAN 通信超时故障	
U20B200	BIC3 CAN 通信超时故障	
U20B300	BIC4 CAN 通信超时故障	
U20B400	BIC5 CAN 通信超时故障	
U20B500	BIC6 CAN 通信超时故障	
U20B600	BIC7 CAN 通信超时故障	
U20B700	BIC8 CAN 通信超时故障	
U20B800	BIC9 CAN 通信超时故障	
U20B900	BIC10 CAN 通信超时故障	
U20BA00	BIC11 CAN 通信超时故障	
U20BB00	BIC12 CAN 通信超时故障	
U20BC00	BIC13 CAN 通信超时故障	
U20BD00	BIC14 CAN 通信超时故障	
U20BE00	BIC15 CAN 通信超时故障	
U20BF00	BIC16 CAN 通信超时故障	
U208000	BIC17 CAN 通信超时故障	
U208100	BIC18 CAN 通信超时故障	
U208200	BIC19 CAN 通信超时故障	
U208300	BIC20 CAN 通信超时故障	
P1A3522	高压电池单体电压严重过高	更换电池包
P1A3622	高压电池单体电压一般过高	①若电池 SOC<70%，则直接更换电池包 ②若电池 SOC≥70%，则先将电池放电到 SOC<70%：若故障不重现，则把问题数据反馈到研发部门；若故障重现，则更换电池包
P1A3721	高压电池单体电压严重过低	若电池单体最低电压≤1.7V，则更换电池包，否则按如下步骤执行： ①若电池 SOC>50%，则直接更换电池包 ②若 SOC≤50%，则先将电池充电到 SOC>50%：若故障不重现，则把问题数据反馈到研发部门；若故障重现，则更换电池包
P1A3821	高压电池单体电压一般过低	①若电池 SOC>50%，则直接更换电池包 ②若 SOC≤50%，则先将电池充电到 SOC>50%：若故障不重现，则不处理；若故障重现，则更换电池包
P1A3922	高压电池单体温度严重过高	车辆 OFF 挡下常温静置 24h，若故障不重现，则把问题数据反馈到研发部门；若故障重现，则更换电池包

续表

故障码	故障定义	排查方法
P1A3A22	高压电池单体温度一般过高	
P1A3B21	高压电池单体温度严重过低	
P1A3C00	高压电池单体温度一般过低	
P1A0100	一般漏电故障	参照整车漏电排查处理，对漏电部件进行更换
P1A0000	严重漏电故障	
P1A3400	预充失败故障	①查看有没有接触器回检/烧结故障、高压互锁故障、严重漏电故障、碰撞、电压/温度采样异常、高低压/高低温保护、PTC短路等故障码。对上述有报的故障逐一排查 ②若没有其他故障码，则检查高压回路和BMC的接触器控制线束、供电线束是否异常
P1A3D00	负极接触器回检故障	先检查负极接触器的电源脚和控制脚的电压和线束是否异常，若无异常，则依次更换BMC、电池包
P1A3E00	主接触器回检故障	先检查主接触器的电源脚和控制脚的电压和线束是否异常，若无异常，则依次更换BMC、电池包
P1A3F00	预充接触器回检故障	先检查预充接触器的电源脚和控制脚的电压和线束是否异常，若无异常，则依次更换BMC、电池包
P1A4100	主接触器烧结故障	①先检查车上是否有模块短路，若有，则先将故障件更换，再进行下一步 ②检查主接触器控制脚的电压和线束是否异常，若无异常，则依次更换BMC、电池包
P1A4200	负极接触器烧结故障	①先检查车上是否有模块短路，若有，则将故障件更换，再进行下一步 ②检查负极接触器控制脚的电压和线束是否异常，若无异常，则依次更换BMC、电池包
P1A4C00	漏电传感器失效故障	更换充配电三合一
P1A4D04	电流霍尔传感器故障	检查霍尔传感器的供电是否异常，若无异常，则更换电池包
P1A4E00	电池组过流报警	检查各高压负载有无短路或其他异常
P1A5000	电池管理系统自检故障	检查是否存在碰撞事件、高压互锁异常、严重漏电、严重高温、严重高压、极限低压、严重低温、电池采样故障、BIC通信故障、接触器烧结和接触器回检故障，若都无异常，则更换BMC
P1AC000	气囊ECU碰撞报警	检查碰撞传感器及线路、气囊ECU有无异常
P1A6000	高压互锁1故障	断开BMC，检查高压互锁信号回路连通性是否异常，若无异常，则更换BMC
U012200	与低压BMS通信故障	检查BMC与低压BMS的CAN通信线路是否异常，若无异常，则更换BMC
U029800	电池管理器与DC通信故障	依次检查DC低压配电线路及熔丝、CAN通信线路是否异常，若无异常，则依次更换BMC、充配电三合一
U02A200	与主动泄放模块通信故障	检查BMC与主动泄放模块通信线路有无异常，若无异常，则依次更换BMC、电驱动总成

续表

故障码	故障定义	排查方法
U02A100	与漏电传感器通信故障	检查BMC与漏电传感器通信线路有无异常,若无异常,则依次更换BMC、充配电三合一
P1AD44B	充电口温度一般过高1	检查充电最大功率有无异常,若无异常,则依次更换直流充电口总成、BMC
P1AD54B	充电口温度一般过高2	
P1AD698	充电口温度严重过高	
P1AD900	充电口温度采样点异常	检查充电口温度传感器及线路有无异常,若无异常,则更换直流充电口总成
P1AC400	电池严重不均衡	更换电池包
P1AC500	BIC程序不一致	若BIC、BMC更新到最新程序故障依旧,则更换电池包
P1AC600	BMC程序与BIC程序不匹配	若BIC、BMC更新到最新程序故障依旧,则依次更换BMC、电池包
P1AC900	直流充电感应信号断线故障	检查直流充电感应信号线路有无异常,若无异常,则更换BMC
P1AD000	BIC连接异常	更换电池包
P1AC200	高压互锁2故障	检查高压互锁信号回路连通性是否异常,若无异常,则更换BMC
U011000	与电机控制器通信故障	检查BMC与电机控制器的CAN通信线路有无异常,若无异常,则依次更换BMC、电驱动三合一
U110387	与气囊ECU通信故障	检查BMC与气囊ECU的CAN通信线路有无异常,检查气囊ECU有无异常,若无异常,则更换BMC
U029787	与车载充电器通信故障	检查BMC与OBC的CAN通信线路有无异常,若无异常,则依次更换BMC、充配电三合一
U016400	与空调通信故障	检查BMC与空调的CAN通信线路有无异常,检查空调有无异常,若无异常,则更换BMC
P1ADA00	入口温度传感器故障	检查入口温度传感器及线路是否异常
P1ADB00	出口温度传感器故障	检查出口温度传感器及线路是否异常
P1A5B00	因双路电供电故障断开接触器	检查双路电线路、低压蓄电池和双路电熔丝有无异常,若无异常,则更换BMC
P1ACB07	直流充电正极接触器烧结	检测直流充电口正极与充配电三合一的电池包输入口正极是否导通,若导通则更换充配电三合一,若不导通,则依次更换BMC、充配电三合一
P1ACC07	直流充电负极接触器烧结	检测直流充电口负极与充配电三合一的电池包输入口负极是否导通,若导通则更换充配电三合一,若不导通,则依次更换BMC、充配电三合一
P1A4800	因电机控制器断开主接触器	排查电机控制器或更换电驱动三合一

续表

故障码	故障定义	排查方法
P1AE800	直流充电正极接触器回检故障	检查直流充电正极接触器的电源脚和控制脚的电压和线束是否异常,若无异常,则依次更换 BMC、充配电三合一
P1AE900	直流充电负极接触器回检故障	检查直流充电负极接触器的电源脚和控制脚的电压和线束是否异常,若无异常,则依次更换 BMC、充配电三合一
U014087	与 BCM 通信故障	检查 BMC 与 BCM 的 CAN 通信线路有无异常,若无异常,则排查 BCM
U012187	与 ABS 通信故障	检查 BMC 与 ABS 的 CAN 通信线路有无异常,若无异常,则排查 ABS
U015587	与组合仪表通信故障	检查 BMC 与组合仪表的 CAN 通信线路有无异常,若无异常,则排查组合仪表
U029487	与模式开关通信故障	检查 BMC 与模式开关的 CAN 通信线路有无异常,若无异常,则排查模式开关
P1AEA00	PTC 短路故障	排查 PTC 是否短路或有其他异常
U014B87	与直流充电桩通信故障	若换两个以上的充电桩测试故障依旧,且排查直流充电 CAN 通信线路无异常,则更换 BMC
P1AEC00	直流充电桩故障	若换两个以上的充电桩测试故障依旧,则更换 BMC
P1AF100	烧结光耦不导通	依次更换 BMC、充配电三合一
P1AF000	烧结光耦误导通	
P1AF400	直流充电桩能力不足	若换两个以上的充电桩测试故障依旧,则更换 BMC

项目 8　高压电池系统维修典型案例

3.8.1　高压电池包故障

故障现象

比亚迪唐车辆无 EV 模式。组合仪表提示"请检查动力系统"(图 3-8-1)。

图 3-8-1　故障现象

故障诊断

① 用 VDS1000 检测发现 BMS 内有故障码：P1A2000（BIC1 温度采样异常故障）、P1A5000（电池管理系统自检故障）、P1A9500（因采样系统故障导致充放电功率为 0），如图 3-8-2 所示，初步怀疑是高压电池内部故障。

故障码	故障描述
P1A2000	BIC1温度采样异常故障
P1A5000	电池管理系统自检故障
P1A9500	因采样系统故障导致充放电功率为0

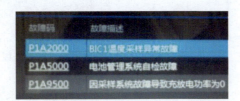

图 3-8-2　系统故障码

② VDS1000 读取的 BMS 数据流第 1 页如图 3-8-3 所示。

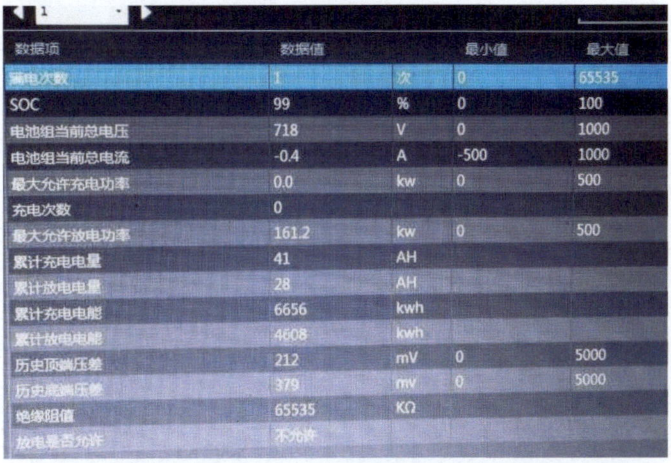

数据项	数据值		最小值	最大值
满电次数	1	次	0	65535
SOC	99	%	0	100
电池组当前总电压	718	V	0	1000
电池组当前总电流	-0.4	A	-500	1000
最大允许充电功率	0.0	kw	0	500
充电次数	0			
最大允许放电功率	161.2	kw	0	500
累计充电电量	41	AH		
累计放电电量	28	AH		
累计充电电能	6656	kwh		
累计放电电能	4608	kwh		
历史顶端压差	212	mV	0	5000
历史底端压差	379	mv	0	5000
绝缘阻值	65535	KΩ		
放电是否允许	不允许			

图 3-8-3　BMS 数据流之一

VDS1000 读取的 BMS 数据流第 2 页如图 3-8-4 所示。

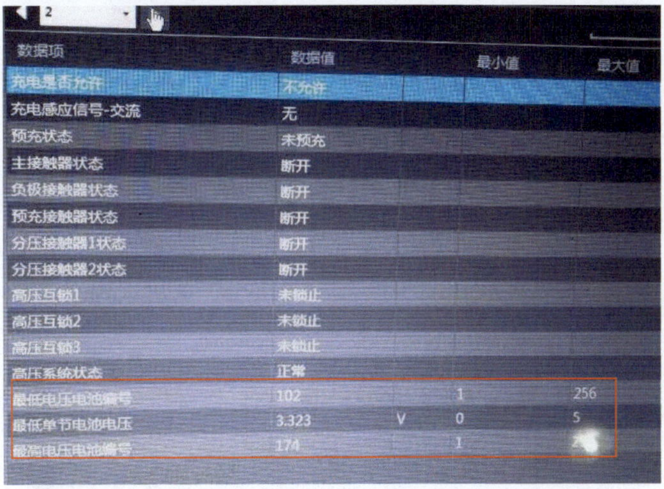

数据项	数据值		最小值	最大值
充电是否允许	不允许			
充电感应信号-交流	无			
预充状态	未预充			
主接触器状态	断开			
负极接触器状态	断开			
预充接触器状态	断开			
分压接触器1状态	断开			
分压接触器2状态	断开			
高压互锁1	未锁止			
高压互锁2	未锁止			
高压互锁3	未锁止			
高压系统状态	正常			
最低电压电池编号	102		1	256
最低单节电池电压	3.323	V	0	5
最高电压电池编号	174		1	[illegible]

图 3-8-4　BMS 数据流之二

VDS1000 读取的 BMS 数据流第 3 页如图 3-8-5 所示。

数据项	数据值		最小值	最大值
最高单节电池电压	3.330	V	0	5
最低温度号	28		0	256
最低温度	35	℃	-40	160
最高温度号	8		0	256
最高温度	37	℃	-40	160
电池组平均温度	36	℃	-40	160
向上均衡出发次数	0			
向下均衡出发次数	0			
均衡状态	无效数据/预留			
智能充电	无效数据/预留			
用电设备工作状态	无效数据/预留			

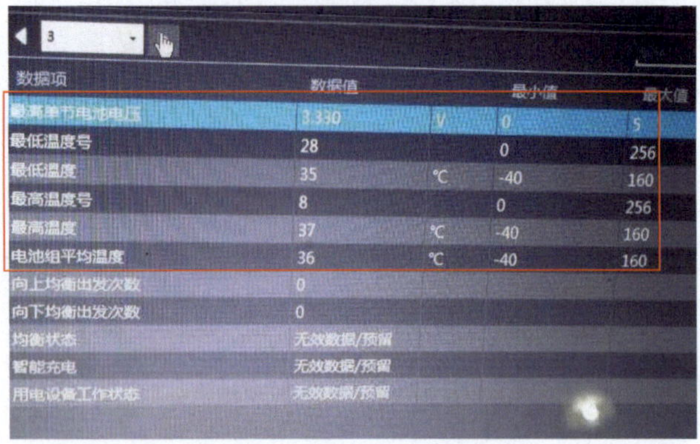

图 3-8-5　BMS 数据流之三

VDS1000 读取的 BMS 模组数据流第 1 页如图 3-8-6 所示。

数据项	数据值		最小值	最大值
模组1最低电压电池编号	2		1	256
模组1最低单节电池电压	3.331	V	0	5
模组1最高电压电池编号	5		1	256
模组1最高单节电池电压	3.336	V	0	5
模组1最低温度电池号	2		1	256
模组1最低单节电池温度	35	℃	-40	160
模组1最高温度电池号	2		1	256
模组1最高单节电池温度	35	℃	-40	160
模组2最低电压电池编号	3		1	256
模组2最低单节电池电压	3.330	V	0	5
模组2最高电压电池编号	13		1	256
模组2最高单节电池电压	3.336	V	0	5
模组2最低温度电池号	2		1	256
模组2最低单节电池温度	35	℃	-40	160
模组2最高温度电池号	2		1	256

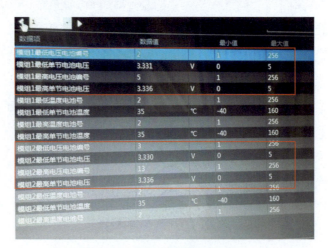

图 3-8-6　BMS 模组数据流之一

VDS1000 读取的 BMS 模组数据流第 2 页如图 3-8-7 所示。

数据项	数据值		最小值	最大值
模组2最高单节电池温度	35	℃	-40	160
模组3最低电压电池编号	3		1	256
模组3最低单节电池电压	3.333	V	0	5
模组3最高电压电池编号	2		1	256
模组3最高单节电池电压	3.334	V	0	5
模组3最低温度电池号	2		1	256
模组3最低单节电池温度	35	℃	-40	160
模组3最高温度电池号	2		1	256
模组3最高单节电池温度	35	℃	-40	160
模组4最低电压电池编号	2		1	256
模组4最低单节电池电压	3.331	V	0	5
模组4最高电压电池编号	10		1	256
模组4最高单节电池电压	3.336	V	0	5
模组4最低温度电池号	4		1	256
模组4最低单节电池温度	34	℃	-40	160

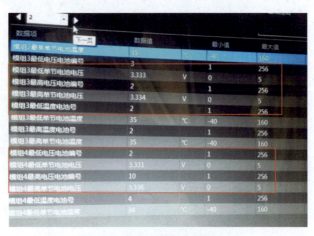

图 3-8-7　BMS 模组数据流之二

VDS1000 读取的 BMS 模组数据流第 3 页如图 3-8-8 所示。

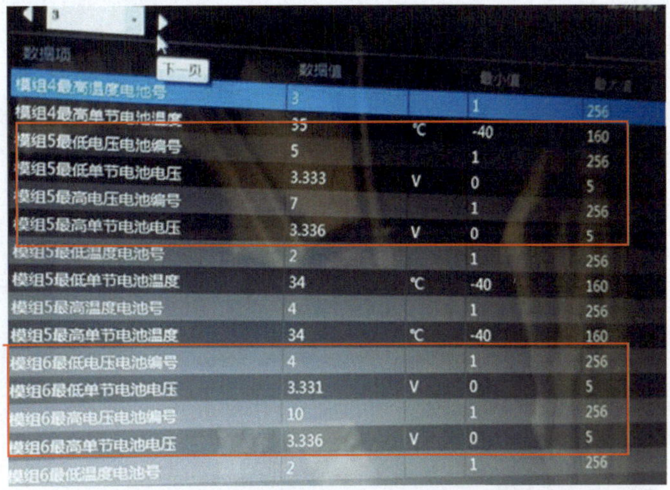

图 3-8-8　BMS 模组数据流之三

VDS1000 读取的 BMS 模组数据流第 4 页如图 3-8-9 所示。

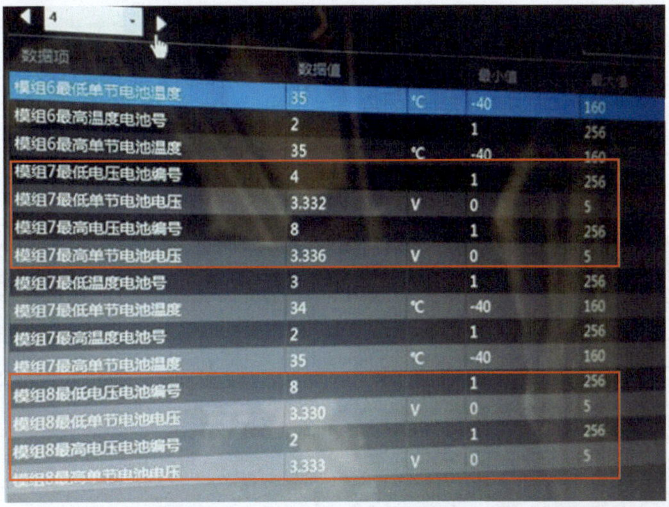

图 3-8-9　BMS 模组数据流之四

VDS1000 读取的 BMS 模组数据流第 5 页如图 3-8-10 所示。

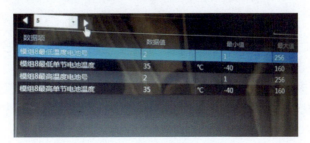

图 3-8-10　BMS 模组数据流之五

③ 通过 VDS1000 读出的 BMS 和电池包各模组的数据流信息并未发现数据异常。

④ 用上位机检查发现第 138 节单节电压约为 2.1V，第 139 节单节电压约为 4.5V，相差很大，如图 3-8-11 所示。由此确认为高压电池包内部故障。更换高压电池包总成。

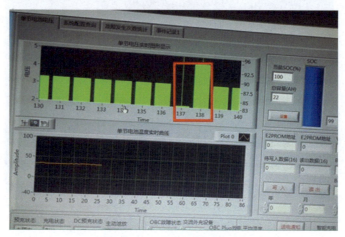

图 3-8-11　上位机检测数据

3.8.2　高压电池采样线故障

故障现象

比亚迪唐车辆 SOC 值为 78%，无 EV 模式。如图 3-8-12 所示，仪表报"请检查动力系统"，BMS 存在故障码 P1A3D00（负极接触器回检故障），如图 3-8-13 所示。

图 3-8-12　仪表显示"请检查动力系统"

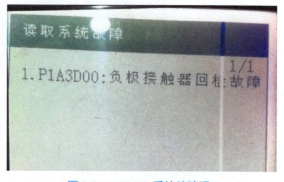

图 3-8-13　BMS 系统故障码

故障诊断

① 因车辆提示动力系统故障，且 BMS 存在故障码 P1A3D00。首先对 BMS 负极接触器电源、控制电路进行检查。

② 检查 BMS 负极接触器 F 脚电源供给正常［k161 母端（插座端子）］。

③ 进一步排查发现高压电池采样端子［k161 公端（插头端子）］F 脚出现退针现象，如图 3-8-14 所示。

④ 更换高压电池采样端子，如无单独部件更换，则需更换高压电池包总成。

图 3-8-14 采样端子退针

3.8.3 电池管理系统初始化失败

故障现象

江淮新能源车辆无法启动，系统故障灯点亮，上位机上报故障为电池管理系统初始化失败（P3013）。

故障分析

①LBC 板供电线路故障。
②LBC 板故障，LBC 板实体如图 3-8-15 所示。

故障诊断

断开高压电池低压接插件（图 3-8-16），车辆上 ON 挡电，检测 LBC 板 12V 供电是否正常。如供电正常，则为 LBC 板故障；如供电异常，则需结合维修手册排查供电线路。

图 3-8-15 LBC 板实体

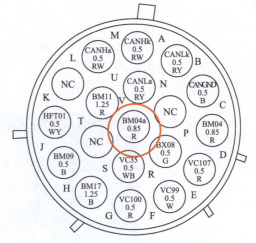

图 3-8-16 高压电池低压接插件端子针脚分布

3.8.4 高压电池 SOC 跳变

故障现象

比亚迪唐车辆在高速上 SOC 值从 68% 迅速跳至 0，用诊断仪读取最低电池单体电压为

2.10V，最高为 3.33V，如图 3-8-17 所示。

故障诊断

① 经检查发现上位机读取数据显示第 37 节电池电压严重过低。

② 调换 BMS 后，电压严重过低的电池仍为第 37 节，排除 BMS 故障。

③ 举升车辆发现电池包托盘有被撞击的痕迹，如图 3-8-18 所示。根据撞击部位与第 37 节电池位置吻合，此故障判断为撞击导致。

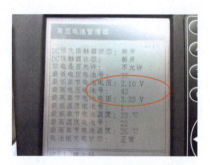

图 3-8-17 诊断仪读取的电压值

图 3-8-18 高压电池包托盘被撞击

④ 更换高压电池包总成后，故障排除。

3.8.5 高压电池严重不均衡

故障现象

比亚迪 e6 车辆充满电后只能行驶 80km 左右，仪表报"请检查动力电池"，用诊断仪读取故障码为 P1AB800（BIC 均衡硬件严重失效）、P1ABA00（电池严重不均衡），如图 3-8-19 所示。

图 3-8-19 仪表提示、故障码及数据流显示

故障诊断

① 对车辆进行全充全放一次。

② 调换 BMS，测试电量分别为 80%、50%、0 时单节电池电压数据流，观察最低电压电池号是否一致。

③ 更换高压电池。

3.8.6 高压电池采集器通信超时

故障现象

比亚迪 e6 车辆无法上高压，挂挡不走。仪表提示"请检查动力电池"，如图 3-8-20 所示。

故障诊断

① 用诊断仪检测电机控制器无故障码，检测高压电池管理器均报 0～9 号采集器通信异常，如图 3-8-21 所示。

图 3-8-20　仪表检修提示

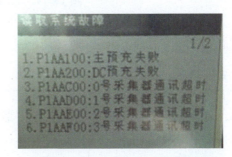

图 3-8-21　高压电池管理器报故障

② 检测电池包采样线无 12V 输入，CANH 与屏蔽地阻值大于 1MΩ，CANH 与 CANL 阻值为 123Ω。e6A 高压电池包采样端子定义如图 3-8-22 所示，e6B 高压电池包采样端子定义如图 3-8-23 所示。高压电池包体采样端子电压与阻值如下。

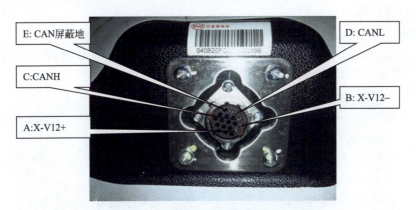

图 3-8-22　e6A 高压电池包采样端子定义

a. X-V12+ 与 X-V12− 电压：12V 左右（此值为线束端的测量值）。

b. CANH 与 CANL 阻值：122Ω 左右。

c. CANH 与屏蔽地阻值：正常值 >1MΩ。

d. CANL 与屏蔽地阻值：正常值 >1MΩ。
e. 电池包正极与 X-V12– 电压：正常值＜ 20V。
f. 电池包负极与 X-V12– 电压：正常值＜ 20V。
g. 电池包正极与负极为电池包总电压。
③ 如电压或阻值不符合要求，则更换高压电池包。

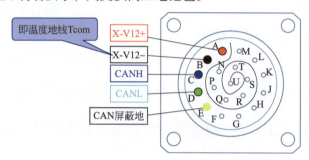

图 3-8-23　e6B 高压电池包采样端子定义

3.8.7　单个电池模组故障

故障现象

比亚迪秦 PHEV 车辆上 OK 挡电后，发动机启动，无法转换到 EV 模式，当前电量为 12%，动力系统故障灯点亮，仪表提示"请检查动力系统"，读取故障码为 P1A3400（预充失败故障）。

故障分析

根据预充原理分析，导致该故障原因有以下几个。
① 电池包或 BIC（采集器）故障。
② 高压 BMS 故障。
③ 驱动电机控制器故障。
④ 线路连接故障。

故障诊断

① 在上 OK 挡电的预充过程中读取驱动电机控制器数据流，发现当前总电压最高为 13V，无高压输入，如图 3-8-24 所示。

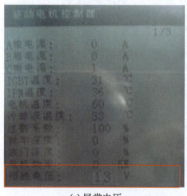
(a) 异常电压

(b) 正常电压

图 3-8-24　母线电压输出对比

② 在上 OK 挡电的预充过程中读取高压 BMS 数据流，确认 4 个分压接触器、预充接触器、负极接触器皆处于正常的吸合状态，由此判断高压 BMS 控制各接触器正常，应属于某个接触器或电池包故障，导致高压电并未输入至驱动电机控制器（图 3-8-25）。

③ 按高压电的走向（图 3-8-26），依次进行测量。

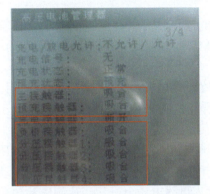

图 3-8-25　读取 BMS 接触器状态数据流

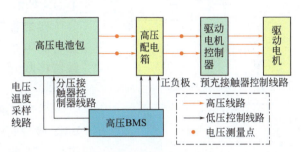

图 3-8-26　高压电走向

④ 整车退电，再上 ON 挡电，测量电池包正负极电压为 0（正常应为电池包总电压），故分析是某分压接触器未正常吸合或电池模组故障导致。测量点如图 3-8-27 所示。

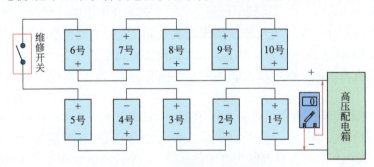

图 3-8-27　测量电池包正负极

⑤ 如图 3-8-28 所示，分别对 10 个电池模组电压进行测量，测量发现 2 号模组电压为 0，确认 2 号电池模组故障或 2 号模组的分压接触器线路故障、高压 BMS 故障。

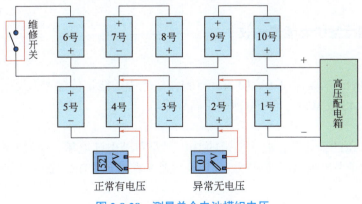

图 3-8-28　测量单个电池模组电压

⑥ 拔开 2 号模组分压接触器接插件，测量线束端，两根线路之间有 12V 电压，如图 3-8-29 所示，证明 BMS 及线路端正常。

⑦ 更换 2 号电池模组，故障排除。

维修小结

① 上 ON 挡电电池包预充接触器控制逻辑：车辆上 ON 挡电，高压 BMS 直接控制 4 个分压接触器吸合，分压接触器吸合后，高压 BMS 对电池包进行检测，如有漏电、采样线故障等电池异常情况，4 个分压接触器将断开，如无异常，4 个分压接触器将一直处于吸合状态。

② 上 OK 挡电预充过程：车辆上 OK 挡电，高压 BMS 吸合高压配电箱的预充接触器、负极接触器，驱动电机控制器的直流输入母线电压上升，当达到电池包总电压的 2/3 时，预充完成，驱动电机控制器给高压 BMS 发送命令，高压 BMS 接收到预充完成命令后，断开预

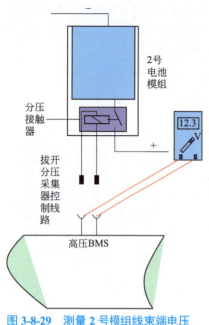

图 3-8-29　测量 2 号模组线束端电压

充接触器，吸合主接触器（正极接触器），预充完成。由于主接触器的吸合，驱动电机控制器直流母线电压继续升高，直至达到电池包电压，车辆高压电上电完成。

如果在预充过程中，驱动电机控制器未能接收到 2/3 的电池包总电压，则预充失败，高压 BMS 报出 P1A3400（预充失败故障）。如果预充完成，但由于主接触器故障等原因，导致驱动电机控制器直流输入母线电压未能达到电池包电压，则驱动电机控制器报出高压侧输入欠压。

③ 电池包故障判断：由于电池包 10 个模组中只有 2 号、4 号、6 号、8 号有分压接触器，因此，如测量时发现 2 号、4 号、6 号、8 号电池模组无电压时需对分压接触器线路进行测量，其他模组无电压，可直接判断为电池包故障。4 个分压接触器集成在电池模组内，由高压 BMS 控制 12V 电源及搭铁线路信号。因此测量分压接触器时拔开分压接触器接插件，测量线束端两针脚之间是否有 12V 电，如有，则可判定高压 BMS 控制及线路正常。

④ 如果在上 OK 挡电的过程中，驱动电机控制器直流输入母线电压有所升高，但是依旧无法达到 2/3 电池包总电压，则先拔开电动空调、PTC 再进行测试。

3.8.8　车辆行驶中无能量回收

故障现象

比亚迪秦 PHEV 车辆在 HEV 模式下行驶，仪表中的能量传递图上无电池包能量回收显示，读取高压 BMS 故障码为单节电池电压高故障。

故障分析

单节电池电压的采集是各电池模组的 BIC 采集单节电池电压，通过 CAN 线反馈至高压 BMS，因此导致单节电池电压高故障的原因有电池模组故障、BIC 故障。

故障诊断

① 进入高压 BMS，选择"读取数据流"，读取最高电压为 3.547V，电池编号为 48，如

图 3-8-30。

②进入高压 BMS，选择"模组电池信息"，分别读取 10 个模组中的"最高单节电池电压"，确认 3 号模组中最高电压为 3.55V（图 3-8-31），与数据流中的最高单节电池电压相同，因此判定电池包中单节电池电压高的电池为 3 号模组中的第 14 节电池。

③根据电池包各模组内电池数量的差异，1 号、3 号、5 号 BIC 可以进行互换，于是将 3 号、5 号 BIC 进行对调，再次确认 3 号模组与 5 号模组的最高电池电压，发现最高电压 3.55V 的电池在 5 号模组中，于是判断 3 号模组故障。BIC 调换前测量数据如图 3-8-32 所示。BIC 调换后测量数据如图 3-8-33 所示。

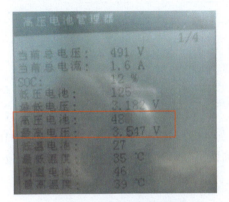

图 3-8-30　读取 BMS 数据流

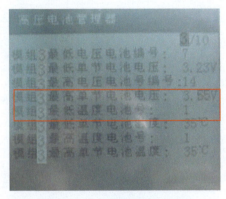

图 3-8-31　读取模组电池信息

(a) 3 号模组电池信息

(b) 5 号模组电池信息

图 3-8-32　BIC 调换前电池信息对比

(a) 3 号模组电池信息

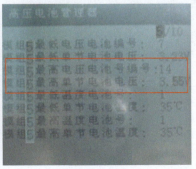

(b) 5 号模组电池信息

图 3-8-33　BIC 调换后电池信息对比

④ 更换 3 号模组后故障排除。

维修小结

① BIC 交叉验证时的互换性：电池包由 10 个模组组成，每个模组内电池数量并非完全相同，只有电池数量相同的模组，BIC 才可以互换。图 3-8-34 所示为各模组内电池数量。

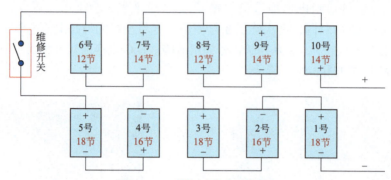

图 3-8-34　模组内部电池数量

② 数据流中的电池编号从 1 号模组开始计算，如 48 号电池是 18（1 号模组节数）+16（2 号模组节数）+14（3 号模组第 14 节）。以此方法确认每节电池是在哪个模组内的具体位置。

③ 如果调换 BIC 后，模组电池信息数据未变化，则是 BIC 故障。

3.8.9　高压电池电量偏低

故障现象

① 组合仪表报"安全停车、怠速充电"，如图 3-8-35 所示。
② 查看高压电池电量显示：电量为 0 或者仅有 2 格，且在闪烁。
③ 高压电池电量由原来的 4 格电以上，突然跳变到 1 格或者 0。
④ 报此故障时，车辆能进入 READY 状态，但组合仪表一直提示故障并发出"嘀"声。

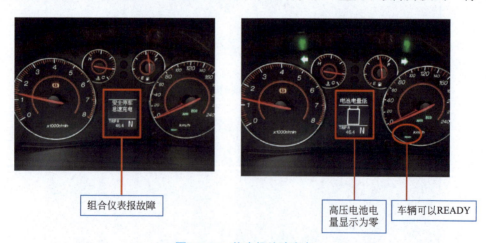

图 3-8-35　仪表报故障内容

故障诊断

① 用诊断仪读取系统故障码，如图 3-8-36 所示。

序号	控制器	硬件号	软件号	零件号	故障码	故障类型	定义	状态
1	制动控制系统	8030009BAC020H.0	8030009BAC020S.0	8030009BAC0200	无故障码			
2	助力转向系统	3410006BAC010H??	3410006BAC010S??	3410006BAC0100	无故障码			
3	发动机控制模块	1120003BAC1100H.C	1120003BAC1100S.C	1120003BAC1100	无故障码			
4	辅助安全系统	8040003BAC010H???	8040003BAC010S???	8040003BAC0100	U041881	历史的	从BCS收到的车速值无效 或者 BCS_VehSpdVD的值是无效的	28
5	电池管理系统				通讯异常			
6	前驱电机	1520007BAC0000H.0	1520007BAC0000S.3	1520007BAC0000	无故障码			
7	混动控制系统	1110003BAC0300H.B	1110003BAC0300S.B	1110003BAC0300	P0A7D00	当前的	高压电池SOC过低（1级）	0B
8	混动控制系统	1110003BAC0300H.B	1110003BAC0300S.B	1110003BAC0300	P16FB84	当前的	高压电池单体电压过低（2级）	0B
9	混动控制系统	1110003BAC0300H.B	1110003BAC0300S.B	1110003BAC0300	P16FC84	当前的	高压电池电池包电压过低（2级）	0B
10	混动控制系统	1110003BAC0300H.B	1110003BAC0300S.B	1110003BAC0300	P16FCAE	当前的	高压电池电池单体电压不平衡（1级）	0B
11	混动控制系统	1110003BAC0300H.B	1110003BAC0300S.B	1110003BAC0300	P166496	当前的	高压电池初始化错误	0B
12	混动控制系统	1110003BAC0300H.B	1110003BAC0300S.B	1110003BAC0300	P17051C	历史的	发电机 12V电源电压超出范围	08
13	混动控制系统	1110003BAC0300H.B	1110003BAC0300S.B	1110003BAC0300	P0A0B13	历史的	HVIL反馈线开路	0A
14	混动控制系统	1110003BAC0300H.B	1110003BAC0300S.B	1110003BAC0300	U10C181	历史的	HVIL线断开	0A
15	集成启动发电机	1520007BAC0000H.0	1520007BAC0000S.3	1520007BAC0000	无故障码			
16	娱乐系统	8520003BAC020H??	8520003BAC020S??	8520003BAC0200	无故障码			
17	空调系统	8130004BAC000H??	8130004BAC020S.E	8130004BAC0200	无故障码			
18	组合仪表	8270003BAC0700H.0	8270003BAC0700S.0	8270003BAC0700	无故障码			
19	车身控制模块	8045006BAC010H.?	8045006BAC010S.?	8045006BAC0100	U012987	历史的	BCS1通信报文丢失	28
20	车身控制模块	8045006BAC010H.?	8045006BAC010S.?	8045006BAC0100	U121087	历史的	BCS2通信报文丢失	28
21	车身控制模块	8045006BAC010H.?	8045006BAC010S.?	8045006BAC0100	U121187	历史的	BCS5通信报文丢失	28
22	TBOX	8550003BAC0000H.	8550003BAC0000S.	8550003BAC0000	B280016	历史的	BAT电路电压低于下限	2C
23	TBOX	8550003BAC0000H.	8550003BAC0000S.	8550003BAC0000	B280116	历史的	IG1电路电压低于下限	2E

图 3-8-36　系统故障码显示内容

② 高压电池电量偏低故障现象、原因及解决方案如图 3-8-37 所示。

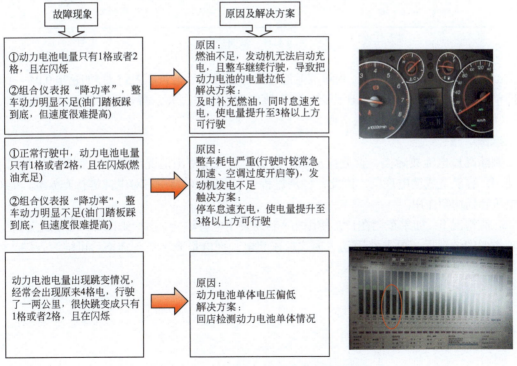

图 3-8-37　高压电池电量偏低故障解析

③ 单体电池电压读取方法。

a. 拆开高压电池包（AG1 车型拔出高压电池包左侧低压输出线接插件，连接专用 USB 线至电脑；AG2 车型拔出高压电池包低压输出线，连接专用线至电脑）。

b. 钥匙置于 ON 挡。

c. 电脑打开"单体电压检测专用软件"，软件界面打开后，点击左上角的"连接通讯"。选择需要检测的电池模组（界面右侧），如图 3-8-38 所示。

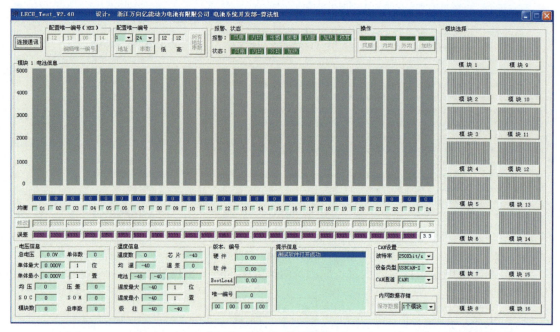

图 3-8-38　检测软件

d. 根据单体电压的压差值，判断该电池包内部电池芯片是否压差过大，如超出 0.04～0.05V（即单体最大与单体最小的电压压差），则该电池包压差过大，需要更换偏低的电池芯片。

④ 电池芯片更换需联系供应商。

维修小结

判断高压电池故障类，首先应从该车的实际现象及使用情况出发。一般车辆长时间不充电使用，容易造成馈电现象。因此，使用过程中，间隔 20 天左右对电池进行充放电，能对电池电压起到均衡作用。

一般情况下，如果车辆在日常使用中，容易发生电量跳变，由原来的 3～4 格跳变到 1 格，出现类似的情况后，可先使用动力模式怠速充电，把电量充至 2～3 格后可继续行驶。同时应尽快读取电池包内部的电压压差。

模块 4
电源转换与充电系统维修

项目 1　DC/DC 及充电系统简介

4.1.1　DC/DC 转换器

DC/DC 转换器的作用是将 80V 电源降为 12V，其功用有两个：一是电池电压在使用过程中不断下降，用电器得到的电压是一个变化值，而通过 DC/DC 转换器后，用电器可以得到稳定的电压；二是给辅助蓄电池补充电能。其在新能源汽车中的角色相当于传统汽车中的发电机，电路原理如图 4-1-1 所示。

车辆静置时间超过 60h，VCU 控制 DC/DC 转换器给 12V 蓄电池充电 15min。

以下任意一个条件满足，退出 12V 自动充电功能，且远程智能终端计时将清零：
- 钥匙置于 ON 挡或旋至 START 挡；
- 开始直流或交流充电；
- 开启远程空调或远程充电。

提示：当 12V 蓄电池正在自动充电时，上电开关开启或关闭，12V 蓄电池自动充电将停止。

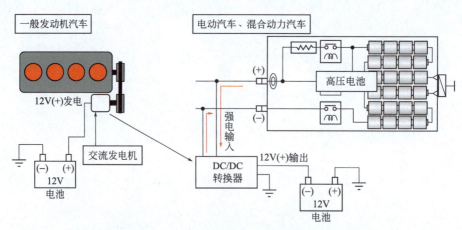

图 4-1-1　电动汽车 DC/DC 转换器与传统汽车发电机功能对比

4.1.2　高压充电系统

电动车辆具有交流充电和直流充电两种功能。其中交流充电包括充电桩充电和家用电源充电两种方式，每种充电方式均可选择普通模式、长程模式、长寿模式和低温充电四种模式。

交流充电口安装在车辆标识（LOGO）处，如图 4-1-2 所示，直流充电口安装在车身左后侧（位置和外观类似燃油车的油箱口盖），也有的车型交流、直流充电口布置在一起，如图 4-1-3 所示的比亚迪 e5。充电时，根据选择的充电类型，连接交流充电插头或者直流充电插头到相应的充电插座，连接正确后开始充电。充电口连接后形成检测回路，当出现连接故障时，VCU 可以检测该故障。

图 4-1-2　交流充电连接方式（江淮 iEV7S）

以比亚迪 e5 为例，充电口端子定义如图 4-1-4 所示。

交流充电流程如图 4-1-5 所示。当 VCU 判断整车处于充电模式，吸合 M/C 继电器，根据高压电池的可充电功率及车载充电器的状态，向车载充电器发送充电电流指令。同时，车载充电器吸合交流充电继电器，VCU 吸合系统高压正极继电器和高压负极继电器，高压电池开始充电。

图 4-1-3　交流与直流充电口位置（比亚迪 e5）

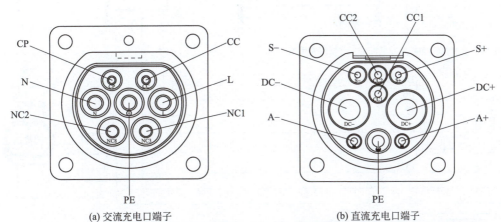

(a) 交流充电口端子　　　　　　　　(b) 直流充电口端子

L—A相；NC1—B相；NC2—C相；N—中性线；　　DC+、DC-—直流充电正、负极；A+、A-—低压辅助电流正、负极；
PE—地线；CC—充电连接确认；CP—充电控制　　CC1—车身接地(1kΩ±30Ω)；CC2—直流充电感应信号；
　　　　　　　　　　　　　　　　　　　　　　S+—通信线，CANH；S-—通信线，CANL；PE—地线

图 4-1-4　充电口端子定义（比亚迪 e5）

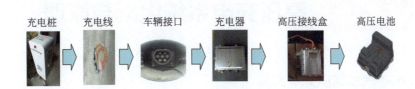

图 4-1-5　交流充电流程

直流充电流程如图 4-1-6 所示。当直流充电设备接口连接到整车直流充电口,直流充电设备发送充电唤醒信号给 VCU,VCU 吸合 M/C 继电器,根据高压电池的可充电功率及车载充电器的状态,向直流充电设备发送充电电流指令。同时,VCU 吸合直流充电继电器、系统高压正极继电器和高压负极继电器,高压电池开始充电。

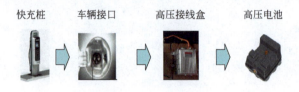

图 4-1-6　直流充电流程

以江淮新能源车型为例,交流充电与直流充电的连接电路如图 4-1-7 所示。

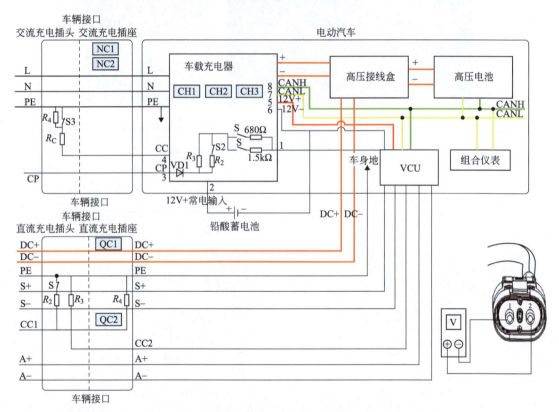

图 4-1-7　交直流充电连接电路(江淮新能源车型)

项目 2　高压充电系统组成与原理

4.2.1　纯电动汽车高压充电系统

以众泰芝麻 E30 车型为例。

EV充电系统将交流电网的交流电转化为高压直流电，给车辆高压电池充电，提供汽车运行的电能，其主要由车载充电器、充电枪、充电插座、电池管理系统、充电指示灯等组成。

车载充电器固定安装在电动汽车上，通过充电插头与交流电网相连，将220V交流电转换为直流电给高压电池充电，监视充电状态并根据充电状态调整充电功率，实现电动汽车充电的智能化控制。

充电枪将电网220V交流电传输给车载充电器。

充电指示灯位于组合仪表上。当高压电池正常充电时，充电指示灯闪烁；充电完成，充电电缆未断开，充电指示灯常亮。未充电或充电故障时，充电指示灯熄灭。

图4-2-1所示为EV充电系统组成，当高压电池电量低时，用充电枪连接电源与车载充电器，电池管理系统通过检测CC点电阻（680Ω-250V-16A/220Ω-440V-32A）判定充电电缆的额定容量及充电枪是否连好。

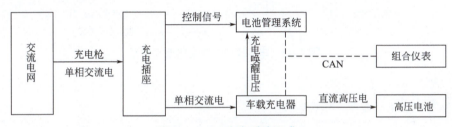

图4-2-1 EV充电系统组成

车载充电器交流输入端得电后，自检完成无故障，向电池管理系统发出充电唤醒信号，电池管理系统闭合充电接触器，导通充电回路。

当高压电池温度过低时，电池管理系统控制加热器接触器闭合，导通加热回路，给高压电池加热，达到一定温度时，导通供电回路，给高压电池充电。

在整个充电阶段，电池管理系统实时向充电器发送电池充电要求，充电器根据电池充电需求来调整充电电压和充电电流以保证充电过程正常。在充电过程中，充电器和电池管理系统相互发送各自的充电状态。除此之外，电池管理系统根据要求向充电器发送高压电池具体状态信息及电压、温度等信息。

车载充电器由交流输入端口、功率单元、控制单元、直流输出端口等部分组成，充电过程中由车载充电器提供电池管理系统（BMS）、充电接触器、仪表板等低压用电电源。车载充电器充电连接示意如图4-2-2所示。

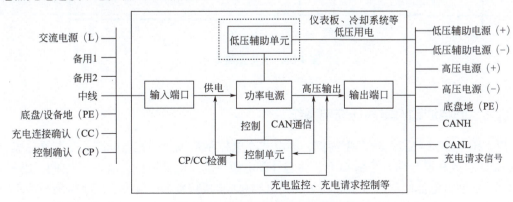

图4-2-2 车载充电器充电连接示意

在充电连接过程中，首先接通保护接地触头，最后接通控制确认与充电连接确认触头。在脱开的过程中，首先断开控制确认触头与充电连接确认触头，最后断开保护接地触头。

连接后，车载充电器通过检测 CC 电压，确认连接是否完好，以及连接了何种充电枪。BMS 控制慢充接触器、主负接触器闭合，车载充电器开始充电。车辆接口充电电气连接界面如图 4-2-3 所示。整个充电系统电路如图 4-2-4 所示。

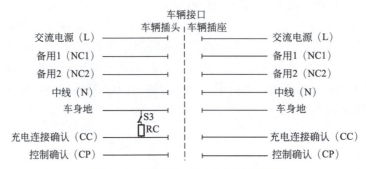

图 4-2-3　车辆接口充电电气连接界面

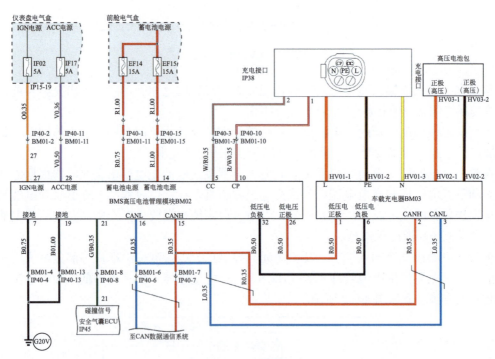

图 4-2-4　充电系统电路

4.2.2　插电混动汽车高压充电系统

以丰田卡罗拉 - 雷凌 e+ 车型为例，插电式充电控制系统使用充电电缆、充电器总成、蓄电池 ECU 总成和混合动力控制 ECU，通过外部电源对高压电池进行充电。充电时自动执行漏电测试，辅助蓄电池使用内置于电动车辆充电器总成的副 DC/DC 转换器以所需最小功率充电以减少功耗。插电式充电控制系统可使用遥控服务，从而能够使用智能手机检查充电电量。

该车充电系统组成部件如图 4-2-5 所示。

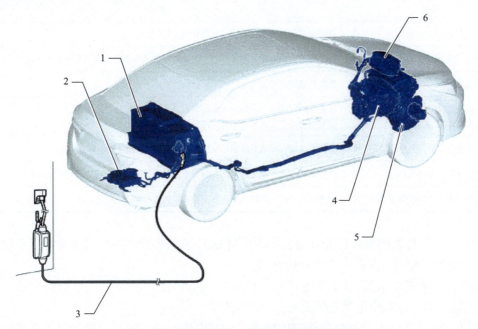

图 4-2-5　丰田卡罗拉 - 雷凌 e+ 车型充电系统

1—高压电池；2—充电器总成；3—充电电缆；4—发动机；5—混合动力车辆传动桥总成；6—带转换器的逆变器总成

充电系统主要零部件功能见表 4-2-1。

表 4-2-1　充电系统主要零部件功能

零部件	功能
电动车辆充电器总成	①与充电电缆或插电式充电器进行通信，并将充电电流、充电电压等信号发送至混合动力车辆控制 ECU ②根据混合动力车辆控制 ECU 发送的信号进行插电式充电 ③点亮或使充电指示灯闪烁（EV 充电口盖指示灯总成） ④进行插电式充电时，通过副 DC/DC 转换器向辅助蓄电池供电 ⑤对来自外部电源的交流电压进行增压，并将其转换为直流电以对 HV 蓄电池充电 ⑥将锁止和解锁请求信号发送至带电动机的燃油加注口盖锁总成 ⑦点亮充电口盖照明灯（聚光灯总成）
混合动力车辆控制 ECU	①将充电器工作信号发送至电动车辆充电器总成 ②接收来自电动车辆充电器总成的插电式充电许可信号，并将充电器继电器接通请求信号发送至蓄电池 ECU 总成
蓄电池 ECU 总成	①接收来自混合动力车辆控制 ECU 的充电器继电器接通请求信号，并接通充电（CHR）继电器 ②蓄电池加热器系统工作时，接通 HV 蓄电池加热器继电器
带转换器的逆变器总成	蓄电池加热器系统工作时，以降低后的电压向蓄电池加热器供电
充电电缆（电动车辆充电器电缆总成）	①将充电连接器连接至充电插孔时，通过外部电源供电 ②配备有 CCID（充电电路中断装置），在连接充电连接器时自动进行漏电测试 ③配备有 CCID（充电电路中断装置），如果在插电式充电期间通过漏电测试检测到漏电，则其切断外部电源电压。系统恢复正常时重新连接电源

续表

零部件	功能
组合仪表总成	可通过多信息显示屏确认或更改计划充电时间
充电插孔（交流充电插孔电缆）	连接充电电缆的充电连接器时，将外部电源电压供应至电动车辆充电器总成
充电口盖照明灯（聚光灯总成）	充电口盖打开时点亮
充电指示灯（EV充电口盖指示灯总成）	①点亮或闪烁以指示插电式充电状态 ②在手动操作期间解锁充电连接器
EV充电口盖开关总成	将充电口盖打开或关闭信号发送至电动车辆充电器总成
EV充电器电缆锁总成	根据来自电动车辆充电器总成的请求信号锁止和解锁充电连接器和充电插孔
定时充电开关（燃油控制开关）	操作此开关时，多信息显示屏上显示定时充电画面

车载充电器总成根据来自混合动力车辆控制ECU的信号控制插电式充电控制系统。同时控制充电定时功能以设定任一充电开始时间。

充电连接器锁止系统、EV充电口盖锁止系统、充电指示灯（EV充电口盖指示灯总成）和EV充电口盖指示灯由电动车辆充电器总成控制。

电源开关置于OFF位置并将充电电缆连接到充电插孔时，电动车辆充电器总成接收到充电器操作允许信号并开始充电。接近充满电时，逐渐降低充电电压直到蓄电池充满电。系统优化了充电控制以缩短整体充电时间。

充电控制器原理框图如图4-2-6所示。

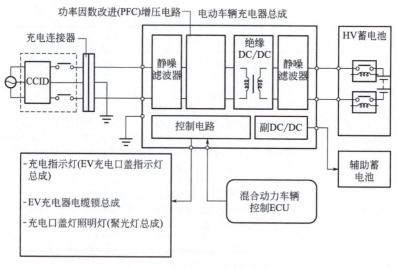

图4-2-6 充电控制器原理框图

CHRB继电器内置于1号牵引蓄电池设备箱总成，CHRG继电器与CHRP继电器内置于2号牵引蓄电池设备箱总成。安装位置如图4-2-7所示。

当充电电路进行连接时，CHRB继电器与CHRP继电器接通。然后，CHRG继电器接通，CHRP继电器断开。因此，首先通过电阻器引导电流，然后控制电流，并保护充电电路免受输入电流的影响。

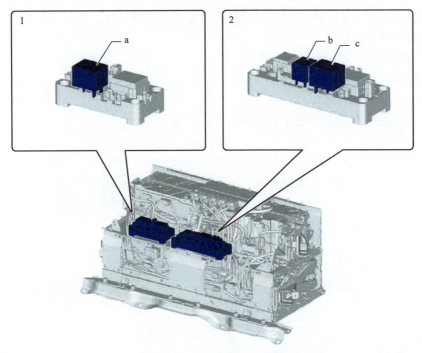

图 4-2-7 充电继电器安装位置

1—1 号牵引蓄电池设备箱总成；2—2 号牵引蓄电池设备箱总成；a—CHRB 继电器；b—CHRP 继电器；c—CHRG 继电器

系统控制功能分为充电控制、充电定时控制、蓄电池加热控制、预充电蓄电池冷却控制四种，见表 4-2-2。

表 4-2-2 系统控制功能

控制	功能
充电控制	根据 HV 蓄电池状态，电动车辆充电总成对功率进行最佳调节。接近充满电时，逐渐降低电压直至蓄电池充满电
充电定时控制	通过注册充电时间，每天可在设定时间开始充电
蓄电池加热控制	HV 蓄电池充电且 HV 蓄电池温度低时，可使用内置加热器加热 HV 蓄电池以提高电机驱动车辆时的操纵性能
预充电蓄电池冷却控制	在 HV 蓄电池温度高的情况下进行充电时，在充电开始前使用空调系统冷却蓄电池，可抑制蓄电池劣化

 制动能量回收系统原理

4.3.1 宝马 X1 PHEV 车型制动能量回收

混动汽车中，大多数的制动能量并非转换为无用的热能，而是转换成电流。这种电流临

时存储在高压电池单元中，在后期可以根据需要输送至驱动系统。宝马 X1 PHEV 中的制动作用力可以进行下述分类：

- 液压制动；
- 再生制动；
- 液压及再生组合制动。

制动作用力的分布示意如图 4-3-1 所示。

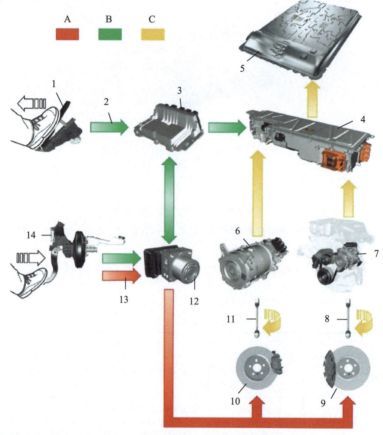

图 4-3-1　宝马 X1 PHEV 中液压制动和再生制动的分布示意

1—油门踏板模块；2—带有油门踏板角度的数据记录；3—数字式电动机电子装置（DME）；4—电机电子装置（EME）；5—高压电池单元；6—电机；7—高压启动电动发电机；8—前桥上的再生制动扭矩；9—前轮液压制动；10—后轮液压制动；11—后桥上的再生制动扭矩；12—动态稳定控制系统（DSC）；13—带有刹车踏板角度的数据记录；14—刹车踏板；A—液压制动；B—信号路径；C—再生制动

判定再生制动等级主要有两个输入变量：油门踏板角度及刹车踏板角度。如果数字式电动机电子装置（DME）检测到油门踏板未踩下，则要求电机电子装置（EME）在滑行模式下启用电机和高压启动电动发电机开始回收能量。

如果驾驶员额外踩下刹车踏板，动态稳定控制系统（DSC）通过刹车踏板上的刹车踏板传感器检测到预期的减速度，并将信息传送至数字式电动机电子装置（DME）。DME 计算电机及高压启动电动发电机在预期减速度下的能量回收功率。

在可能的情况下不使用车轮制动，直至达到 $1.1m/s^2$ 的最大可能再生减速度。但是，刹车片作用于刹车盘可以减少间距（备用快速制动），并保持刹车盘的清洁。

动态稳定控制系统（DSC）中的改动用来解耦液压制动，从而启用再生制动实现能量回收。DSC 液压回路如图 4-3-2 所示。

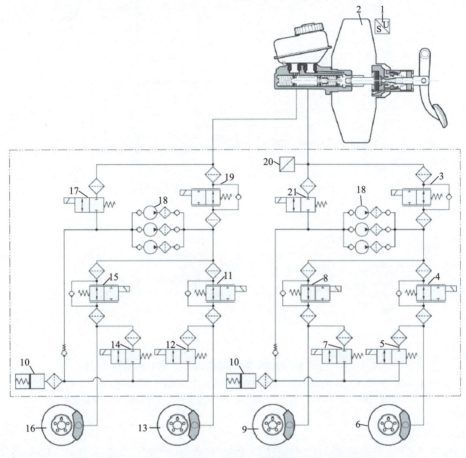

图 4-3-2　宝马 X1 PHEV 中 MK100 高端混动的 DSC 液压回路

1—刹车踏板行程传感器；2—制动助力器；3—分离器阀（制动回路 1）；4—进气阀（右前）；5—排气阀（右前）；6—车轮制动（右前）；7—排气阀（左后）；8—进气阀（左后）；9—车轮制动（左后）；10—低压蓄能器；11—进气阀（右后）；12—排气阀（右后）；13—车轮制动（右后）；14—排气阀（左前）；15—进气阀（左前）；16—车轮制动（左前）；17—切换阀（制动回路 2）；18—六活塞液压泵；19—分离器阀（制动回路 2）；20—制动压力传感器；21—切换阀（制动回路 1）

通过 F49 PHEV 的制动系统可以为再生制动提供更大的刹车踏板行程。这种配置通过 DSC 液压控制单元中的智能功能序列启用。通过这种配置在再生制动中会有一种自然踏板的感觉，与常规汽车之间仅存在细微的差别。

如果后桥电机离合器打开（>130km/h），滑行模式或制动过程中不存在通过电机提供的能量回收。在这种驾驶速度（>130km/h）条件下，制动产生的能量完全被抑制，滑行模式下只有通过高压启动电动发电机提供的能量回收。

能量回收在低速行驶时同样会降低，因此，速度低于 10km/h 时完全通过液压进行制动。否则电机会出现不规则减速，这种设置可以确保驾驶舒适性不受影响。在过渡阶段，再生制动功率降低，液压制动功率增加，以便确保平稳制动。再生制动的减少通过液压制动进行无缝补偿，图 4-3-3 以车轮制动为例描述了 DSC 液压控制单元在再生制动过程中的工作流程。

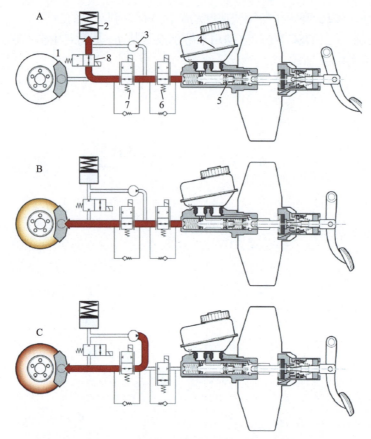

图 4-3-3　宝马 X1 PHEV 制动能量再生过程中的 DSC 功能

1—车轮制动；2—低压蓄能器；3—DSC 液压泵；4—制动液膨胀箱；5—串联制动主缸；6—分离器阀；
7—进气阀；8—排气阀；A—再生制动；B—液压及再生复合制动；C—液压制动

- 情形 A：再生制动。

达到特定点前，刹车踏板只能用来读取 DSC 控制单元发出的减速请求。制动液体积被串联制动主缸 5 抑制，与 DSC 单元中的低压蓄能器 2 集成为一体。排气阀 8 打开。通过刹车踏板行程传感器读取驾驶员的制动要求，并通过 DSC 控制单元计算转化成制动扭矩。该信息通过 FlexRay 数据总线传送至 DME。电机电子装置（EME）将制动扭矩输送至后桥上的电机和汽油发电机中的高压启动电动发电机。刹车片和刹车盘之间的间隙降至最小，确保刹车片的灵活动作。

- 情形 B：液压及再生复合制动。

如果在再生（交流发电机）模式下达到最大制动功率，并且刹车踏板行程持续增加，则排气阀 8 闭合，并且不对蓄积的液压进行检查。电动机和液压制动的效果在这种情况下相互叠加。

- 情形 C：液压制动。

再生制动在这种情形下被液压制动取代。因此，六活塞液压泵 3 将低压蓄能器 2 中收集的制动液输送至车轮制动，并确保压力蓄积与当前的减速要求相对应。该回路通过分离器阀 6 闭合。驾驶员可以通过分离器阀 6 上的截止阀增加制动作用力。如果出现故障，再生制动效果立即终止，通过 DSC 单元中的六活塞液压泵立即产生必要的制动压力。

4.3.2 本田雅阁锐混动车型能量再生

电动伺服制动用于在减速期间确保高效再生。其部件包括一个踏板感觉模拟器和一个串联式电机气缸，如图 4-3-4 所示。

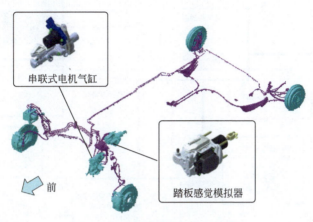

图 4-3-4　电动伺服制动系统组成

当制动开始时，电动伺服会减少通过制动系统产生的制动转矩，并增加通过电机再生产生的制动转矩，从而再生能量。当车速下降时，通过制动系统产生的制动转矩增加，且通过电机再生产生的制动转矩减少，使总的制动转矩保持不变。理论上，制动片的使用寿命将延长。系统控制特性曲线如图 4-3-5 所示。

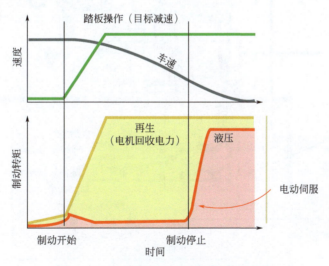

图 4-3-5　电动伺服制动系统控制特性曲线

图 4-3-6 为电动伺服制动系统组成部件。

① 电动伺服制动运行（未踩下刹车踏板时）：当在某个操作状态下（且电源开关开启）未踩下刹车踏板时，VSA 的总泵切断阀（MCV）打开且踏板力模拟器侧的阀打开。

② 电动伺服制动运行（正常运行）：正常运行期间，MCV 关闭而踏板力模拟器阀（PFSV）打开。因此，踩下刹车踏板所产生的制动机油压力不会传输到 VSA。踏板力模拟器会产生踩下刹车踏板的虚拟感觉。VSA 起作用时，同样有踏板反弹的感觉。旋转串联式电机气缸中电

机的扭矩通过齿轮箱转换为分泵中活塞的推力,从而对 VSA 调制器产生液压。产生的液压根据行程传感器的信号以 ESB 单元进行计算,并通过串联式电机气缸中电机的旋转角度控制。控制原理如图 4-3-7 所示。

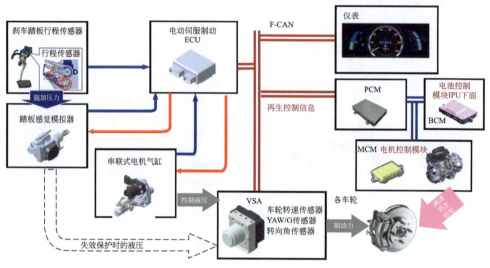

图 4-3-6　电动伺服制动系统组成部件

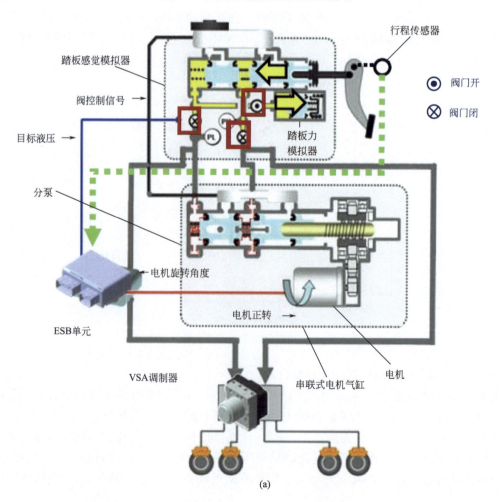

(a)

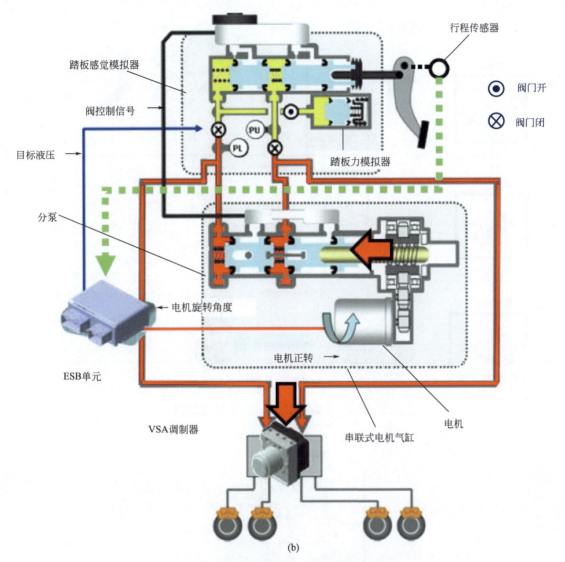

图 4-3-7 电动伺服制动正常模式控制原理

③ 电动伺服制动运行（再生联合控制）：再生联合控制期间，MCV 关闭而 PFSV 打开。ESB 单元根据潜在再生信息驱动串联式电机气缸中的电机，以降低 VSA 侧的液压。控制原理如图 4-3-8 所示。

④ 电机伺服制动运行（失效保护期间）：失效保护期间，总泵切断阀（MCV）打开，而 PFSV 关闭。踩下刹车踏板所产生的制动机油压力操作制动钳和鼓式制动器以产生制动力。控制原理如图 4-3-9 所示。

ESB（电动伺服制动）单元的启动与关闭原理如图 4-3-10 所示。

电动伺服制动在以下情况中激活：接收到车门打开信号且电源开关为 OFF 时，或电源开关显示已转到 ON 时。

电动伺服制动在以下情况中自动关闭：电源开关为 OFF 的情况下，车门打开后约 3min 时，或电源开关从 ON 转到 OFF 后约 3min 时。

注意：必须在电动伺服系统关闭的情况下，才能对管路进行排气。

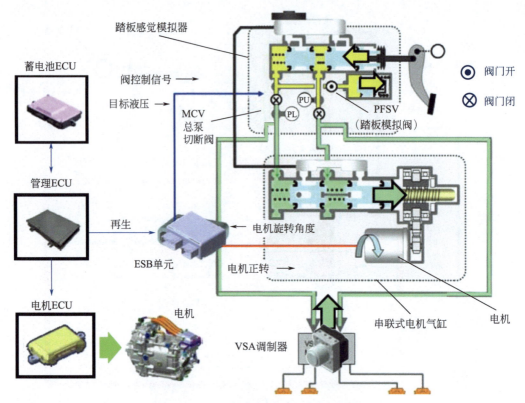

图 4-3-8 电动伺服制动再生模式控制原理

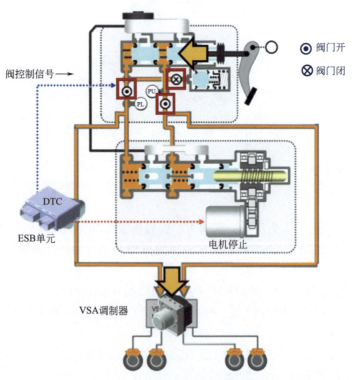

图 4-3-9 电机伺服制动失效保护模式控制原理

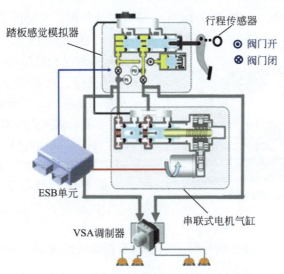

图 4-3-10 电动伺服制动单元启动与关闭原理

DC/DC 电路故障排除

4.4.1 DC/DC 常规故障检测方法

① 把万用表调至检测直流挡位，测试整车铅酸电池电压。

在测试铅酸电池有 13.8VDC 但仪表盘上还有红色铅酸电池灯亮时，拆下控制器上盖（整车解除高压电，注意安全），用万用表导通挡检测黄色 FB 信号线到控制器 23 针接插件第二排第 3 针脚是否导通（图 4-4-1），FB 信号线是否有退针现象。

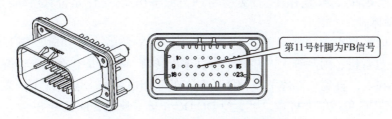

图 4-4-1 控制器 23 针接插件针脚分布

a. FB 信号线有退针，如果是控制器端信号线退针，则更换控制器或把退针的脚位插回去；如果是 DC/DC 端信号线退针，则更换单体 DC/DC 或把退针的脚位插回去。

b. FB 信号线连接正常，但铅酸电池有 13.8V 且仪表盘上还有红色铅酸电池灯亮，此故障为 DC/DC 的 FB 信号故障，更换 DC/DC 即可。

在测试铅酸电池无 13.8VDC 时，则进行下一步。

② 把万用表调至检测导通挡位，测试控制器熔丝是否良好（导通）（整车下电无高压，注意安全）。

a. 熔丝熔断（不导通），则测试 DC/DC 输入正、负极是否短路（导通为短路）。若 DC/DC 输入正、负极短路（即 DC/DC 故障），则更换 DC/DC；若 DC/DC 输入正、负极未短路，则更换熔丝查看是否故障还会发生。

b. 熔丝良好，查看信号线束在控制器内部是否连接正常（图 4-4-2）；若连接正常，则进行下一步。

③ 把万用表调至检测导通挡位，测试整车有无提供 VCC、使能、FB 信号等的电压。

a. 如果整车在 VCC、使能、FB 信号等的电压有一个未提供，但显示 DC/DC 故障现象的，那么 DC/DC 良好，检测整车低压用电系统是否有不良。

图 4-4-2 检查控制器信号线束

b. 整车在 VCC、使能、FB 信号等的电压均有提供的情况下，显示 DC/DC 故障现象，那么更换 DC/DC。

④ 更换 DC/DC 备件来检测是否 DC/DC 故障。

在以上测试均正常的情况下，还是不能解决故障，则更换 DC/DC 备件，查看故障现象是否还在。故障现象消失，则更换下的 DC/DC 有故障；故障现象还在，则属于车辆低压用电系统故障导致，更换下的 DC/DC 良好。

⑤ DC/DC 偶发性故障。DC/DC 在整车上一会儿有输出，一会儿无输出（即仪表盘红色铅酸电池灯一会儿亮一会儿不亮），除常规检测外，按以下测试方法进行电路检查。

a. 检测整车和控制器 23 针接插件是否松动，接插件内部是否有退针或歪针。有松动或退针，则修复。

b. 检测 DC/DC 输出接插件是否连接固定，有无松动。有松动，则重新固定。

c. 检测整车铅酸电池正极是否连接固定，有无松动。有松动，则重新固定。

d. 检测控制器外部和控制器内部高压输入是否连接正常，有无连接异常、螺钉松动等现象。有异常或螺钉松动，重整修复。

e. 在以上检测后，故障还存在。摇晃检测 DC/DC 输出端螺栓，是否有松动的感觉。有松动，更换 DC/DC 单体。

f. 在以上检测都正常的情况下，把整车上 READY 挡电，且开启车辆上所有的低压电器（即车灯、收音机、雨刮等），并开车尝试多次转弯。查看是否在以上情况下故障现象不消失（一直存在），直到全部停下或关闭（整车低压用电系统）的情况下故障现象消失。那么此问题为 DC/DC 负载能力故障，可更换 DC/DC 单体。反之，DC/DC 正常。

4.4.2 DC/DC 供电故障

故障现象

江淮新能源车型仪表盘上在出现红色铅酸电池灯亮后 [或铅酸电池的电压在（13.8±0.25）VDC 以下]（图 4-4-3），过段时间，在仪表盘的右下角（即显示高压电池电量的下方，且高压电池电量在 10% 以上）又有一个小乌龟的灯亮，且仪表盘中央显示"限功率"。

部件介绍

① DC/DC 与电机控制器集成在一起，DC/DC 在电机控制器下方（图 4-4-4）。DC/DC 输

入正极用 30A 熔丝与控制器输入正极连接共用，输入负极连接在一起共地（在电机控制器内部）。

图 4-4-3　仪表盘铅酸电池故障灯亮

图 4-4-4　DC/DC 在整车的安装位置

② DC/DC 信号线束连接在电机控制器内部，与电机控制器外部 23 针接插器中的 5 个针脚连通（图 4-4-5）。

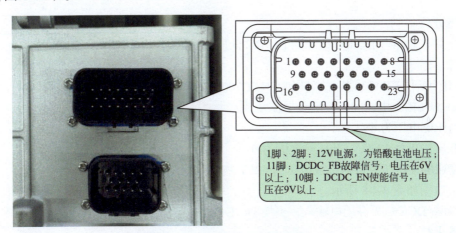

图 4-4-5　DC/DC 信号连接线束

③ DC/DC 输出正极与整车铅酸电池（即 12V 蓄电池）正极连接（图 4-4-6），DC/DC 负极与整车接地连接。

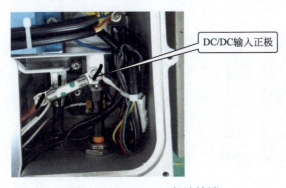

图 4-4-6　DC/DC 正极连接端

故障诊断

检修或更换 DC/DC。

4.4.3 DC/DC 转换故障

故障现象

比亚迪秦 PHEV 车辆无 EV 模式，仪表提示低压电池电量低，检查充电系统，如图 4-4-7 所示。

图 4-4-7 仪表检修提示

故障分析

可能存在故障有 DC/DC 故障和 DC/DC 低压输出断路。

故障诊断

① 用诊断仪 ED400 读取故障码为 P1EC700DC（降压时硬件故障）。

② 在 OK 挡上电瞬间，读取数据流发现：

a. 高压侧电压为 4V；

b. 低压输出为 13.1V，低压侧电流为 0；

c. 读取驱动电机控制器母线电压为 505V，即高压侧电压正常。

以上数据如图 4-4-8 所示。

③ 判断 DC/DC 无高压电输入，更换 DC/DC 后故障排除。

维修小结

① 纯电模式下，DC/DC 的功能替代了传统燃油车挂接在发动机上的 12V 发电机，和蓄电池并联给各用电器提供低压电源。DC/DC 在高压（500V）输入端接触器吸合后便开始工作，输出标称电压在 13.8V 以上，并且一般输出电流为 10～50A（图 4-4-9）。

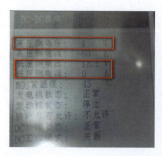
图 4-4-8 DC/DC 数据分析

图 4-4-9 DC/DC 输出数据

② 发动机原地启动时，发电机送出 13.5V 直流电，经过 DC/DC 升压转换为 500V 直流电，给电池包充电（图 4-4-10）。

图 4-4-10　DC/DC 总成充电流程

③ DC/DC 检查分析。

a. 驱动电机控制器和 DC/DC 输入高压为同一路高压电：如果 DC/DC 没有高压输入，驱动电机控制器母线有高压，电压在 400V 以上，则 DC/DC 故障；如果驱动电机控制器高压母线也没有高压电，则需检查母线电压。

b. 当 DC/DC 有高压输入，且电压在 400V 以上，读取低压输出在 13.8V 以下，低压电流输出为 0，则 DC/DC 内部故障；如果 DC/DC 低压输出在 13.8V 以上，低压电流输出为 0，低压输出可能是虚电压，无需理会，更换 DC/DC 即可。

c. 在发动机未启动的情况下 DC/DC 输出电压，也可使用万用表测量配电盒或启动电池输出极柱电压，其工作电压为 13.8V 以上。

d. 确认 DC/DC 是否通信正常，如果不能正常通信，则 DC/DC 存在故障，更换即可。

项目 5　高压充电口维护与拆装

4.5.1　高压充电口维护标准

新能源汽车充电口作为充电传导的接口，使用时间长了一定会存在磨损老化的问题，需要纳入保养范畴，具体保养项目如下。

① 车辆熄火（退电至 OFF 挡），整车解锁，打开充电口舱盖及充电口盖。

② 目视检查充电口塑料绝缘壳体外观有无热熔变形，严重热熔变形影响正常使用的需要更换处理。

③ 目视检查充电口内部以及端子内部有无异物，有异物的需要使用高压气枪排除异物，无法排除且影响正常使用的需更换处理。

④ 目视检查充电口端子簧片及底部有无变黑，变黑的需要更换处理。

⑤ 目视检查充电口端子簧片及底部有无变黄，如变黄需打开后背门，打开左后侧围检修口排查充电口尾部电缆是否烧黑及变形（需辅助照明仔细观察），如变黄且伴随尾部电缆外层变黑则需更换处理。

⑥ 目视检查端子簧片有无断裂，断裂的需要更换处理。

充电口维护保养判定标准如图 4-5-1 所示。

(a) 正常状态　　　　　　　　　　　　(b) 端子簧片附着异物需清理

(c) 端子变黑需更换　　　　(d) 端子簧片及底部变黄且尾部电缆外层变黑需更换

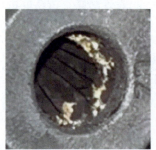 

(e) 端子簧片前端断裂需更换

图 4-5-1　充电口维护保养判定标准

4.5.2　高压充电口拆装步骤

以比亚迪 e1 车型为例，充电口拆装步骤如下。

①车辆熄火（退至 OFF 挡），拔下维修开关。

②更换交流充电口（图 4-5-2）：手工拆卸交流充电接插件、交流低压接插件（图 4-5-3）。更换直流充电口：手工拆卸直流低压接插件（图 4-5-3），用工具拆卸直流充电线鼻子（线鼻子即压线端子。先断开接电池包线束的接插件、拆卸充配电总成小盖、拆卸充配电总成内部线鼻子）。

③拆卸搭铁和扎带，拆卸电子锁。更换交流充电口：用 13 号套筒工具拆卸交流充电口搭铁（图 4-5-4），用剪刀剪断扎带；用十字螺丝刀（旋具）拆卸电子锁（图 4-5-5）。更换直流充电口：用 10 号套筒工具拆卸直流充电搭铁，用剪刀剪断扎带。

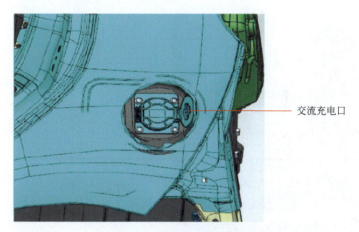

图 4-5-2　交流充电口位置

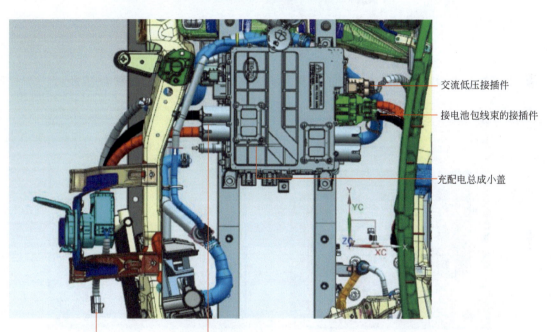

图 4-5-3　拆卸充电口连接线束

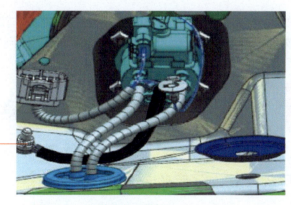

图 4-5-4　交流充电口搭铁

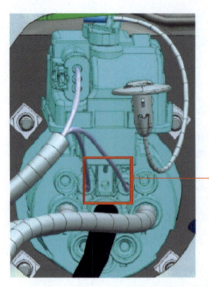

图 4-5-5　电子锁位置

④拆卸充电插座。用 10 号套筒工具拆卸直流或交流充电插座，如图 4-5-6 所示。

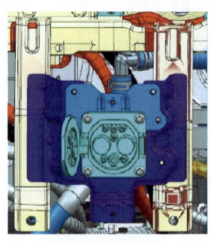

(a) 直流充电插座

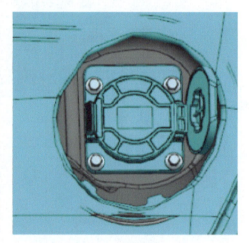

(b) 交流充电插座

图 4-5-6　拆卸车辆充电插座

⑤装配说明：取出故障充电口，更换一个新的充电口，按照与拆卸相反的顺序，用同样的工具，装配好充电口，螺栓安装力矩为（8±1）N·m，电子锁螺钉安装力矩为 1N·m。

项目 6　高压充电系统故障排查

4.6.1　高压充电系统端子定义与故障定位

以比亚迪元 EV535 车型为例，车辆的充电系统包括直流充电系统和交流充电系统。直流充电是利用车辆外的直流充电桩给车辆充电，直流充电桩输出高压直流电给高压电池包充电。车辆的直流充电系统主要组成部分：直流充电口、充配电三合一、高压电池包、电池管理器。交流充电是通过交流充电桩给车辆充电，电网交流电（民用220V）通过交流充电桩输出并在OBC（车载充电器，集成在充配电三合一中）转化为高压直流电给高压电池包充电。车辆上交流充电系统主要组成部分：交流充电口、充配电三合一、高压电池包、电池管理器。充配电总成接口分布如图4-6-1所示。

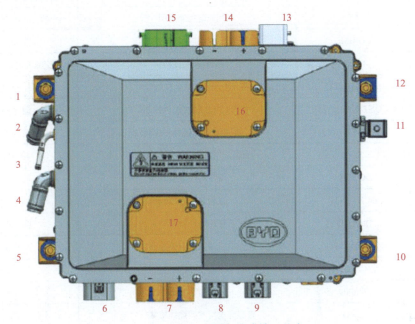

图 4-6-1　充配电总成接口分布

1—辅助定位(ϕ11mm，安装在前舱大支架上）；2—出水口（连接冷却水管）；3—排气口（连接排气管）；4—进水口（连接冷却水管）；5—主定位（ϕ9mm，安装在前舱大支架上）；6—交流充电输入（连接交流充电口）；7—直流充电输入（连接直流充电口）；8—空调压缩机配电（连接空调压缩机）；9—空调PTC配电（连接空调PTC）；10—辅助定位（ϕ11mm，安装在前舱大支架上）；11—低压正极输出（连接蓄电池）；12—辅助定位ϕ11mm，（安装在前舱大支架上）；13—低压信号（连接低压线束）；14—电机控制器配电（连接电机控制器）；15—高压直流输入/输出（连接电池包）；16—电控甩线线鼻子固定维修盖（线鼻子固定点维修盖板）；17—直流充电线缆线鼻子固定维修盖（线鼻子固定点维修盖板）

充配电总成低压端子针脚分布如图4-6-2所示，端子定义见表4-6-1。

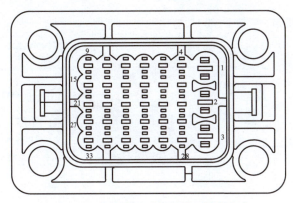

图 4-6-2　充配电总成低压端子针脚分布

表 4-6-1 充配电总成低压端子定义

针脚号	名称	功能定义	线束接法
1	OFF-12V-1	常电 1	接 12V 常电
2	OFF-12V-1	常电 2	接 12V 常电
3	GND	常电电源地 1	电源地
4	CC	充电连接确认	接交流充电口低压连接器 -2
5	CP	充电控制导引	接交流充电口低压连接器 -1
6	CC-BMC	充电连接信号	接 BMC02-20
7	T-CDK	充电口温度检测	接交流充电口低压连接器 -7
8	SOURSE-JCQ	直流充电正 / 负极接触器电源	接 BMC01-15
9	CONTROL-JCQ+	直流充电正极接触器控制信号	接 BMC01-33
10	CONTROL-JCQ-	直流充电负极接触器控制信号	接 BMC01-24
11	SJJC	直流充电接触器烧结检测信号	接 BMC02-7
12	DCHS-IN	直流高压互锁输入	接动力电池包 -29
13	DCHS-OUT	直流高压互锁输出	接 BMC02-5
14	DCHS-IN	交流高压互锁输入	接 BMC02-10
15	DCHS-OUT	交流高压互锁输出	接 BMC02-11
16	CANH	动力网 CAN 线	—
17	CANL	动力网 CAN 线	—
18	GND	直流充电接触器烧结检测信号地	信号地
19	GND	常电电源地 2	电源地
20～33	预留	—	—

充电口总成接口与线束分布如图 4-6-3 所示，交 / 直流充电口低压端子针脚分布如图 4-6-4 所示，端子定义见表 4-6-2、表 4-6-3。

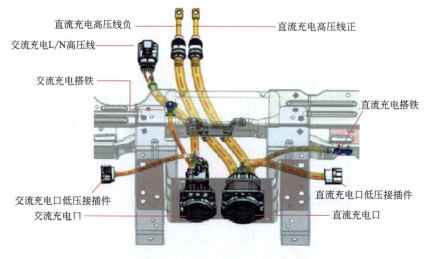

图 4-6-3 充电口总成接口与线束分布

(a) 交流充电口低压端子　　　　(b) 直流充电口低压端子

图 4-6-4　交 / 直流充电口低压端子针脚分布

表 4-6-2　交流充电口低压端子定义

针脚号	名称	功能定义	线束接法
1	CP	充电控制确认	接充配电三合一 33PIN-5
2	CC	充电连接确认	接充配电三合一 33PIN-4
3	闭锁电源	闭锁电源	BCM D 端口-2
4	开锁电源	开锁电源	BCM D 端口-3
5	闭锁状态检测	闭锁状态检测	接 BCM-14
6	NC	空脚	—
7	温度传感器高	温度传感器高	接充配电三合一 33PIN-7
8	温度传感器低	温度传感器低	车身地
9～12	预留	—	—

表 4-6-3　直流充电口低压端子定义

针脚号	名称	功能定义	线束接法
1	A-	低压辅助电源负	车身地
2	A+	低压辅助电源正	接 BMC01-6
3	CC2	直流充电感应信号	接 BMC02-15
4	CANL	动力网 CANL	接 BMC02-25
5	CANH	动力网 CANH	接 BMC02-24
6	NC	空脚	—
7	直流充电口温度 1	直流充电口温度 1	接 BMC02-19
8	直流充电口温度地 1	直流充电口温度地 1	接 BMC02-12
9	直流充电口温度 2	直流充电口温度 2	接 BMC02-13
10	直流充电口温度地 2	直流充电口温度地 2	接 BMC02-6
11	预留	—	—
12	预留	—	—

充电故障排查需要根据故障现象查找故障部位，方法如下。

① 交流充电异常的故障部位确定：确认交流充电桩无异常的情况下故障可能在交流充电系统中的任何一个组成部分，包括交流充电口、充配电总成、高压电池包总成、电池管理器及充配电线束。

② 直流充电异常的故障部位确定：确认直流充电桩无异常和低压蓄电池电压无异常（正常范围为 12.5～16V）的情况下，故障原因可能在直流充电系统中的任何一个组成部分，包括直流充电口、充配电总成、高压电池包总成、电池管理器及充配电线束。

③ 交/直流充电都不正常的故障部位确定：主要锁定在高压电池包总成、电池管理器与充配电线束。

4.6.2 高压充电系统故障诊断与排查

由于可能的故障部件很多，要利用 VDS 读取故障码来定位故障部位。读取故障码的步骤如下。

① OK 挡电下用 VDS 读取故障码并记录。
② VDS 执行清除故障命令，退电到 OFF 挡再上 OK 挡电，读取故障码并记录。
③ 找充电桩充电测试让故障重现，读取故障码并记录。

根据故障码与故障的相关性可分为三个等级，见表 4-6-4。

表 4-6-4　故障码相关等级

相关等级	说明
相关等级 3	故障重现才能读取的故障码
相关等级 2	VDS 执行清除故障命令清除不了的故障码或清除后退电再重新上 OK 挡电又出现的故障码
相关等级 1	来执行 VDS 清除命令时 OK 挡电下读取的故障码

根据 VDS 诊断情况，可按如下思路进行排查：有相关等级 2 或 3 的故障码依据故障码排查处理；只有相关等级 1 的故障码或没有任何故障码的情况用万用表排查充电线路的连通性。

（1）依据诊断故障码进行排查

表 4-6-5～表 4-6-7 所列排查方法中涉及检查充电口、信号线路及相关 CAN 通信线路排查等，需要做好高压安全防护。首先整车退电至 OFF 挡，等待 5min，断开低压蓄电池负极，拔下电池包引出的高压母线，确保拔下的高压母线间电压在安全电压范围（小于 60VDC）。

逐一更换部件后需要重新检测确认故障是否消失，若更换了某个部件后车辆恢复正常，则不需要再更换后续的部件。依据故障码更换部件针对的是相关等级 3（或相关等级 2）的故障码，相关等级 1 的故障码用来作为排查参考。执行更换部件操作前先用 VDS 检查高压系统零部件是否有软件版本更新，若有更新需更新到最新版本，若仍存在故障再进行更换。

表 4-6-5　OBC 诊断故障码定义及排查方法

故障码	故障定义	排查方法
P157016	交流侧电压低	①检查交流充电桩和电网是否异常 ②检查充配电线束硬件连通性 ③若①和②检查无异常，则更换充配电三合一

续表

故障码	故障定义	排查方法
P157017	交流侧电压高	若检查交流充电桩和电网正常,则更换充配电三合一
P157219	直流侧过流	若车辆能够正常上 OK 挡电,则更换充配电三合一
P157216	直流侧电压低	若车辆能够正常上 OK 挡电,则更换充配电三合一
P157217	直流侧电压高	若车辆能够正常上 OK 挡电,则更换充配电三合一
P157400	供电设备故障	若交流充电桩无问题,则更换充配电三合一
P157616	低压供电电压过低	若低压蓄电池电压 >11V,则更换充配电三合一
P157617	低压供电电压过高	若低压蓄电池电压 <16V,则更换充配电三合一
P157897	CC 信号异常	若检查 CC 信号线路连通性正常,则更换充配电三合一
P15794B	温度采样 1 高	若检查冷却系统正常,则更换充配电三合一
P157B00	交流侧过流	若检查交流充电桩和电网正常,则更换充配电三合一
P157C00	硬件保护	更换充配电三合一
P157E11	充电连接信号外部对地短路	①检查充电连接信号线是否有破损、短路或交流输出端是否有异物短路情况 ②若①检查无异常,则依次更换充配电三合一、BMC
P157E12	充电连接信号外部对电源短路	
P157F11	交流输出端短路	
P15834B	温度采样 2 高	若检查冷却系统正常,则更换充配电三合一
P158798	充电口温度严重过高	若检查充电枪和充电口正常,则依次更换交流充电口总成、充配电三合一
P158900	充电口温度采样异常	
P158A00	电锁异常	若检查控制线路及 BCM 都正常,则更换电锁
U011100	BMC 通信超时	若充配电三合一与 BMC 的 CAN 通信线的连通性正常,则依次更换 BMC、充配电三合一
U015500	组合仪表通信超时	若充配电三合一与组合仪表的 CAN 通信线的连通性正常且组合仪表也正常,则更换充配电三合一
U024500	多媒体通信超时	若充配电三合一与多媒体的 CAN 通信线的连通性正常且多媒体也正常,则更换充配电三合一
P151500	水温传感器故障	若检查冷却系统正常,则更换充配电三合一
P15FD00	冷却水温高	
U014087	BCM 通信超时	若充配电三合一与 BCM 的 CAN 通信线的连通性正常且 BCM 也正常,则更换充配电三合一
U011181	BMC 报文数据异常	若充配电三合一与 BMC 的 CAN 通信线的连通性正常,则依次更换 BMC、充配电三合一
U015587	组合仪表报文数据异常	若充配电三合一与组合仪表的 CAN 通信线的连通性正常且组合仪表也正常,则更换充配电三合一
U024587	多媒体报文数据异常	若充配电三合一与多媒体的 CAN 通信线的连通性正常且多媒体也正常,则更换充配电三合一

续表

故障码	故障定义	排查方法
U014081	BCM 报文数据异常	若充配电三合一与 BCM 的 CAN 通信线的连通性正常且 BCM 也正常，则更换充配电三合一
U011182	BMC 循环计数器异常	若检查 CAN 通信线正常，则更换 BMC
P15FE00	主控与子模块通信故障	更换充配电三合一
P15FF00	内部温度传感器故障	更换充配电三合一

表 4-6-6　DC 诊断故障码定义及排查方法

故障码	故障定义	排查方法
P1EC000	降压时高压侧电压过高	若车辆能够正常上 OK 挡电，则更换充配电三合一
P1EC100	降压时高压侧电压过低	
P1EC600	降压时高压侧电流过高	更换充配电三合一
P1EC200	降压时低压侧电压过高	若检查 DC 输出线路连通性正常，则更换充配电三合一
P1EC300	降压时低压侧电压过低	
P1EC400	降压时低压侧电流过高	
P1EC700	降压时硬件故障	更换充配电三合一
P1EE000	散热器过温	更换充配电三合一
U011100	与动力电池管理器通信故障	若检查 DC 与 BMC 通信线路无异常，则依次更换充配电三合一、BMC
U014000	与 BCM 通信故障	若检查 DC 与 BCM 通信线路无异常且排查 BCM 正常，则更换充配电三合一
P1ED317	低压供电电压过低	若低压蓄电池电压 >11V，则更换充配电三合一
P1ED316	低压供电电压过高	若低压蓄电池电压 <16V，则更换充配电三合一

表 4-6-7　漏电传感器诊断故障码定义及排查方法

故障码	故障定义	排查方法
P1CA100	严重漏电故障	参照整车漏电排查，确认是否有高压负载漏电或电池包漏电，对检查出漏电的高压部件进行更换处理
P1CA200	一般漏电故障	
P1CA000	漏电传感器自身故障	更换充配电三合一（漏电传感器集成在充配电三合一）

（2）排查充电线路的连通性

用 VDS 诊断的过程中只有相关等级 1 的故障码或未读取任何故障码的情况，需要排查充电线路的连通性。用 VDS 先检查高压零部件是否有软件版本更新，若有更新需要更新到最新版本，若仍存在故障，用万用表排查相关硬件的连通性。

① 首先整车退电至 OFF 挡，等待 5min，断开低压蓄电池负极，拔出电池包引出的高压母线，确保拔出的高压母线间电压在安全电压范围（小于 60VDC）。

② 若是交流充电故障，根据表 4-6-8 检测交流充电口各针脚连通性：交流充电口端子针

脚分布如图 4-6-5 所示。

表 4-6-8　交流充电口端子针脚定义及连通性确认方法

针脚	功能定义	连通性确认正常范围
CC	充电连接确认	CC 与充配电三合一低压接插件第 4 脚间的电阻约为 0，用万用表确认应小于 1Ω
CP	控制引导	CP 与充配电三合一低压接插件第 5 脚间的电阻约为 0，用万用表确认应小于 1Ω
N	中线	—
PE	保护接地，连接供电设备地线和车身地	PE 与供电设备地线或车身地间的电阻约为 0，用万用表确认应小于 1Ω
L1	交流电源	—
L2	交流电源	—
L3	交流电源	—

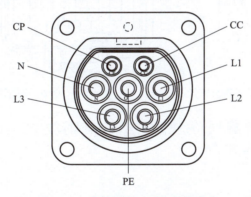

图 4-6-5　交流充电口端子针脚分布

③ 若是直流充电故障，根据表 4-6-9 检查直流充电口各针脚与 BMC 相应接口的连通性；直流充电口端子针脚分布如图 4-6-8 所示，BMC 电池管理器端子针脚分布如图 4-6-7 所示。

表 4-6-9　直流充电口端子定义与连通性确认方法

针脚	功能定义	连通性确认正常范围
DC+	直流电源正，连接直流电源正与电池正极	—
DC-	直流电源负，连接直流电源负与电池负极	—
PE	保护接地，连接供电设备地线和车身地	PE 与供电设备地线或车身地间的电阻约为 0，用万用表确认应小于 1Ω
S+	充电通信 CANH，连接直流充电桩与电动汽车的通信线	S+ 与 BMC02-24 间的电阻约为 0，用万用表确认应小于 1Ω
S-	充电通信 CANL，连接直流充电桩与电动汽车的通信线	S- 与 BMC02-25 间的电阻约为 0，用万用表确认应小于 1Ω
CC1	充电连接确认	CC1 与车身地间的电阻约为 1kΩ，用万用表确认应在 0.9～1.1kΩ 之间

续表

针脚	功能定义	连通性确认正常范围
CC2	充电连接确认	CC2 与 BMC02-15 间的电阻约为 0，用万用表确认应小于 1Ω
A+	低压辅助电源正，连接直流充电桩为电动汽车提供的低压辅助电源	A+ 与 BMC01-6 间的电阻约为 0，用万用表确认应小于 1Ω
A-	低压辅助电源正，连接直流充电桩为电动汽车提供的低压辅助电源	A- 与车身地间的电阻约为 0，用万用表确认应小于 1Ω

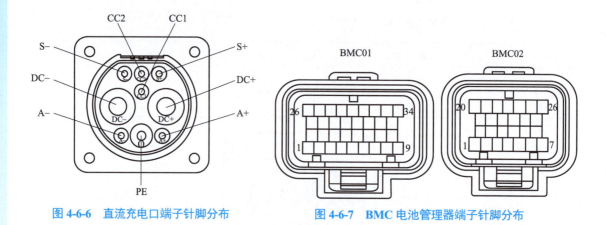

图 4-6-6 直流充电口端子针脚分布　　　图 4-6-7 BMC 电池管理器端子针脚分布

④ 若连通性确认有异常则需检查相应信号的接插件间连接是否松动，是否有退针，相应的线束是否有破损短路等异常情况。

项目 7　充电系统维修典型案例

4.7.1　众泰芝麻 E20 无法充电

故障现象

车辆无法充电，仪表无电流显示或充电指示灯不亮，如图 4-7-1 所示。

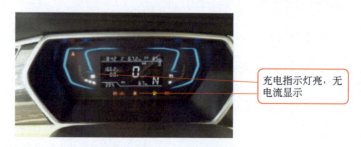

图 4-7-1　仪表故障指示

故障诊断

① 排除外在因素，检查 220V 电源、充电枪及车载充电器是否均正常。

② 经检查外在因素均无问题后，取出电脑及 CAN 卡，一端接到诊断接口（图 4-7-2），另一端连接到电脑。

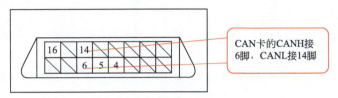

图 4-7-2　诊断接口连接

③ 确认连接无误后，打开上位机程序，上面如显示通信成功，则可查看具体信息。如显示 ZLG 通信失败，则需重新检查连接是否正确或 CAN 卡是否正常。CAN 卡连接提示如图 4-7-3 所示。

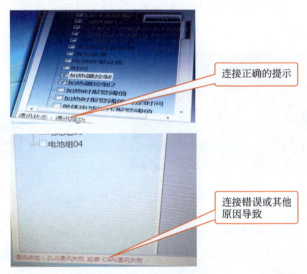

图 4-7-3　CAN 卡连接提示

④ 通信正常后，选择"BMU 配置"，选中"故障信息"，然后单击下载，如图 4-7-4 所示。

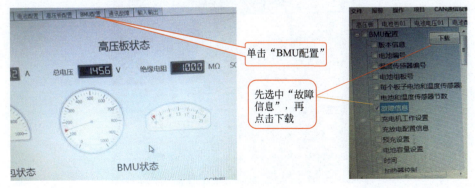

图 4-7-4　下载故障信息

⑤ 查看下载内容，系统显示充电继电器不吸合，则拆卸高压盒总成，对充电继电器进行检查，确认问题后更换高压盒总成，更换后故障排除。

4.7.2 江铃 E200/E200S 充电检测方法

充电正常的必要条件如下。

① 国标交流充电座上的 CC（充电连接确认）及 CP（充电控制）线分别与 BMS（电池管理器）上的 CC 及 CP 线连接。

② 充电器上的 CANH、CANL 线分别与 BMS 主控模块上的充电 CANH、CANL 线连接导通。

③ BMS 主控模块输出 12V 电源给充电继电器。

④ 充电继电器吸合。

充电过程检测：把充电枪与车上充电座连接好后，仪表上充电器工作指示灯、充电连接指示灯点亮，充电继电器吸合，开始充电，仪表上显示充电电流。

正常充电的前提：充电连接指示灯、充电器工作指示灯必须常亮，如图 4-7-5 所示。

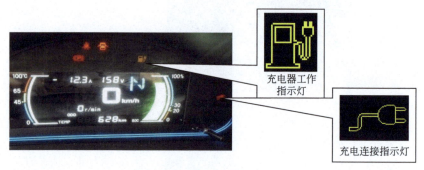

图 4-7-5　正常充电的仪表指示

当把充电枪与充电座连接好后，仪表屏幕亮灯，显示充电连接符号，同时充电器工作指示灯亮起。当充电器工作指示灯亮起，充电连接指示灯不亮或一直闪烁，则应检查 CC 线束是否连接好，如图 4-7-6 所示。

图 4-7-6　检查 CC 线束是否正常连接

4.7.3 江淮新能源预充超时

故障现象

江淮新能源车辆无法启动,车辆系统故障灯点亮,如图 4-7-7 所示,上位机读取故障信息为高压回路安全故障 A/B 或预充超时故障。

故障分析

整车外部高压回路故障,导致车辆预充时未达到目标值,预充失败。可能的故障点有压缩机、PTC 继电器、电机控制器。高压系统电路原理如图 4-7-8 所示。

图 4-7-7 仪表点亮故障灯

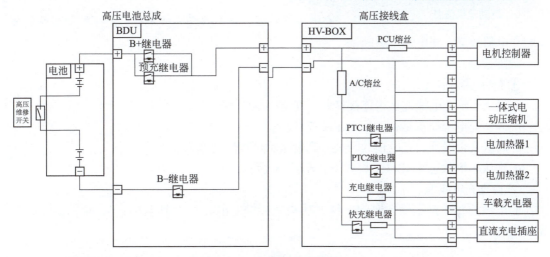

图 4-7-8 高压系统电路原理

故障诊断

首先确定预充电阻是否熔断,然后按照排查流程确定故障点。预充电阻熔断排查流程如下。

① 断开高压接线盒配线接插件(图 4-7-9)。

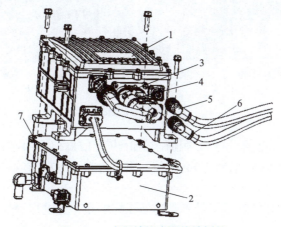

图 4-7-9 高压接线盒配线接插件

1—直流充电电缆;2—高压接线盒;3—高压配电缆;4—高压主电缆;5—PCU+;6—PCU−;7—车载充电器

图 4-7-10 连接上位机读取驱动电机信息

② 车辆连接电脑上位机，车辆钥匙在 START 挡瞬间观察母线电压是否有变化（若有和系统总压相符合的电压，则说明预充电阻正常；若母线电压一直为 0，则说明预充电阻熔断）。驱动电机信息如图 4-7-10 所示。

③ 更换预充电阻，故障排除。

4.7.4 车辆交流充电失效

故障现象

江淮新能源车辆交流充电异常，充电指示灯不亮、黄灯常亮、黄灯闪烁。

故障分析

充电操作有误；充电线缆连接不良；低压控制线路故障；车载充电器故障；充电熔丝熔断。

故障诊断

① 排除误操作。

a. 确认车辆充电线缆是否连接良好（充电指示灯不亮）。

b. 确认充电枪插头是否按标示正确连接。

c. 确认是否误开启充电预约开关（充电指示灯黄灯闪烁）。

d. 确认车辆状态（START 模式下，车辆不允许充电）。

② 检查充电线缆。

a. 车辆插头连接车辆插座端，供电插头连接供电电源端（图 4-7-11），错插会导致车辆无法充电。

(a) 车辆插头

(b) 供电插头

图 4-7-11 充电插头

b. 家用充电线测量 CC 信号与 PE 阻值，阻值约为 1.5kΩ（图 4-7-12）。

c. 充电桩充电线测量 CC 信号与 PE 阻值，阻值约为 680Ω（图 4-7-13）。

③ 检查低压控制线路。

a. 车载充电器输出 12V 唤醒信号未到达低压配电盒（充电指示灯不亮），信号输入端如图 4-7-14 所示。

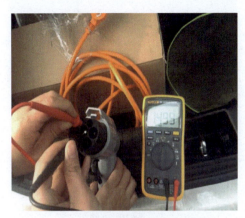

图 4-7-12　测量家用充电线 PE 阻值

图 4-7-13　测量充电桩充电线 PE 阻值

ZB08	NC	CZ14	FT06a	VC83	ZB03b	ZB02	CH03a
0.5 LR		0.5 R	0.5 R	0.5 P	0.5 L	0.5 B	0.5 W
NC	NC	NC	NC	NC	NC	ZB10	NC
						0.5 R	

CH03a(慢充唤醒信号)

图 4-7-14　检查低压配电盒充电唤醒信号

b. 车载充电器输出 12V 唤醒信号未到达 VCU（充电指示灯黄灯常亮），信号输入端如图 4-7-15 所示。

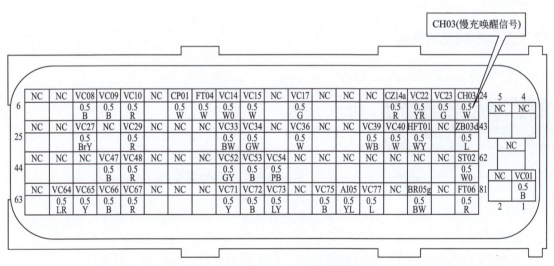

图 4-7-15　检查 VCU 充电唤醒信号

低压线路故障一般是接插件公端退针或母端空位变大导致。

④ 检查充电熔丝。利用万用表确定充电熔丝是否熔断（充电熔丝熔断后，充电时充电指示灯黄灯常亮）。充电熔丝位置如图 4-7-16 所示。

⑤ 检查车载充电器。可利用上位机软件查看充电数据流信息,如图 4-7-17 所示。

a. 确定交流充电唤醒信号为使能状态。

b. 交流充电电流指令为正常电流值。

c. 车载充电器状态为充电。

d. 交流充电允许标志位为允许。

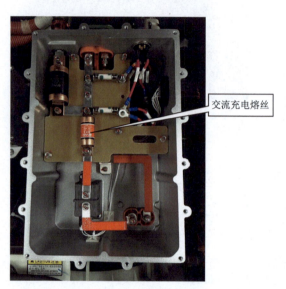

图 4-7-16 充电熔丝位置

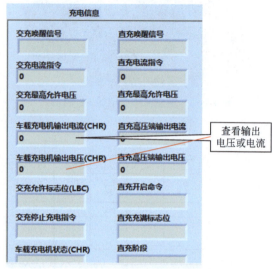

图 4-7-17 利用上位机软件查看充电数据流信息

上述状态都正常的情况下,车载充电器输出电流或输出电压出现异常,则可判定为车载充电器故障。

4.7.5 车辆无法充电

故障现象

图 4-7-18 读取故障码信息

比亚迪唐车辆无法充电,故障码为 P158200(H 桥故障),如图 4-7-18 所示。

故障分析

① 车载充电器软件故障。

② 车载充电器相关线路故障。

③ 车载充电器故障。

④ 车载充电器熔丝(30A)烧蚀。

故障诊断

① 使用 VDS1000 将车载充电器软件版本更新至 3.00.09,故障无法排除。

② 排查充电器相关线路,未发现异常。

③ 对车载充电器进行调换后,测试车辆仍无法充电。

④ 重新用 VDS1000 读取故障码为 P157216(车载充电器直流侧电压低)。

⑤ 检查车载充电器熔丝(30A),发现熔丝内部烧蚀,更换车载充电器及熔丝(30A),故障排除。

项目 8　充电桩与壁挂式充电盒维修

4.8.1　江淮简易充电桩故障

（1）简易充电桩基本功能

① 过流保护。简易交流充电桩提供一受控输出的交流充电接口，输出电流大于 20A 时，在规定的时间内充电桩能够自动切断交流输出。

② 安全防护。充电接口处设计舱门，待机时舱门闭锁，只有打开舱门时才可以正常充电。

③ 输出控制。当车辆充电插头或充电桩插头断开时，简易交流充电桩插座能够即刻停止输出。

④ 漏电保护。当充电桩的漏电电流大于 30mA 时，充电桩能够即刻切断交流输出。

⑤ 锁紧装置。简易交流充电桩插座与充电枪接口装有锁止机构，拔出充电枪时需要人工解锁后才能拔出充电枪，防止充电时误拔充电枪。

⑥ 标识警示。简易交流充电桩应在醒目的地方明确提供以下信息：导向标志、充电位置引导标志、安全警告标示与 JAC LOGO。

⑦ 反接提醒。充电桩火线与零线接反时，在充电桩内部控制电路板上的反接指示灯亮，用于提醒用户接线错误。

⑧ 带载切换。在充电状态下拔除插头，带负载可分合电路即时动作，切断对插座的供电。

⑨ 充电指示。充电桩工作在充电状态时，面板上的红色充电工作指示灯点亮，用于指示充电桩工作。

⑩ 信号检测。充电桩带有国标要求的 CC、CP 信号检测及 CP PWM 信号输出。

充电桩电路原理如图 4-8-1 所示。

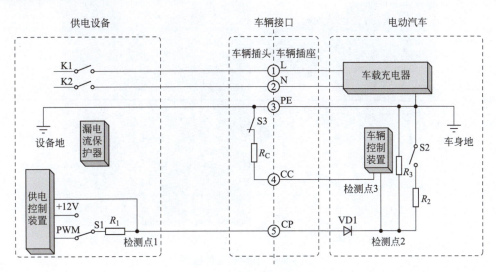

图 4-8-1　充电桩电路原理

简易充电桩充电连接端子针脚分布如图 4-8-2 所示，端子定义见表 4-8-1。

表 4-8-1　简易充电桩充电连接端子定义

针脚	功能定义
L	交流电源 L（火线）
NC1	备用
NC2	备用
N	交流电源 N（中线）
充电桩接地	保护接地
CC	充电连接确认
CP	充电连接确认（充电桩输出 12V 或 6V PWM）

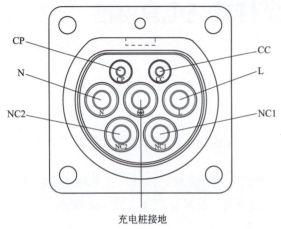

图 4-8-2　简易充电桩充电连接端子针脚分布

（2）电路检测与故障判别

① 短接简易充电桩配套插头（充电连接端子）CC 和 CP 针脚，检测 N 和 L 针脚有无 220V 电压输出。桩体指示灯是否亮起（图 4-8-3）。

② 短接简易充电桩配套插头（充电连接端子）CC 和 CP 针脚，明显听到简易充电桩内继电器吸合，指示灯亮起，N 和 L 针脚没有 220V 输出，即可拆桩检测内部空气开关和外部供电。如都没有问题，可以判定为桩体电路板故障。

③ 短接简易充电桩配套插头（充电连接端子）CC 和 CP 针脚，简易充电桩内继电器不吸合，指示灯不亮，N 和 L 接口没有 220V 输出，即可拆桩检测内部空气开关和外部供电。如都没有问题，可以判定为桩体继电器损坏。更换后再次检测排除电路板故障。

(a) 短接CC和CP针脚　　　　(b) 检测N与L针脚有没有220V输出

图 4-8-3　充电桩部件检测

④ 针对江淮第 4 代和第 5 代纯电动汽车，短接简易充电桩配套插头（充电连接端子）CC

和 CP 针脚，明显听到简易充电桩内继电器吸合，指示灯亮起，N 和 L 接口有 220V 输出，但是江淮第 4 代和第 5 代纯电动汽车仍然无法正常充电，可判定为电路板故障。

对于江淮第 4 代和第 5 代纯电动汽车简易充电桩电路板故障处理方式可分为以下两种：更换全新电路板；简单处理电路板中破损元器件。

简易充电桩电路板简易处理方式如下：拆除充电桩后保护盖，拆除电路板，用钳子移除 Q1 元件，Q1 元器件在电路板的右上方，由三个焊点焊接而成，整体为长条状，如图 4-8-4 所示。

图 4-8-4　电路板上 Q1 元件位置

特别说明

移除 Q1 元件后，此电路板只可用于江淮第 4 代和第 5 代纯电动汽车正常充电，其他车辆无法正常充电。

4.8.2　比亚迪壁挂式充电盒故障

比亚迪新能源汽车用 3.3kW 壁挂式充电盒外观及内部结构如图 4-8-5 所示。常见故障如下。

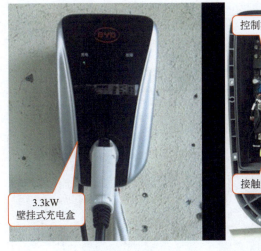 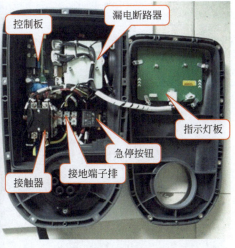

(a) 外观　　　　　　　　　　　　(b) 内部结构

图 4-8-5　比亚迪壁挂式充电盒外观及内部结构

① 充电枪线束断路、固定端子虚接。
a. 充电枪口火线（L）与接触器 L 导通正常，连接牢固［图 4-8-6（a）］。
b. 充电枪口零线（N）与接触器 N 导通正常，连接牢固［图 4-8-6（b）］。

(a) 火线(L)导通测试　　　　　　　　(b) 零线(N)导通测试

图 4-8-6　充电枪口 L/N 接线测试

c. 充电枪口接地 PE 与接地端子排 PE 导通正常，连接牢固［图 4-8-7（a）］。
d. 充电枪口信号线 CP 与接地端子排 CP 导通正常，连接牢固［图 4-8-7（b）］。

(a) 接地PE导通测试　　　　　　　　(b) 信号线CP导通测试

图 4-8-7　充电枪口 PE、CP 接线测试

e. N/L/CP/PE 充电盒与充电枪口对应位置如图 4-8-8 所示。

图 4-8-8　充电盒与充电枪口连接端子

② 充电枪开关电阻异常。充电枪开关阻值（CC 与 PE）按下按钮时为无穷大，未按下按钮时为 680Ω 左右，如图 4-8-9 所示。

(a) 按下按钮时

(b) 未按下按钮时

图 4-8-9　充电枪开关阻值测试

③ 充电枪开关不回位。可以按动充电枪开关，检查开关回位是否正常；检查充电枪口 N/L/CP/PE/CC 针脚是否松动（图 4-8-10）。

④ 出现以上异常更换充电枪。

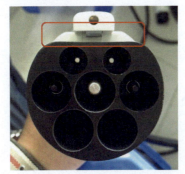
(a) 充电枪开关回位检测

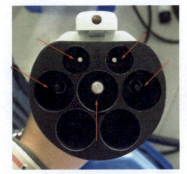
(b) 充电枪口针脚检测

图 4-8-10　充电枪开关与充电枪口针脚检测

模块 5

电机驱动系统维修

项目 1　电机驱动系统简介

5.1.1　驱动电机

电动机/发电机是用来取代交流发电机、电动机和启动电机的统一称呼。当机械驱动电动机/发电机时，它将作为交流发电机供电。当向电动机/发电机供给电流时，它作为驱动运行。在完全混合动力车（HEV）中，电动机/发电机还能起到发动机启动电机的作用。

三相电机经常用作电动机/发电机。三相电机由三相交流电供能。在该同步电机中，若干对永磁体位于转子上方。由于对三相线圈连续供电，因此它们会产生一个旋转电磁场，从而在使用电动机/发电机驱动车辆时使转子旋转。

当电动机/发电机用作交流发电机时，转子的运动会使线圈产生三相交流电压，并转换成动力电子元件中高压电池的直接电压。通常情况下，车辆会使用同步电机。同步电机与非同步电机相比的优势在于，同步电机在自动化应用时可以更精确地控制。

电动机/发电机出转子、定子组成，通过动力电子元件和高压电池连接，电机装有一个定子绕组，可产生一个旋转磁场。电机组成部件如图5-1-1所示。

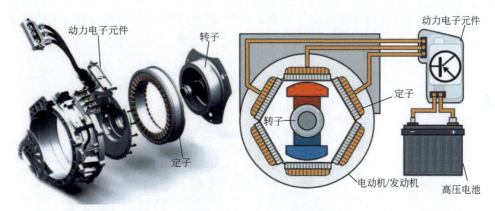

图 5-1-1 电机组成部件

当电机作为电动机工作时，定子绕组会产生一个旋转磁场。转子是一个可以产生磁场的永磁体。同步电机的转速可通过感应交流电的频率精确控制。系统中装有一个变频器，对同步电机转速进行无级调整。转子位置传感器可持续检测转子的位移，控制电子器件以此测定电机实际转速。电机工作原理如图 5-1-2 所示。

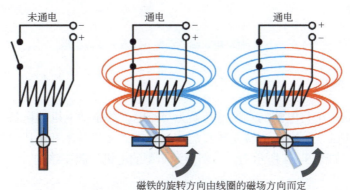

图 5-1-2 电机工作原理

如果电机作为发电机工作，转子通过变速器从外部驱动。当转子的磁场通过定子绕组时，每一相的线圈上都会产生感应电动势。转子磁场会依次通过绕组。动力电子装置将获得的电能转化为 288V 直流充电电流，对高压电池进行充电。

驱动电机是一个紧凑、重量轻、高功率输出、高效率的永磁同步电机，永磁铁被镶入转子中，旋转磁场和定子线圈共同作用产生转矩；电机旋转变压器（简称旋变）被同轴安装在电机上，用来检测转子旋转的角度，此旋转角度信息被发送到电机控制模块；电机温度传感器检测电机定子内部的温度，此温度信息被发送给电机控制模块。驱动电机组成部件如图 5-1-3 所示。

永磁同步电机及其驱动系统与外部的电气接口包括高压、低压和通信三部分。高压部分与整车连接的高压直流部分为：P——电机控制器直流正端；N——电机控制器直流负端。

电机控制器与永磁同步电机连接的三相交流部分为：A（U）——电机 A 相（U）；B（V）——电机 B 相（V）；C（W）——电机 C 相（W）。

电机控制器前侧配置 2 个低压接插件（23 针接插件和 14 针接插件）。23 针接插件主要完成 PCU、DC/DC 与整车之间的通信及控制。14 针接插件中有 6 针主要完成 PCU 与电机之间的通信，PCU 可以根据此接线端与电机的旋变连接，实现电机位置及转速的测量和计算，从而实现对电机的精确控制；2针用于检测电机实时温度，防止电机在过温下工作，造成电机毁坏；4针与PCU主控芯片连接，用于软件的改写、烧录，操作方便。

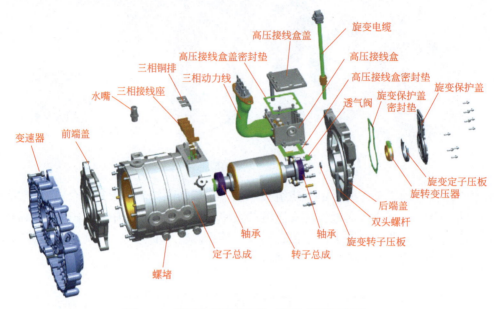

图 5-1-3　驱动电机组成部件（江淮新能源车型）

5.1.2　电机控制器

电机控制器是一个将电池的直流电转换为交流电，并驱动电机的设备，英文缩写为PCU（Power Control Unit）。在交流转换成直流的过程中，交流频率和电压可以改变，控制参数有很高的自由度。如图 5-1-4 所示为江淮新能源车型的电机控制器结构。

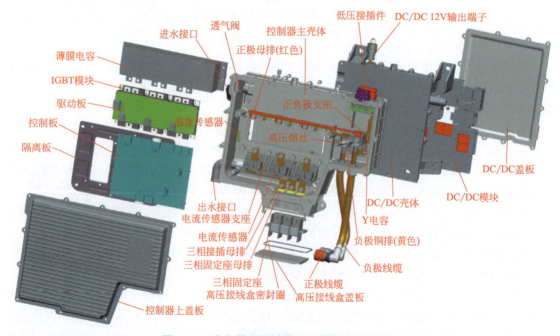

图 5-1-4　电机控制器结构（江淮新能源车型）

PCU 将高压电池的直流电转换成电机可用的交流电,电机完成转矩输出。

VCU(整车控制器)基于加速(油门)踏板位置信号、挡位信号和车速信号计算车辆的目标转矩,并通过 CAN 通信发送转矩需求指令给 PCU。其控制流程如图 5-1-5 所示。

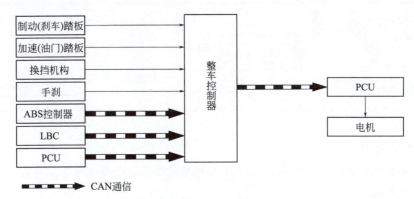

图 5-1-5　电机控制流程

在电机转矩请求信号由 VCU 通过整车 CAN 发送过来的基础上,电机控制器控制电机。电机控制器将电池的直流电转换为交流电,并同时采集电机位置信号和三相电流检测信号,精确地驱动电机(图 5-1-6)。

在减速阶段,电机作为发电机应用。它可以完成由车轮旋转的动能到电能的转换,给电池充电。

如果有故障发生,系统将进入安全失效模式(Fail-Safe)。

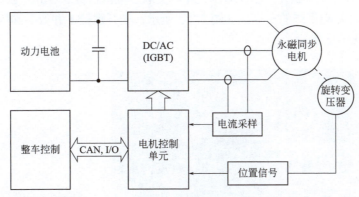

图 5-1-6　电机控制原理

项目 2　驱动电机拆卸与安装

5.2.1　驱动电机的拆卸

以宝马 i3 车型为例,拆卸和安装驱动单元需要的专用工具见表 5-2-1。

表 5-2-1　拆卸和安装驱动单元需要的专用工具

名称	升降台 2184136	用于升降台的固定组件 2305379	适配接头 2357222	定位件（由凸耳、支架与定位座组成）2357221
图示				凸耳　支架　定位座

（1）准备工作

① 断开蓄电池导线负极。注意：在断开蓄电池导线前，必须确保车辆休眠。
② 排放冷却液。
③ 拆下后部保险杠饰件的架梁。
④ 拆卸竖直支柱。
⑤ 对于直流电快充（SA4U7）和交流电快充（SA4U6 或 SA4U8）装备，拆卸便捷充电系统。
⑥ 拆卸两个水平支柱。
⑦ 拆卸后部横梁。
⑧ 拆下左、右输出轴。

（2）拆卸步骤

① 拆下行李厢底板饰板 1，松开螺栓 2 并向上取出维修盖板 3，如图 5-2-1 所示。

自 2014 年 12 月起生产的车辆：如图 5-2-2 所示，松开螺栓 1 并取下卸压件，松开卸压件支架的螺栓 2，取出支架。

图 5-2-1　取出维修盖板
1—行李箱底板饰板；2—螺栓；3—维修盖板

图 5-2-2　取出卸压件及支架
1，2—螺栓

② 如图 5-2-3 所示，将电位补偿导线的螺栓 1 由驱动模块上拆下。松开 EME 上高压电池

单元的高压线 2。

注意解锁和松开不同电动汽车插头连接的提示。松开 EME 上蓄电池负极导线的螺母 3。取下盖板并松开 EME 上蓄电池正极导线的螺母 4。

③ 松脱蓄电池负极导线和蓄电池正极导线。将高压线 5 由 EME 的充电插座或便捷充电系统上脱开。将高压线 6 由 EME 的电控辅助加热器上脱开。

④ 如图 5-2-4 所示，松开变速器安装支架 2 上等电势导线的螺栓 1，拆下等电势导线。

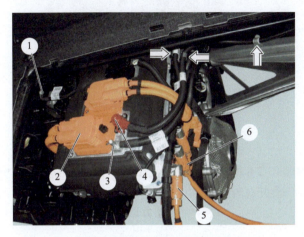
图 5-2-3　松开 EME 控制模块连接的高压线
1—螺栓；2,5,6—高压线；3,4—螺母

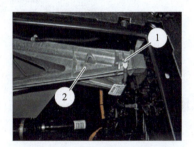
图 5-2-4　拆下变速器上的等电势导线
1—螺栓；2—变速器安装支架

⑤ 如图 5-2-5 所示，松开电位补偿导线 2 的螺栓 1。
⑥ 脱开信号线的接插件 3。
⑦ 脱开高压线的接插件 4。

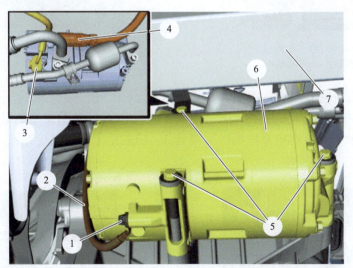
图 5-2-5　拆卸电动空调压缩机
1,5—螺栓；2—电位补偿导线；3,4—接插件；6—空调压缩机；7—驱动模块

⑧ 松开空调压缩机 6 的螺栓 5。
⑨ 用导线扎带或行李厢张紧带将空调压缩机 6 固定在驱动模块 7 上。

⑩ 在 2014 年 12 月之前生产的车辆：如图 5-2-6 所示，松开导线槽 2 的螺栓 1，向下抽出高压线及导线槽并在外部侧面固定。

自 2014 年 12 月起生产的车辆：如图 5-2-7 所示，向外按压锁止凸耳并拔下导线架 1，松开螺栓 2。

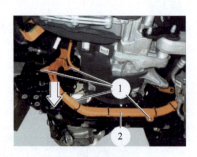

图 5-2-6　拆卸导线槽
1—螺栓；2—导线槽

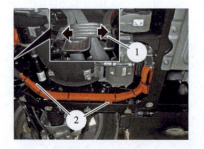

图 5-2-7　取下导线架
1—导线架；2—螺栓

⑪ 自 2014 年 12 月起生产的车辆：如图 5-2-8 所示，将电缆盒 1 的锁止凸耳沿驱动模块 2 处的箭头方向取下，向下抽出高压线及电缆盒并在外部侧面固定。

自 2014 年 12 月起生产的车辆：如图 5-2-9 所示，松开螺栓 1 并取下导轨槽 2。

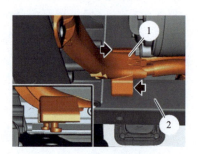

图 5-2-8　取下电缆盒
1—电缆盒；2—驱动模块

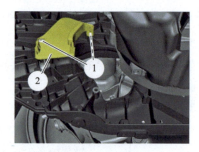

图 5-2-9　取下导轨槽
1—螺栓；2—导轨槽

⑫ 脱开线束的接插件 1，如图 5-2-10 所示。

⑬ 将 EME 的冷却液管 1 脱开。将电机的冷却液管 2 脱开。仅针对交流电快充装备（SA4U6 或 SA4U8）：抽出便捷充电系统的冷却液管 3。松脱用于便捷充电系统的冷却液管 4，如图 5-2-11 所示。

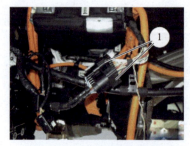

图 5-2-10　脱开线束接插件
1—接插件

图 5-2-11　松脱高压系统冷却液管
1～4—冷却液管

⑭ 如图 5-2-12 所示，打开固定夹 1 并露出冷却液管 2。
⑮ 驱动电机的固定位置如图 5-2-13 所示。
固定点 1：2 × 专用工具 2357222 配备定位件 20。
固定点 2：1 × 定位盘 80 及定位件 20。

图 5-2-12　打开冷却液管固定夹
1—固定夹；2—冷却液管

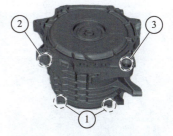

图 5-2-13　驱动电机固定位置
1～3—固定点

固定点 3：1 × 专用工具 2357221。

升降台从后部进入到车辆下方，并将固定点定位到驱动单元下方，升降台升起并将专用工具 2357222 定位到电机固定点 1 上，将定位盘 2 定位到电机的相应固定点上，如图 5-2-14 所示。

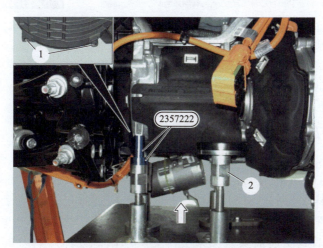

图 5-2-14　固定电机
1—电机固定点；2—定位盘

⑯ 如图 5-2-15 所示，松开电机铰链柱 3 的螺栓 1。松开螺栓 2 并拆下电机铰链柱。

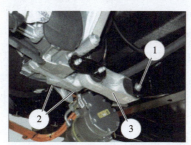

图 5-2-15　拆下电机铰链柱
1，2—螺栓；3—铰链柱

⑰ 如图 5-2-16 所示，将专用工具 2357221 安装到电机上，并借助螺母 1 固定。提示：垫圈 2 必须位于电机的圆锥体 3 上。

⑱ 如图 5-2-17 所示，松开左侧和右侧螺栓 1 并移除缓冲挡块 2。松开支座 4 的左侧和右侧螺栓 3。通过驱动单元小心降低升降台。

图 5-2-16　安装专用工具到电机上
1—螺母；2—垫圈；3—电机的圆锥体

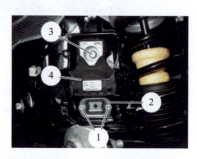

图 5-2-17　移除缓冲挡块
1,3—螺栓；2—缓冲挡块；4—支座

5.2.2　驱动电机的安装

① 如图 5-2-17 所示，检查支座 4 是否存在损坏。更换损坏的支座。安装新变速器安装支架或电机支撑时，安装螺栓连接前必须校准钻孔是否已对齐。安装螺栓连接前，使用合适的工具（如杆直径 11mm 的钻头）使支座 4 与变速器安装支架或电机支撑对齐。

通过驱动单元小心升高并定位升降台。上紧支座 4 左侧和右侧的螺栓 3。

左侧：支座安装到电机支撑上，更换 M10 螺栓，拧紧力矩为 56N·m。

右侧：支座安装到变速器安装支架上，更换 M12 螺栓，拧紧力矩为 96N·m 加 45°，M14 螺栓拧紧力矩为 165N·m。

用缓冲挡块 2 拧紧左侧和右侧 M6 螺栓 1，拧紧力矩为 12N·m。

② 如图 5-2-16 所示，松开电机的螺母 1。将专用工具 2357221 取下。

③ 如图 5-2-15 所示，拉紧电机铰链柱 3 上的 M12 螺栓 2，拧紧力矩为 100N·m。拉紧电机铰链柱 3 上的 M12 螺栓 1，拧紧力矩为 100N·m。

④ 降低升降台。如图 5-2-12 所示，将冷却液管 2 定位到固定夹 1 中，锁定固定夹。

⑤ 如图 5-2-11 所示，连接并锁定 EME 的冷却液管 1。连接并锁定电机的冷却液管 2。仅针对交流电快充装备（SA4U6 或 SA4U8）：穿入便捷充电系统的冷却液管 3。卡入用于便捷充电系统的冷却液管 4。

⑥ 如图 5-2-10 所示，连接线束接插件 1。

⑦ 自 2014 年 12 月起生产的车辆：定位导轨槽 2 并拧紧 M6 螺栓 1。拧紧力矩 12N·m，

如图 5-2-9 所示。

⑧ 自 2014 年 12 月起生产的车辆：将电缆盒 1 的锁止凸耳沿驱动模块 2 处的箭头方向嵌入，如图 5-2-8 所示。

⑨ 自 2014 年 12 月起生产的车辆：向上穿入高压线，定位高压线并嵌入导线架 1，拧紧 M6 螺栓 2，拧紧力矩为 12N·m，如图 5-2-7 所示。

⑩ 在 2014 年 12 月之前生产的车辆：向上穿入高压线及导线槽 2，拉紧导线槽 2 上的 M6 螺栓 1，拧紧力矩为 12N·m，如图 5-2-6 所示。

⑪ 如图 5-2-5 所示，松开空调压缩机 6 在驱动模块 7 上的固定装置，拧紧空调压缩机上的 M6 螺栓 5，拧紧力矩为 7.6N·m。

注意解锁和松开不同电动汽车插头连接的提示。

⑫ 连接高压线的接插件 4。连接信号线的接插件 3。用 M6 螺栓 1 拧紧电位补偿导线 2，拧紧力矩为 19N·m。

⑬ 拧紧变速器安装支架 2 上等电势导线的 M6 螺栓 1，拧紧力矩为 12N·m，如图 5-2-4 所示。

⑭ 如图 5-2-3 所示，将高压线 6 连接到 EME 的电控辅助加热器上。将高压线 5 连接到充电插座或 EME 便捷充电系统上。卡入蓄电池负极导线和蓄电池正极导线。将蓄电池正极导线的 M8 螺母 4 拧紧到 EME 上并插上盖板，拧紧力矩为 15N·m。用 M8 螺母 3 在 EME 上拧紧蓄电池负极导线，拧紧力矩为 15N·m。将高压线 2 连接到 EME 的高压电池单元上。将电位补偿导线用 M6 螺栓 1 拧紧在驱动模块上，拧紧力矩为 12N·m。

⑮ 自 2014 年 12 月起生产的车辆：拧紧卸压件支架的 M6 螺栓 2，拧紧力矩为 8N·m，定位卸压件，拧紧 M6 螺栓 1，拧紧力矩为 8N·m，如图 5-2-2 所示。

⑯ 检查螺栓连接的橡胶螺母和密封件是否损坏，必要时更新。定位维修盖板 3 并拧紧螺栓 2，拧紧力矩为 1N·m，放入行李厢底板饰板 1，如图 5-2-1 所示。

后续工作如下。

① 安装左侧和右侧的输出轴。
② 安装后部横梁。
③ 安装两个水平支柱。
④ 对于直流电快充（SA4U7）和交流电快充（SA4U6 或 SA4U8）装备，安装便捷充电系统。
⑤ 安装竖直支柱。
⑥ 安装后部保险杠饰件的架梁。
⑦ 连接负极蓄电池导线。
⑧ 添加冷却液并排气。

项目 3　电机控制器拆卸与安装

本节以比亚迪 e6 车型为例，讲解电机控制器（即文中所称 VTOG——双向逆变充放电式电机控制器）的拆卸与安装。

5.3.1 拆装工具与注意事项

（1）所需工具

诊断仪、十字螺丝刀（十字旋具）、大棘轮、加长杆、10mm 套筒、小棘轮、8mm 套筒、卡箍钳冷却液盆。

（2）注意事项

① 安装三相线前，需先查看三相线线束端插头内是否有冷却液，如果有，需先将冷却液擦拭干净再安装。

② VTOG 安装完成，并确认各线束均安装完毕后，将维修开关插好。

③ VTOG 在拆装过程中会损失掉部分冷却液，安装完成后，需将冷却液添加到应有的水平。

④ VTOG 安装完成后，由于仪表需要与 VTOG 匹配，所以需要断开蓄电池，然后再接上，重新上 OK 挡电，观察 OK 挡灯是否可以点亮，整车是否可以正常运行。

⑤ 需要对整车进行充电尝试，观察车辆是否可以正常充电，仪表是否有正常显示。

⑥ VTOG 安装完成后，需清除 has-hev 和 ESC 的故障码，然后退电，6min 后再上电确认整车状态。

5.3.2 电机控制器的拆卸

① 通过诊断仪清除原车原 VTOG 上的电机防盗密码（图 5-3-1）。

a. 连接诊断仪。

b. 选择 e6 车型，进入。

c. 进入 e6 车型后，选择防盗匹配进入。

d. 然后选择 ECU 密码清除，根据诊断仪的提示进行相应的操作。

e. 清除密码后，需等待 10s 后再断电，保证电机防盗密码清除成功。

图 5-3-1　清除电机防盗密码

② 断开维修开关（图 5-3-2）。

a. 打开车辆内室储物盒，并取出内部物品。

b. 取出储物盒底部隔板。

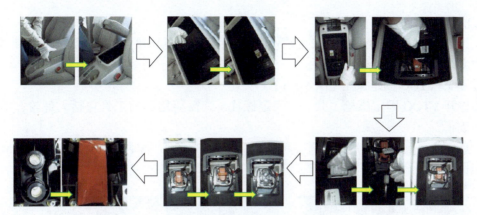

图 5-3-2　断开维修开关

c. 使用十字螺丝刀（十字旋具）将安装盖板螺钉（4个）拧下，并掀开盖板。
d. 取出维修开关盖板。
e. 拉动维修开关手柄呈竖直状态，向上提拉，取出维修开关。
f. 使用电工绝缘胶布封住维修开关接插件母端。
③拔下VTOG后面的5个高压接插件（图5-3-3）。
a. 将二次锁死机构（绿色塑料卡扣）向外推，取下。
b. 摁住接插件上的卡扣，将接插件用力向外拔出。注意，接插件不能硬拔，空间较小，注意防护手部。

图 5-3-3　拔下高压接插件

④拔下VTOG侧面的低压接插件（图5-3-4）。

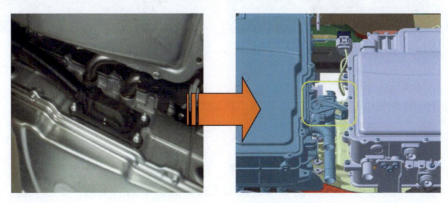

图 5-3-4　拔下低压接插件

a. 前舱盖板固定好。

b. 拔出低压接插件（先解除二次锁死机构）。注意拔低压接插件时需要先松开锁紧保险，注意力度，不要损坏锁紧装置。

⑤拆卸VTOG固定螺栓（图5-3-5）。

a. 拧开VTOG固定螺栓（共5个固定螺栓）。需要用到的工具包括大棘轮、加长杆、10mm套筒。

b. 后面2个螺栓比较难拆，需要将手伸到VTOG后面，配合使用大棘轮和10mm套筒，无需加长杆。

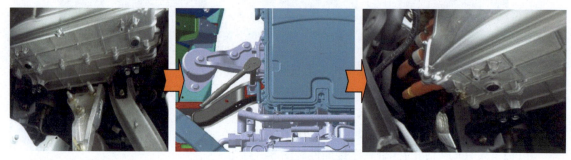

图5-3-5　拆卸VTOG固定螺栓

⑥拆卸搭铁线（图5-3-6）。

搭铁线在VTOG的右侧，需要使用棘轮+10mm套筒。注意力矩不用太大，防止拧坏搭铁线。

图5-3-6　拆卸搭铁线

⑦拆卸固定水管螺栓（图5-3-7）。

水管的两个固定螺栓在VTOG前侧，拆卸时都需要使用小棘轮+8mm套筒。注意力矩不用太大，防止拧断螺栓。

⑧拆卸水管软管（图5-3-8）。

a. VTOG有两个水管软管，上为进水管，下为出水管，需用卡箍钳将卡箍钳下。

b. 将水管拔出。先拆上面的卡箍，拔出水管，后拆下面的卡箍，拔出水管。注意需要用冷却液盆接住冷却液，防止飞溅流失，防止高压件进水。

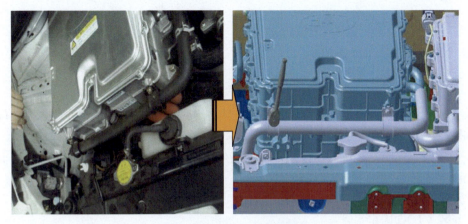

图 5-3-7　拆卸固定水管螺栓

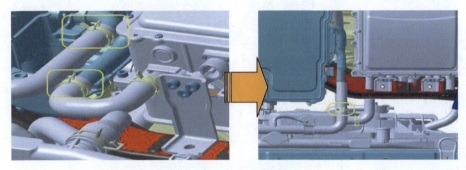

图 5-3-8　拆卸水管软管

⑨拆卸三相线（图 5-3-9）。

a. VTOG 三相线需最后拆卸，用大棘轮＋加长杆＋10mm 套筒，将三相线的固定螺栓拆下。

b. 用力向下将三相线接插件拔下。拔下三相线时需注意，防止冷却液进入三相线的接插件。

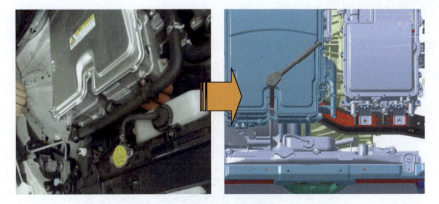

图 5-3-9　拆卸三相线

⑩取出 VTOG。

以上步骤完成后，即可将 VTOG 搬出前舱。

5.3.3 电机控制器的安装

(1) 安装 VTOG（图 5-3-10）

① 安装 VTOG 固定螺栓。
② 安装 VTOG 后侧的 5 个高压接插件。
③ 安装三相线，将三相线对准 VTOG 的三相线对接口，向上将三相线顶入接插件，随后用螺栓将三相线拧紧。
④ 安装低压接插件，将低压接插件线束端与板端对接好，然后把卡扣掰回原来卡死的位置，听到"咔嗒"声后，将接插件轻轻向外拉一下，检查是否接好。
⑤ 安装 VTOG 搭铁线。
⑥ 安装 VTOG 固定水管。

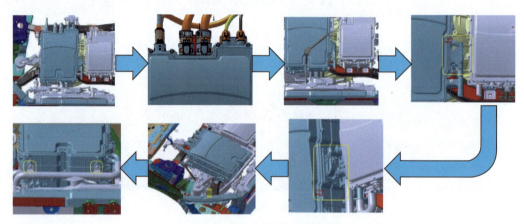

图 5-3-10　安装电机控制器

(2) VTOG 防盗匹配（图 5-3-11）

① 连接诊断仪。
② 进入 e6 车型。
③ 找到防盗匹配选项进入。
④ 进入 ECU 防盗匹配。
⑤ 按照匹配步骤将钥匙放在点火开关处。
⑥ 匹配完成后，待 10s 后再退电，保证匹配完成。

图 5-3-11　防盗匹配

项目 4 驱动系统故障排查

5.4.1 驱动系统端子定义与故障定位

以比亚迪元 EV535 车型为例，电驱动三合一是集成了驱动电机控制器、驱动电机和变速器的总成。驱动系统根据整车控制器采集到的刹车、油门等信号把高压电池包的电能通过电驱动三合一转化为机械力驱动车辆行驶。驱动系统主要组成部分：整车控制器、高压电池包、电池管理器、充配电三合一、电驱动三合一。电驱动三合一中的驱动电机主要是将电池包电能转化为机械能输出至变速器，以及将变速器输入的机械能转换为电能回馈给电池包；驱动电机控制器主要控制高压电池与驱动电机之间能量传输；变速器实现对动力电机的减速增扭作用。电驱动三合一端子针脚分布如图 5-4-1 所示，端子定义见表 5-4-1，电机旋变端子针脚分布与端子定义如图 5-4-2 所示。

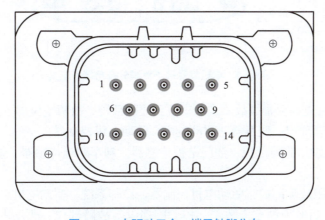

图 5-4-1 电驱动三合一端子针脚分布

表 5-4-1 电驱动三合一端子定义

引脚号	名称	功能定义	线束接法
1	DND-IN	12V 电源地	12V 电源地
2	预留 CAN	CANH 2	预留
3	预留 CAN	CANL 2	预留
4	CRASH_IN	碰撞信号	接 SRS 碰撞信号
5	DND-IN	12V 电源地	12V 电源地
6	EARTH-1	碰撞信号地	碰撞信号地
7	CANH	CAN 高	动力网 CANH
8	+12V	12V 电源正	接 IG3
9	+12V	12V 电源正	接 IG3

续表

引脚号	名称	功能定义	线束接法
10	EARTH	CAN 屏蔽地	CAN 屏蔽地
11	CANL	CAN 低	动力网 CANL

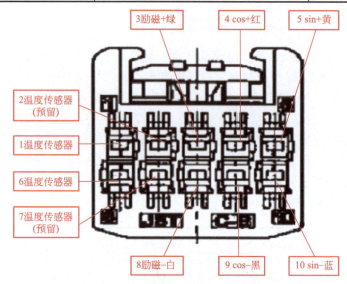

图 5-4-2　电机旋变端子针脚分布与端子定义

驱动系统故障排查需要根据故障现象查找到故障部位，故障定位如下。

① 驱动异响故障部位：变速器、驱动电机、驱动电机控制器。

② 偶发无动力输出故障部位：油门踏板传感器、刹车踏板传感器、整车控制器、驱动电机控制器。

③ 驱动功率受限故障部位：驱动电机控制器、冷却系统、驱动电机。

④ 无法上 OK 挡电（预充失败），掉 OK 挡电等故障部位：驱动电机控制器、高压电池系统、驱动电机、整车控制器。

5.4.2　电机控制器检测方法之一

下面以江铃 E200/E200S 车型为例讲解电机控制器的检测与判别方法。

（1）电机控制器检测方法

电机控制器端子针脚分布如图 5-4-3 所示，电机控制器接插件如图 5-4-4 所示。

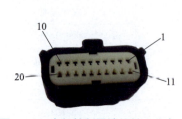

图 5-4-3　电机控制器端子针脚分布

图 5-4-4　电机控制器接插件

① 1 号针脚是 12V-（地线），万用表打到导通挡，用万用表的黑表笔（负表笔）搭车身上的螺栓，红表笔（正表笔）放在 1 号针脚上，此时 1 号针脚与车身地是导通的。

② 11 号针脚是 12V+，万用表打到直流电压挡，钥匙拧到 ON 挡，万用表的黑表笔搭车身上的螺栓，红表笔放在 11 号针脚上，此时电压为 13.5V。

③ 2 号针脚是加速辅信号输入，万用表打到直流电压挡，钥匙拧到 ON 挡，万用表的黑表笔搭车身上的螺栓，红表笔放在 2 号针脚上，此时电压为 0.35V。

④ 18 号针脚是加速主信号输入，万用表打到直流电压挡，钥匙拧到 ON 挡，万用表的黑表笔搭车身上的螺栓，红表笔放在 18 号针脚上，此时电压为 0.7V。

⑤ 10 号针脚是 146V+，万用表打到直流电压挡，钥匙拧到 START 挡，万用表的黑表笔搭 146V-（图 5-4-5），红表笔放在 10 号针脚上，此时电压为 146V。

图 5-4-5　高压 146V 测试点

⑥ 13 号针脚是倒挡信号输入，万用表打到直流电压挡，钥匙拧到 ON 挡，挂上倒挡，万用表的黑表笔搭车身上的螺栓，红表笔放在 13 号针脚上，此时电压为 13.5V。

⑦ 14 号针脚是前进挡信号输入，万用表打到直流电压挡，钥匙拧到 ON 挡，挂上前进挡，万用表的黑表笔搭车身上的螺栓，红表笔放在 14 号针脚上，此时电压为 13.5V。

（2）判断电机控制器正常与否

① 若 1 号、2 号、10 号、11 号、18 号针脚电压都正常，当把钥匙拧到 START 挡，仪表上 READY 符号不显示，则应是电机控制器的故障。

② 当把钥匙拧到 START 挡后，仪表 READY 符号显示，同时动力切断符号熄灭，听到放电继电器"嘀嗒"声，把钥匙松掉，回到 ON 挡，这时 READY 符号熄灭，动力切断符号显示，放电继电器断开，则故障为电机控制器故障，或放电继电器的故障，或高压熔丝熔断。

③ 把钥匙拧到 START 挡后，仪表上 READY 符号显示，挂前进挡，踩油门踏板，车辆不行驶，应检查 2 号、18 号针脚的电压是否会随着油门踏板的行程而变化，检查 14 号、13 号针脚的电压是否为 13.5V。

注意当挡位已挂上前进挡或倒挡，把油门踏板踩到底时，2 号针脚的电压值应为 1.9V，18 号针脚的电压值应为 3.8V，若这两个针脚的电压不变化，车辆是不能行驶的。此故障为整车控制器故障（前提是线路正常）。

挂倒挡时 13 号针脚的电压为 0，挂前进挡时 14 号针脚的电压为 0，车辆也是不能行驶的。应检查熔丝盒里的挡位器熔丝（10A）是否烧坏及换挡器到电机控制器 13 号、14 号针脚的线路有没有导通。

5.4.3 电机控制器检测方法之二

以江铃新能源 E200 车型为例。

（1）电机控制器检测方法

把电机控制器上面盖板的螺栓拆掉后，再把正、负极动力线及相线拆掉，即可卸下电机控制器，如图 5-4-6。

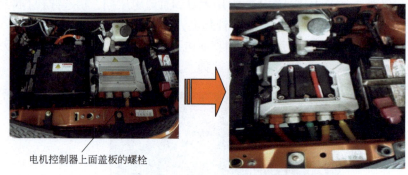

图 5-4-6　电机控制器拆卸方法

接插件拔下的方法如图 5-4-7 所示，把卡扣往外推，即可把接插件拔出。

图 5-4-7　接插件拆取方法

电机控制器接插件针脚分布如图 5-4-8 所示。

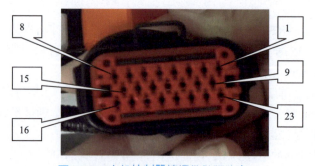

图 5-4-8　电机控制器接插件针脚分布

① 1 号针脚为高压 144V，万用表正表笔放在该针脚上，负表笔放在高压箱内负极端，把

钥匙拧到 START 挡，测量电压为 144V。

② 6 号针脚为油门踏板输出辅信号，测量电压为 0.35V（钥匙拧到 ON 挡状态下测量）。

③ 7 号针脚为油门踏板输出主信号，测量电压为 0.7V（钥匙拧到 ON 挡状态下测量）。

④ 16 号针脚为 12V- 信号，万用表打到导通挡，与车身搭铁导通；

⑤ 23 号针脚为 12V+ 信号，万用表打到电压挡，正表笔放在该针脚上，负表笔放在车身搭铁，钥匙拧到 ON 挡，此时测量的电压为 12V。

⑥ 21 号针脚为放电继电器 12V-，控制放电继电器线圈端。

⑦ 8 号针脚为刹车信号，踩下刹车踏板，此针脚电压为 12V。

⑧ 12 号针脚为 CANH 信号。

⑨ 14 号针脚为油门踏板 5V- 信号。

⑩ 3 号针脚为 EPS 输出信号。

⑪ 4 号针脚为 START 挡信号，把钥匙拧到 START 挡，该针脚电压为 12V+。

⑫ 5 号针脚为 CANL 信号。

⑬ 10 号、11 号针脚为 12V 蓄电池供电，正常为蓄电池电压。

（2）判断电机控制器正常与否

① 若 1 号、6 号、7 号、16 号、23 号针脚电压都正常，当把钥匙拧到 START 挡，仪表上 READY 符号不显示，则应是电机控制器的故障。

② 当把钥匙拧到 START 挡后，仪表 READY 符号显示，同时动力切断符号熄灭，听到放电继电器"嘀嗒"声，把钥匙松掉，回到 ON 挡，这时 READY 符号熄灭，动力切断符号显示，放电继电器断开。此故障为电机控制器故障，或放电继电器的故障，或高压熔丝熔断，或 12V+ 电源没到放电继电器。

③ 把钥匙拧到 START 挡后，仪表上 READY 符号显示，挂前进挡，踩油门踏板，车辆不行驶，应检查 6 号、7 号针脚的电压是否会随着油门踏板的行程发生变化，检查 11 号、10 号针脚的电压是否为 13.5V。

特别提示

当挡位已挂上前进挡或倒挡，把油门踏板踩到底时，6 号针脚的电压应为 1.9V，7 号针脚的电压为 3.8V，若这两个针脚的电压不变化，车辆是不能行驶的。此故障为整车控制器故障（确定故障前先检查整车控制器的工作电源是否正常）。

挂倒挡 10 号针脚的电压为 0，挂前进挡 11 号针脚的电压为 0，车辆也是不能行驶的。应检查熔丝盒里的挡位器熔丝（10A）是否烧坏及换挡器到电机控制器 10 号、11 号针脚的线路有没有导通。

（3）整车控制器安装位置（图 5-4-9）

图 5-4-9　整车控制器安装位置（江铃 E200 车型）

5.4.4 电机控制器不工作的排查

针对江铃 E200 车型前舱支架搭铁点漆层太厚导致电机控制器有时不能工作的排查方法如下。

先把钥匙拧到 ON 挡，万用表正表笔放在电机控制器 J2 接插件 1 号针脚上，负表笔放在前舱支架搭铁点上，如此时不导通，或间断性导通，应把上面的漆层用刀片刮掉，如图 5-4-10 所示。

图 5-4-10 处理搭铁点

把搭铁点固定好，打开钥匙开关，再次测量 1 号针脚与车身地的导通性。

5.4.5 电机控制器故障诊断流程

以比亚迪唐为例，电机控制器出现故障时，整车通常表现为无 EV 模式，仪表报"请检查动力系统"。检测故障时，需用诊断仪进入电机控制器模块读取数据流（图 5-4-11），有两种情况：一种为系统无应答，需要进行全面诊断；另一种能读取相应故障码，则根据相应故障码进行诊断。

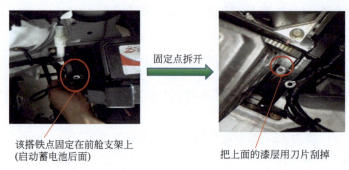

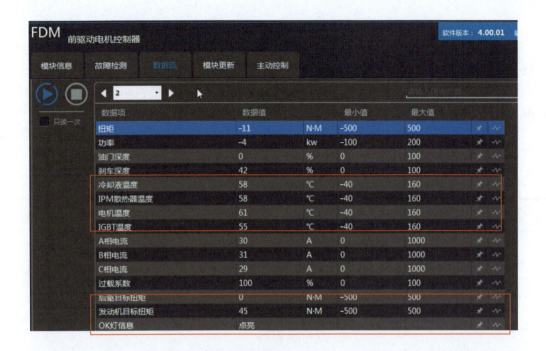

图 5-4-11 前驱动电机控制器数据流（比亚迪唐）

（1）系统无应答的诊断流程

检查低压接插件相关的针脚。若有异常，可检查相应的低压回路，包括电源、接地、CAN 通信等，见表 5-4-2。

表 5-4-2 检查低压接插件相关的针脚

相关引脚	信号	检测条件	正常值
B51-60/62～B51-61	VCC 外部 12V 电源	ON 挡	10～14V
B51-36～B51-37	CANL CAN 信号低	OFF 挡（断蓄电池）	54～69Ω

(2) 可读取故障码的诊断流程

① 故障码报 "P1B0100：IPM 故障"：先查询驱动电机控制器的程序版本信息，确认故障码是否能清除，然后再多次尝试上 OK 挡电试车，看故障是否会重现。

a. 检测直流母线到三相线的管压降是否正常；若不正常，更换驱动电机控制器与 DC 总成。

b. 若管压降正常，确认是否还报其他故障码，若根据其他故障码进行排查依旧无效，更换驱动电机控制器与 DC 总成。直流母线到三相线的管压降测量见表 5-4-3。

表 5-4-3　直流母线到三相线的管压降测量

连接	万用表	正常值
三相线 A/B/C—直流母线正极	正极—负极	0.32V 左右
直流母线负极—三相线 A/B/C	正极—负极	0.32V 左右
三相线 A/B/C—车身地	正极—负极	10MΩ

② 故障码报 "P1B0500：高压欠压"：先查询驱动电机控制器的程序版本信息，确认故障码是否能清除，然后再多次尝试上 OK 挡电试车，看故障是否会重现。

a. 读取高压电池电压，若小于 400V，则对高压电池、高压配电箱和高压线路进行检查。

b. 用诊断仪读取电机控制器直流母线电压（正常值为 400～820V），同时对比 DC 母线电压，若都不正常，则检查高压电池、高压配电箱和高压线路。

c. 若驱动电机控制器母线电压和 DC 高压侧电压，一个正常，一个不正常，则更换驱动电机控制器与 DC 总成。

③ 旋变信号异常检查见表 5-4-4。

表 5-4-4　旋变信号异常检查

故障码	故障含义
P1BBF00	前驱动电机旋变故障—信号丢失
P1BC000	前驱动电机旋变故障—角度异常
P1BC100	前驱动电机旋变故障—信号幅值减弱

依如下步骤检查低压接插件。

a. 退电至 OFF 挡，拔掉电机控制器低压接插件。

b. 测量 B51-44 和 B51-29，阻值应为（8.3±2）Ω；测量 B51-45 和 B51-30，阻值应为（16±4）Ω；测量 B51-46 和 B51-31，阻值应为（16±4）Ω。所测阻值如图 5-4-12 所示。

c. 如果所测阻值正常，则检查电机旋变接插件是否松动，如果没有，则为动力总成故障。

(a) B51-44 与 B51-29 间的阻值

(b) B51-45 与 B51-30 间的阻值

(c) B51-46 与 B51-31 间的阻值

图 5-4-12 测量低压接插件阻值

④ 过温故障检测见表 5-4-5。

表 5-4-5 过温故障检测

故障码	故障内容
P1BB300	前驱动电机控制器 IGBT 过温告警
P1BB400	前驱动电机控制器水温过高报警
P1BC700	前驱动电机控制器 IPM 散热器过温故障
P1BC800	前驱动电机控制器 IGBT 三相温度校验故障报警

a. 电机冷却系统防冻液不足或有空气。

b. 电机电动水泵不工作。

c. 电机散热器堵塞。

d. 前驱动电机控制器与 DC 总成故障。

⑤ 故障码报 "P1B0900：开盖保护"：先查询驱动电机控制器的程序版本信息，确认故障码是否能清除，然后再尝试上 OK 挡电试车，看故障是否重现。检查控制器盖子是否打开；更换驱动电机控制器与 DC 总成。

⑥ 电机缺相、电机过流故障检测见表 5-4-6。

表 5-4-6　电机缺相、电机过流故障检测

故障码	故障内容
P1BC200	前驱动电机缺 A 相
P1BC300	前驱动电机缺 B 相
P1BC400	前驱动电机缺 C 相
P1BB000	前驱动电机过流

⑦检查电机三相线。

a. 退电至 OFF 挡，取下维修开关。拔掉电机三相线高压接插件。

b. 电机 A、B、C 三相高压线之间阻值应为（0.36±0.02）Ω，所测阻值如图 5-4-13 所示。

图 5-4-13　测量三相高压线之间阻值

c. 如果所测电阻异常，则检查接插件是否松动，如果没有，则为动力总成故障。

5.4.6　驱动系统故障诊断与排查

因为引发故障的部位很多，这时需要利用 VDS 读取故障码来定位故障。读取故障码的步骤如下。

①OK 挡电下用 VDS 读取故障码并记录。

②VDS 执行清除故障命令，退电到 OFF 挡再上 OK 挡电，读取故障码并记录。

③让故障重现，读取故障码并记录。

根据故障码及故障的相关性分为三个等级，见表 5-4-7。

表 5-4-7 故障码分级

相关等级	说明
相关等级 3	故障重现才能读取的故障码
相关等级 2	VDS 执行清除故障命令清除不了的故障码或清除后退电再重新上 OK 挡电又出现的故障码
相关等级 1	未执行 VDS 清除命令时 OK 挡电下读取的故障码

根据 VDS 诊断情况，按如下思路进行故障排查：有相关等级 2 或 3 的故障码依据故障码排查处理；只有相关等级 1 的故障码或无故障码的情况用万用表排查驱动系统相关线路的连通性。

（1）依据故障码排查故障

表 5-4-8 所列排查方法中涉及信号线路及相关 CAN 通信线路排查等，需要做好高压安全防护。首先整车退电至 OFF 挡，等待 5min，断开低压蓄电池负极，拔下电池包引出的高压母线，确保拔下的高压母线间电压在安全电压范围（小于 60VDC）。

表 5-4-8 驱动电机控制器故障码定义及排查方法

故障码	故障定义	排查方法
P1BB000	前驱动电机过流	①检查整车是否能够正常上 OK 挡电，如不能则首先更换驱动电机控制器；更换后重新上电，若能上 OK 挡电，将整车开到空旷场地进行急加速急减速，若故障重新触发，记录整车 VIN 和前驱电动总成编号，并联系厂家处理；若依然无法点亮 OK 挡指示灯，则更换前驱电动总成后重复上述操作 ②若整车能正常上 OK 挡电，清除故障码后将整车开至空旷场地进行急加速急减速，若故障重新触发，记录整车 VIN 和前驱电动总成编号，并联系厂家处理
P1BB200	前驱动电机一般过温告警	①检查整车冷却系统是否正常，散热风扇、水泵是否正常工作，冷却液加注是否到位，冷却液是否正常循环 ②如冷却系统无故障，将车辆静置 2h 后开至空旷场地正常行驶 10min 左右，若故障重现，待整车冷却至常温后拆除电机控制器与驱动电机铜排连接处端盖，测量电机绕组温度传感器阻值是否在正常范围内（旋变接插件 1 脚、6 脚之间阻值）：
P1BB298	前驱动电机严重过温告警	<table><tr><th>温度 /℃</th><th>标准阻值 /kΩ</th></tr><tr><td>-30</td><td>2280</td></tr><tr><td>-20</td><td>1190</td></tr><tr><td>-10</td><td>646.9</td></tr><tr><td>0</td><td>364.9</td></tr><tr><td>10</td><td>212.5</td></tr><tr><td>20</td><td>127.7</td></tr><tr><td>30</td><td>78.88</td></tr><tr><td>40</td><td>50.04</td></tr></table>③若阻值不在正常范围内，且接插件连接无异常，则更换前驱电动总成；若阻值正常，则记录整车 VIN 和前驱电动总成编号，并联系厂家处理

续表

故障码	故障定义	排查方法
P1BB300	驱动电机控制器 IGBT-NTC 一般过温告警	①检查整车冷却系统是否正常，散热风扇、水泵是否正常工作，冷却液加注是否到位，冷却液是否正常循环 ②如冷却系统无故障，将车辆静置 2h 后开至空旷场地正常行驶 10min 左右，使用 VDS 读取驱动电机控制器 IGBT 温度数据流，若温度未明显下降或异常，且严重过温故障重现，则记录整车 VIN 和前驱电动总成编号，并联系厂家处理
P1BAC00	驱动电机控制器 IGBT 核心温度一般过温告警	
P1BB319	驱动电机控制器 IGBT-NTC 严重过温告警（关波）	
P1BAC19	驱动电机控制器 IGBT 核心温度严重过温告警（关波）	
P1BB500	驱动电机控制器高压欠压	①检查整车能否正常上 OK 挡电，若能上 OK 挡电则将故障码清除后正常行驶 10min，使用 VDS 观察电池管理器数据流直流母线电压是否为 240~453.6V（不同车型，参考各自的电池包电压范围），是否有相关故障码，若故障重现，且电压超过正常范围，则排查动力电池及充配电三合一 ②若整车无法上 OK 挡电，则排查动力电池及充配电三合一
P1BB600	驱动电机控制器高压过压	
P1BB700	驱动电机控制器电压采样故障	更换驱动电机控制器
P1BB800	驱动电机控制器碰撞信号故障	①断开再重新连接低压蓄电池，观察故障码能否清除，若无法清除继续以下步骤 ②检查 SRS-ECU 模块、低压线束、接插件是否正常
P1BB900	前驱动电机控制器开盖保护	预留
P1BBA00	前驱动电机控制器 EEPROM 错误	更换驱动电机控制器
P1BBC00	前驱动电机控制器 DSP 复位故障	预留
P1BBD00	前驱动电机控制器主动泄放故障	清除故障码，整车重新上电再退电，若故障重现，使用 VDS 检查动力电池主接触器是否烧结
P1BBF00	前驱动电机旋变故障 - 信号丢失	①拆除驱动电机控制器与驱动电机三相铜排连接处端盖，测量电机旋变接插件阻值[正常为励磁正负之间阻值（20±5）Ω，sin/cos 正负之间阻值（60±5）Ω]，若阻值不正常则更换前驱电动总成 ②若电机旋变接插件阻值正常，则更换驱动电机控制器
P1BC000	前驱动电机旋变故障 - 角度异常	
P1BC100	前驱动电机旋变故障 - 信号幅值减弱	
P1BC200	前驱动电机缺 A 相	①更换驱动电机控制器，上电观察能否上 OK 挡 ②若无法上 OK 挡电，更换前驱电动总成
P1BC300	前驱动电机缺 B 相	
P1BC400	前驱动电机缺 C 相	
P1BC900	前驱动电机控制器电流霍尔传感器 A 故障	更换驱动电机控制器
P1BC500	前驱动电机控制器电流霍尔传感器 B 故障	
P1BC600	前驱动电机控制器电流霍尔传感器 C 故障	

续表

故障码	故障定义	排查方法
P1BC800	前驱动电机控制器 IGBT 三相温度校验故障报警	①检查整车冷却系统是否正常，散热风扇、水泵是否正常工作，冷却液加注是否到位，冷却液是否正常循环 ②如冷却系统无故障，将车辆静置 2h 后开至空旷场地正常行驶 10min 左右，若故障重现，则记录整车 VIN 和前驱电动总成编号，并联系厂家处理
U014187	与整车控制器通信故障	①检测低压线束和低压接插件是否有退针、断线问题，低压供电是否正常，低压蓄电池电压是否为 9~16V ②测量整车控制器 CAN 线电压，CAN H 正常电压应为 2.5~3.5V，CAN L 电压应为 1.5~2.5V ③若确认上述无问题，且 VDS 读取到整车控制器故障码，则进一步排查或更换整车控制器
P1BD119	前驱动电机控制器驱动 CPLD 过流	①清除故障码后若能正常点亮 OK 挡指示灯，将车辆开至空旷场地进行整车急加速急减速，若故障重现则更换驱动电机控制器 ②若 OK 挡指示灯无法点亮，则直接更换驱动电机控制器
P1BD117	前驱动电机控制器驱动 CPLD 过压	
P1BD000	前驱动电机控制器驱动 DSP1 死机	
P1BD400	前驱动电机控制器驱动 CPLD 运行故障	
P1BD200	前驱动电机控制器驱动 CPLD 检测 IGBT 上桥报错	
P1BD300	前驱动电机控制器驱动 CPLD 检测 IGBT 下桥报错	
P1BAB00	低压输出断线	预留
P1B2516	低压蓄电池电压过低	①检查低压蓄电池电压是否正常（正常值为 9~16V） ②检查低压配电熔丝、线路连通性是否正常 ③检查 DC 系统是否正常
P1B2517	低压蓄电池电压过高	
U015129	前驱动电机控制器接收 SRS CAN 信号异常	①检查 SRS-ECU 低压接插件、低压线束是否有退针、断线等异常现象 ②读取整车故障码，若同时存在多个模块通信异常，则排查网关 ③若上述无异常且排查 SRS 模块正常，则更换 SRS-ECU 控制器
U015229	前驱动电机控制器接收 SRS 硬线信号异常	①检查 SRS-ECU 低压接插件、低压线束是否有退针、断线等异常现象 ②若①检查无异常且排查 SRS 模块正常，则更换 SRS-ECU 控制器
PIBB100	前驱动电机控制器 IPM 故障	更换驱动电机控制器
P1BF900	备用电源故障	
P1BC700	前驱动电机控制器 IPM 散热器过温	①将车辆静置 2h 后观察是否恢复正常，若无法恢复，继续以下步骤 ②检查驱动电机控制器冷却系统是否正常，散热风扇、水泵是否正常工作，冷却液加注是否到位，冷却液是否正常循环 ③确认冷却系统无异常后，更换驱动电机控制器

续表

故障码	故障定义	排查方法
P1BF200	前电机绕组温度传感器采样异常	①重新上电后若故障码无法清除，拆除驱动电机控制器与驱动电机三相铜排连接处端盖，测量电机绕组温度传感器阻值是否在正常范围内： | 温度 /℃	标准阻值 /kΩ | |---|---| | -30 | 2280 | | -20 | 1190 | | -10 | 646.9 | | 0 | 364.9 | | 10 | 212.5 | | 20 | 127.7 | | 30 | 78.88 | | 40 | 50.04 | ②若阻值不在正常范围内，则更换前驱电动总成 ③若阻值在正常范围内，则更换驱动电机控制器后重新上电检测故障是否重现，若故障重现则记录整车 VIN 和前驱电动总成编号并联系厂家处理
P1BF100	前驱动电机控制器 IPM 温度采样异常	重新上电后若故障码无法清除，则更换驱动电机控制器

逐一更换部件后需要重新检测确认故障是否消失，若更换了某个部件后车辆恢复正常则不需要再更换后续的部件。依据故障码更换部件针对的是相关等级 3（或相关等级 2）的故障码，相关等级 1 的故障码用来作为排查参考。执行更换部件操作前先用 VDS 检查高压系统零部件是否有软件版本更新，若有更新需更新到最新版本，若仍存在故障再进行更换。

（2）排查相关线路的连通性

用 VDS 诊断的过程中只有相关等级 1 的故障码或未读取任何故障码的情况，需要根据故障现象去排查相关线路的连通性。用 VDS 先检查是否有高压零部件有软件版本更新，若有更新需要更新到最新版本，若仍存在故障，则用万用表排查相关线路的连通性。结合故障现象并参考相关模块的端子定义中的线束接法去检查相应线路的连通性。

5.4.7 驱动电机控制器编程

在单独更换驱动电机控制器后，以比亚迪元 EV535 车型为例，使用 VDS 执行零位标定的操作步骤如下：

① 记录电机上的电机零位条码，待总成装配完成后用 VDS（更新到最新版本）进行电机电控零位标定，电机零位条码位置如图 5-4-14 所示。

② 整车上 ON 挡电，P 挡原地不动，连接并启动 VDS，选择"汽车诊断系统"。

③ 选择"乘用车"，如图 5-4-15 所示。

④ 选择"EV 系"。

⑤ 选择"SCED"，进入 VIN 读取状态，如图 5-4-16 所示。

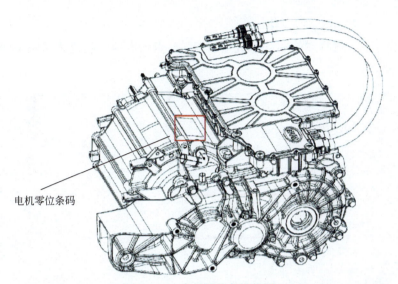

图 5-4-14 电机零位条码位置

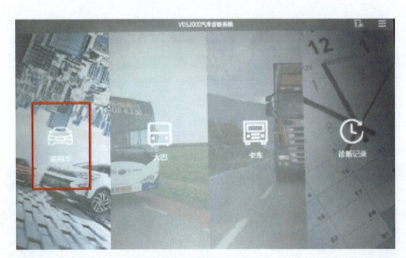

图 5-4-15 选择"乘用车"

图 5-4-16 VDS 读取车辆 VIN 信息

⑥选择"ECU模块"进入扫描。

⑦扫描结束后,选择"前驱动电机控制器",点击右侧箭头进入诊断页面,如图5-4-17所示。

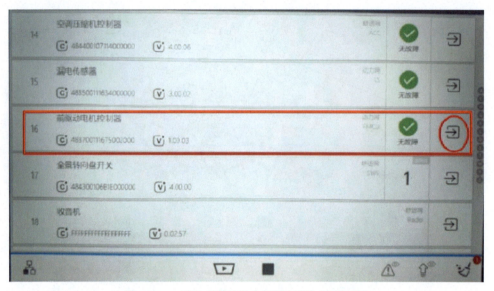

图5-4-17 进入"前驱动电机控制器"诊断页面

⑧如图5-4-18所示选择"数据流",点击后翻箭头,翻到第三页,查看并记录原前驱动电机零位值。

图5-4-18 进入"数据流"

⑨点击"■"标志停止数据流读取,退回到前驱动电机控制器页面,点击"电机零位标定",如图5-4-19所示。

图 5-4-19 进入"电机零位标定"

⑩ 输入装车电机的电机零位条码（注意区分字母大小写），再点击" ▶ "标志，如果条码输入正确，提示"操作成功"，到此说明零位标定成功（如条码输入有误，则提示"消极应答"，零位值会变为默认的数值）。

⑪ 车辆断电重启，VDS 页面操作：退回到前驱动电机控制器页面，重复第⑧步操作，读取数据流确认零位是否标定成功，以及零位值是否正确（即最新的零位值是否与当前电机条码的零位值一致）。

注意事项

① 零位标定后需要车辆断电重启才可以读取标定后零位值。

② 如果电机零位条码输入无误，标定时提示"消极应答"，可多次尝试，若依然提示"消极应答"，记录电机、电机控制器条码和整车 VIN 码，并及时反馈厂家处理。

③ 电机上零位条码的最后四位是零位值（图 5-4-20），VDS 数据流中显示的零位值与电机条码上的零位值需进行核对。

图 5-4-20 电机条码上零位值位置

项目 5 驱动电机维修典型案例

5.5.1 驱动电机工作失效

故障现象

江淮新能源电动车辆抖动、无法行驶。

故障诊断

① 进入整车诊断软件驱动电机信息栏里查看电机状态，如图 5-5-1 所示。观察母线电压是否为 350V 左右，转向指令和电机当前转向、目标转矩和电机转矩是否相同，如驱动电机信息与 VCU 发出的指令全部一致，车辆无法行驶，可检查电机三相线固定螺栓。

② 检查电机旋变线接插件有无退针、断开现象；拔下电机旋变线插头，用万用表测量 1、3、5、7、13、14 等针脚是否导通。

5.5.2 驱动电机过速

故障现象

① 组合仪表报"系统故障、联系维修""EHPS 失效"如图 5-5-2 所示。

② 车辆掉高压电无法 READY（此时控制器已关闭 IPU，无法再上高压电）。

③ 断 12V 负极或者清除故障码后，车辆可以 READY，但一挂挡后，车辆无法行驶，明显听到前驱动电机空转的声音。

④ 检查差速器、减速器连接轴（差减轴）与驱动电机结合位置有油迹渗出。

图 5-5-1 驱动电机信息数据

图 5-5-2 仪表故障提示

故障分析

用诊断仪查询系统存在以下故障码（图 5-5-3）。

序号	控制器	硬件号	软件号	零件号	故障码	故障类型	定义	状态
1	制动控制系统	8030009BAC020HL.0	8030009BAC020S.0	8030009BAC0200	无故障码			
2	助力转向系统	3410006BAC010HL.?	3410006BAC010S.?	3410006BAC0100	无故障码			
3	发动机管理系统	1120003BAC1100HL.0	1120003BAC110S.0	1120003BAC1100	P06T129	历史的	曲率信号不同步	60
4	辅助安全系统	8040000BAC000H??	8040000BAC000S???	8040000BAC000?	无故障码			
5	电池管理系统				通讯异常			
6	前驱电机	1520007BAC000HL.0	1520007BAC000S.4	1520007BAC0000	P130619	历史的	功率模组过电流	68
7	前驱电机	1520007BAC000HL.0	1520007BAC000S.4	1520007BAC0000	P13A070	当前的	电机过速-关闭IPU	8F
8	前驱电机	1520007BAC000HL.0	1520007BAC000S.4	1520007BAC0000	P183470	当前的	电机过速-2级报警	2F
9	前驱电机	1520007BAC000HL.0	1520007BAC000S.4	1520007BAC0000	P130317	历史的	发电时高压电压高于udc_max时降功率	28
10	前驱电机	1520007BAC000HL.0	1520007BAC000S.4	1520007BAC0000	P181216	历史的	发电机高压直流电压低出阈值-降功率	28
11	混动控制系统	1110003BAC000HL.E	1110003BAC000S.E	1110003BAC0300	P16FF00	历史的	BMS电池包2风扇故障	08
12	混动控制系统	1110003BAC000HL.E	1110003BAC000S.E	1110003BAC0300	P166F00	历史的	BMS风扇故障	08
13	混动控制系统	1110003BAC000HL.E	1110003BAC000S.E	1110003BAC0300	P06A111	历史的	电动空调转速传感线路短路到地	08
14	混动控制系统	1110003BAC000HL.E	1110003BAC000S.E	1110003BAC0300	P109296	历史的	发动机故障级别1	08
15	混动控制系统	1110003BAC000HL.E	1110003BAC000S.E	1110003BAC0300	P068D00	历史的	档杆信号不匹配	08
16	混动控制系统	1110003BAC000HL.E	1110003BAC000S.E	1110003BAC0300	U10C287	历史的	丢失与充电机的通信超过1秒	08
17	混动控制系统	1110003BAC000HL.E	1110003BAC000S.E	1110003BAC0300	P139496	当前的	驱动电机故障级别3	68
18	混动控制系统	1110003BAC000HL.E	1110003BAC000S.E	1110003BAC0300	P166496	当前的	高压电池初始化错误	08
19	混动控制系统	1110003BAC000HL.E	1110003BAC000S.E	1110003BAC0300	U10C181	当前的	HVIL线断开	08
20	混动控制系统	1110003BAC000HL.E	1110003BAC000S.E	1110003BAC0300	P00C113	当前的	水泵控制继电器开路	08
21	混动控制系统	1110003BAC000HL.E	1110003BAC000S.E	1110003BAC0300	P139396	当前的	驱动电机故障级别2	68
22	集成启发电机	1520007BAC000HL.0	1520007BAC000S.4	1520007BAC0000	P171216	历史的	发电机高压直流电压低出阈值-降功率	28
23	娱乐系统				通讯异常			
24	空调系统	8130004BAC000H??	8130004BAC000S.B	8130004BAC0200	无故障码			

图 5-5-3 整车故障报告

结合上述故障码，能看到很多的当前故障，如当前的电机过速-2 级报警、驱动电机故障级别 3、HVIL 线断开等。当看到有 HVIL 线断开（即高压互锁线断开）的故障码，很容易联想到高压互锁问题。但是高压互锁问题会不会报出驱动电机 3 级故障呢，还是因为驱动电机 3 级故障引发了高压互锁问题呢？这时候首先往驱动电机的方向去排查问题。上述故障还有过速故障，过速实际就是一个没有负载的、超过了峰值的转速。

故障诊断

① 首先检查驱动电机（旋变/温度）的接插件，如图 5-5-4 所示。检查该接插件是否接插良好。

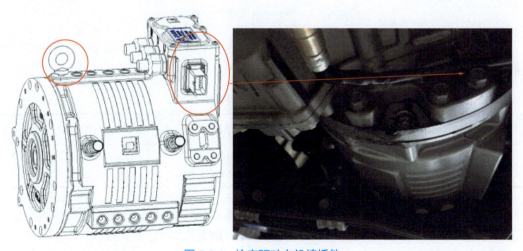

图 5-5-4 检查驱动电机接插件

② 检查驱动电机与差减轴的结合面，检查是否有油渗出。如有油渗出且能听见明显的空

转声音,则需要重点检查差减轴的状态。

③如上述检查状态良好,测量驱动电机(旋变/温度)插头的旋变值。

1号、12号针脚的旋变值:15Ω。

2号、11号针脚的旋变值:36Ω。

3号、10号针脚的旋变值:36Ω。

如旋变值不符合要求,则可判定该驱动电机内部存在故障。

5.5.3 驱动电机旋变故障

故障现象

广汽 GA3S PHEV、GS4 PHEV 车辆在行驶过程中掉高压电,无法 READY。组合仪表报"系统故障、联系维修"。关闭钥匙开关休眠后,仍无法 READY。

故障分析

用诊断仪连接车辆,读取系统故障信息,如图 5-5-5 所示。

序号	控制器	硬件号	软件号	零件号	故障码	故障类型	定义	状态
1	制动控制系统	8030009BAC020H.0	8030009BAC020S.0	8030009BAC0200	无故障码			
2	助力转向系统	3410006BAC010H.?	3410006BAC010S.?	3410006BAC0100	无故障码			
3	发动机管理系统	1120003BAC1100H.0	1120003BAC1100S.0	1120003BAC1100	无故障码			
4	辅助安全系统	8040003BAC000H???	8040003BAC000S???	8040003BAC0000	U041881	历史的	从BCS收到的车速值无效 或者 BCS_VehSpdVD的值是无效的	28
5	电池管理系统				通讯异常			
6	前驱电机	1520007BAC0000H.0	1520007BAC0000S.5	1520007BAC0000	无故障码			
7	混成控制系统	1110003BAC0300H.E	1110003BAC0300S.E	1110003BAC0300	P179296	当前的	发电机故障级别3	AB
8	集成启动发电机	1520007BAC0000H.0	1520007BAC0000S.5	1520007BAC0000	P17A077	当前的	ISG电动机反转故障 关闭IPU	AF
9	娱乐系统			8505007BAC0200	无故障码			
10	空调系统	8130004BAC0600H.	8130004BAC0600S.	8130004BAC0600	U042281	历史的	从BCM接收到无效信号	2C
11	组合仪表	8270003BAC0701H.?	8270003BAC0701S.?	8270003BAC0701	无故障码			
12	车身控制模块	8045006BAC010H.?	8045006BAC010S.?	8045006BAC0100	U012987	历史的	BCS1通信报文丢失	28
13	车身控制模块	8045006BAC010H.?	8045006BAC010S.?	8045006BAC0100	U121087	历史的	BCS2通信报文丢失	28
14	车身控制模块	8045006BAC010H.?	8045006BAC010S.?	8045006BAC0100	U121187	历史的	BCS5通信报文丢失	28
15	TBOX	8550003BAC99F0H.	8550003BAC99F0S.	8550003BAC99F0	无故障码			

图 5-5-5 用诊断仪读取的故障信息

根据故障码提示当前的发电机故障级别 3、当前的 ISG 电动机反转故障 - 关闭 IPU,结合维修手册对应的故障码诊断提示进行检测,见表 5-5-1。

表 5-5-1 故障码分析

故障码	故障定义	可能故障原因	维修处理方法
P17A077	ISG 电动机反转故障关闭 IPU	• 转矩控制异常 • 驱动电机旋变异常	• 检查 HCU 控制转矩命令 • 检查驱动电机旋变信号电路

提示: 涉及转速类的故障,首先检查驱动电机的旋变信号是否正常,可通过测量旋变阻值来判断,阻值不可超过正常值的 ±5Ω。旋变信号针脚定义如图 5-5-6 所示。

故障诊断

①检查驱动电机旋变接插件是否接插良好,如图 5-5-7 所示。注意检查该接插件的线束是否断裂或者端子退针。

针脚	名称	线色	定义
	ISG		
1	+12V	红	12V电源正极
2	R1_ISG	红	ISG励磁信号正极
3	S2_ISG	黄	ISG旋变信号SIN+
4	S1_ISG	白	ISG旋变信号COS+
5	MT1+_ISG	棕	ISG电动机温度信号1+
6	IGN(KEY_ON)	红	钥匙信号
7	HVIL_IN	灰	HVIL IN
8	HVIL-OUT	灰	HVIL OUT
9	GND_12V	黑	12V电源负极
10	R2_ISG	黑	ISG励磁信号负极
11	S3_ISG	蓝	ISG旋变信号COS−
12	MT1−_ISG	棕	ISG电动机温度信号1−
13	MT3+_ISG	棕	ISG电动机温度信号3+
14	MT3−_ISG	棕	ISG电动机温度信号3−
15	CANBLO	紫	CANBLO标定
16	OUTPUT	灰	OUTPUT
17	RESOLVER_SH	灰	RESOLVER屏蔽
18	S4_ISG	绿	ISG旋变信号SIN−
19	MT2+_ISG	棕	ISG电动机温度信号2+
20	MT2−_ISG	棕	ISG电动机温度信号2−
21	CANBHI	绿	CANBHI标定
22	CANALO	绿	CANALO程序烧写
23	CANAHI	紫	CANAHI程序烧写

ISG旋变信号阻值测量
正旋信号：3号与18号针脚(阻值为38Ω)
余旋信号：4号与11号针脚(阻值为38Ω)
励磁信号：2号与10号针脚(阻值为18Ω)

图 5-5-6　旋变信号针脚定义

图 5-5-7　检查旋变接插件

② 检查驱动电机控制器 ISG 通信插头（白色）的接插是否正常，如图 5-5-8 所示。注意检查该接插件的线束是否断裂或者端子退针。

③ 如上述接插件、线束表面无异常，则用万用表测量驱动电机旋变的信号值 [ISG 通信插头（白色）]，针脚定义如图 5-5-6 所示。如测量阻值不符合定义阻值，说明该接插件到驱动电机这个区间存在故障，可排查驱动电机控制器的故障。往下继续查找。

④ 拔掉驱动电机旋变接插件，测量 ISG 通信插头到驱动电机旋变插头之间的线束是否导通，便于排除中间线束部分的问题。往下继续查找。

⑤ 如以上步骤排查均无异常，则可判断为驱动电机内部旋变故障，需更换驱动电机。

图 5-5-8　检查 ISG 通信插头

维修小结

① 对于这类反转故障、旋变故障（有关转速类的故障），首先应该检查驱动电机旋变信号是否正常，即测量它的阻值范围。

② 反转故障，也会涉及电机三相线的接插情况。如果三相线接反，也会报这类故障。确认故障车是否是拆卸过三相线，是否是刚下线的新车，如果是正常行驶着的车辆，一般可排除这类故障的存在。

③ 出现 ISG 电动机反转故障 - 关闭 IPU，一般较常见的是驱动电机旋变的插头松动、驱动电机旋变的插头与曲轴的插头相互接反、驱动电机控制器 ISG 低压通信插头（白色）内端子退针。

5.5.4　电机控制器与驱动电机的匹配

以下内容适用于知豆电动汽车。

匹配目的

实现驱动电机与电机控制器电角度匹配，使整车运行平稳，减少异响、噪声及抖动。

匹配对象

因车辆不能行驶，需更换电机控制器或驱动电机的车辆。

匹配步骤

① 点火开关钥匙旋转至 LOCK 位置，接通主电源（电源总开关在向上抬起的位置）。

② 把油门踏板踩到最低位置，不松开油门踏板的情况下，再把钥匙旋转至 ON 位置。

③ 向前或向后同一个方向匀速将车推行 1m 左右后松开油门踏板，不要停车，继续向前推行 3～5m 后停车，看到组合仪表上 READY 指示灯亮，表明匹配成功。

④ 关闭电源（钥匙旋转至 LOCK 位置）。

项目 6　电机控制器维修典型案例

5.6.1　电机控制器高温故障

故障现象

比亚迪唐车辆在满电状态下 EV 模式行驶几分钟后，突然自动切换到 HEV 模式，人为也无法再切回 EV 模式，仪表没有故障提示。使用 ED400 或 VDS1000 读取到在车辆切换到 HEV 模式瞬间，电机控制器中的 IGBT 温度达到 100℃。

故障分析

在电机控制器及 DC 总成内部，有三组单元在工作时会产生热量，分别为 IPM（控制器内部智能功率控制模块）、IGBT（电机驱动模块）、电感。因此，在电机控制器及 DC 总成内部有相应的水道对这三个部分进行冷却。导致 IGBT 高温报警的原因有如下几个。

① 电机冷却系统防冻液不足或有空气。
② 电机电动水泵不工作。
③ 电机散热器堵塞。
④ 电机控制及 DC 总成本身故障。

故障诊断

① 使用 ED400 或 VDS1000 读取驱动电机数据流，水泵工作不正常。
② 检查散热风扇正常启动、运行。
③ 检查过程中发现电动水泵在 OK 挡电下不工作，致使 IGBT 温度迅速上升。
④ 仔细检查发现水泵搭铁出现断路故障，通过排查找到断路点。重新装配好试车，故障排除。

维修小结

工作温度超过一定范围时，电机控制器及 DC 总成就会检测到，同时经过 CAN 网络传递给发动机 EMS，EMS 驱动冷却风扇继电器后，冷却风扇工作，快速冷却防冻液，以降低温度。以下为冷却风扇工作条件。

① 电机水温：47～64℃低速请求；高于 64℃高速请求。
② IPM：53～64℃低速请求；高于 64℃高速请求；高于 85℃报警。
③ IGBT：55～75℃低速请求；高于 75℃高速请求；高于 90℃限制功率输出；高于 100℃报警。
④ 电机温度：90～110℃低速请求；高于 110℃高速请求。

满足三个低速请求，电子风扇低速转动；满足 1 个高速请求，电子风扇高速转动。

5.6.2　电机控制器与 DC 总成故障

故障现象

比亚迪唐车辆上电 OK 挡指示灯点亮，SOC 值为 83%，EV 模式行驶中自动切换到 HEV 模式，发动机启动，无法使用 EV 模式，仪表提示检查动力系统。

故障诊断

① 用诊断仪读取整车各模块软、硬件版本号及整车故障码并记录。

② 清除整车故障码后对车辆重新上电。

③ 试车故障再次出现，读取数据流，电机控制器报 P1B1100（旋变故障—信号丢失）、P1B1300（旋变故障—信号幅值减弱）。

④ 在电机控制器 62 针接插件线束端，分别测量电机旋变阻值正常 [参考标准：正弦（16±4）Ω、余弦（16±4）Ω、励磁（8.3±2）Ω]。

⑤ 检查电机控制器 62 针接插件端子、旋变小线端子，正常。

⑥ 更换电机控制器与 DC 总成后，车辆恢复正常。

维修小结

更换前驱动电机控制器及 DC 总成，需要进行防盗编程及标定，具体操作如下。

① 更换时必须对旧控制器进行 ECM 密码清除，如图 5-6-1 所示。

② 安装新控制器需进行 ECM 编程，如图 5-6-2 所示。

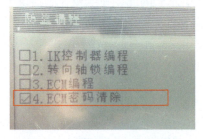
图 5-6-1　进行 ECM 密码清除

图 5-6-2　进行 ECM 编程

③ ECM 编程完成，退电 5s，重新上电。对电机系统配置设置如图 5-6-3 所示。

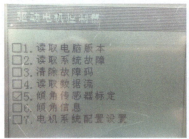
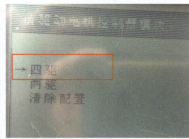
图 5-6-3　电机系统配置设置

④ 读取倾角信息，如图 5-6-4 所示。

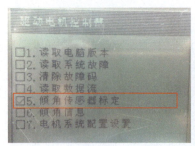
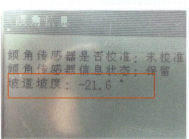
图 5-6-4　读取倾角信息

提示： 在车辆处于水平时读取倾角数值，确认是否正常（坡道坡度正常值为 0°），如有偏差，则进行倾角标定。

⑤ 确认刹车信号是否正常，标定完毕后车辆退电，5s 后重新上电。读取数据流，确认刹车信号是否正常，不踩刹车时信号为 0，如图 5-6-5。如果数据异常，则需进行刹车起点标定，标定方法如下。

a. 整车上 ON 挡电（特别注意不要上 OK 挡电，否则车辆在进行下一步时会有向前冲的危险）；不要踩刹车（有制动开关信号就无法标定）。

b. 深踩油门踏板（50% ~ 100%），持续 5s 以上，电控便可自动标定。

c. 正常退电一次，延迟 5s 再上电。

图 5-6-5　确认刹车信号

5.6.3　车辆挂挡不行驶

故障现象

比亚迪 e6 车辆挂挡不走车，OK 挡指示灯正常点亮，挡位正常显示，仪表显示检查动力系统，如图 5-6-6 所示。

故障分析

可能的原因如下。

① 前驱动电机及相关线路故障。

② VTOG 及相关线路故障。

③ 电池管理器故障。

④ 高压配电箱及相关线路故障。

⑤ 仪表配电盒及线路故障。

故障诊断

① 用 ED400 读取系统 VTOG 故障码：P1B0000（驱动 IPM 故障）、P1B0A00（电机缺相故障），如图 5-6-7 所示。

图 5-6-6　仪表检修提示

图 5-6-7　诊断仪读取故障码

图 5-6-8 测量驱动电机三相阻值

② 清除故障码重新读取到 P1B0A00（电机缺相故障）。

③ 根据缺相故障提示，测量驱动电机三相阻值，A、B、C 三相任意两相间的阻值为 0.2Ω，正常，如图 5-6-8 所示（正常值为 0.3Ω 以内）。

④ 观察高压电池管理器数据流，放电主接触器已正常吸合，母线电压已到驱动电机控制器，说明电池包和高压配电箱的工作正常。

⑤ 检查驱动电机三相间电阻正常，问题集中到驱动电机控制器（双向逆变器）。更换驱动电机控制器，试车故障排除。

5.6.4 挂挡无法行驶

故障现象

比亚迪 e6 车辆挂挡无法行驶，仪表各功能显示正常，OK 挡指示灯点亮，挂 D 挡及 R 挡时踩加速踏板车辆无反应。

故障分析

① VTOG 故障。

② 制动开关及低压线路故障。

③ 加速踏板故障。

故障诊断

① 用诊断仪读取系统故障码为 P1B3200（GTOV 电感温度过高），如图 5-6-9 所示，故障码可以清除，但是车辆仍无法行驶。

图 5-6-9 故障码读取

② 读取 VTOG 系统数据流发现电感温度显示无效值，有时达到 160℃，温度异常，如图 5-6-10 所示。

图 5-6-10 数据流分析

③ 根据数据流分析电感温度过高导致电机控制器进行热保护，初步判定为 VTOG 内部故障。更换双向逆变器总成后故障消失，可以挂挡行驶。

维修小结

VTOG 是双向逆变充放电式电机控制器的英文缩写。控制器类型为电压型逆变器，利用 IGBT 将直流电转换为交流电，额定电压为 330V，主要功能是根据不同工况控制电机的正反转、功率、转矩、转速等，维持电动车的正常运转。关键零部件为 IGBT，IGBT 实际为大电容，作用是保证能够按照要求输出、输入合适的电流。控制器总成包含上、中、下三层，上、下层为电机、充电控制单元，中层为水道冷却单元。总成还包括信号接插件（包含 12V 电源 / CAN 线 / 挡位油门刹车 / 旋变 / 电机过温信号线 / 预充满信号线等。比亚迪 e6 先行者电机控制器总成安装位置如图 5-6-11 所示。

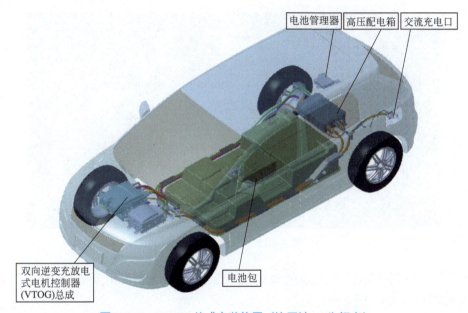

图 5-6-11　VTOG 总成安装位置（比亚迪 e6 先行者）

5.6.5　车辆没有 EV 模式

故障现象

比亚迪唐仪表显示动力系统故障（图 5-6-12），电量充足但没有 EV 模式，发动机可以正常启动行驶。

图 5-6-12　仪表检修提示

故障分析

可能原因如下。

① 高压配电箱故障。

② 前驱动电机控制器故障。

③ BMS 故障。

④ 高压电池故障。

⑤ 高压互锁故障。

故障诊断

① 读取故障码为 P1BB000（前驱动电机过流）、P1BC500（前驱动电机控制器电流霍尔传感器 B 故障），如图 5-6-13 所示。

图 5-6-13 读取故障码内容

② 根据故障码提示，读取前驱动电机控制器数据流：A 相电流 719A，B 相电流为 714A，C 相电流为 4A（图 5-6-14）。

图 5-6-14 前驱动电机控制器数据流

③根据数据流提示，实测驱动电机三相绕组阻值为 0.3Ω，正常（图 5-6-15）。

图 5-6-15　测量三相绕组阻值

④由于数据流显示 A、B 相电流明显异常，故障点集中在前驱动电机控制器。
⑤更换前驱动电机控制器总成，读取数据流显示正常（图 5-6-16），试车故障排除。

图 5-6-16　更换控制器后的数据流

5.6.6　车辆预充无法完成

故障现象

比亚迪秦 PHEV 车辆无 EV 模式，SOC 值为 62%，仪表主屏上提示检查动力系统，诊断仪进入高压电池管理器，读取故障码为 P1A3400（预充失败故障）。

故障分析

车辆预充完成的主要控制流程如图 5-6-17 所示。

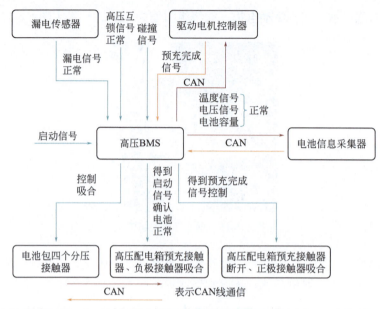

图 5-6-17 预充控制流程

当高压 BMS 接收到启动信号（按下启动按钮）以后，通过 CAN 线与电池信息采集器通信，检测电池包内单节电池电压、温度及容量等参数是否正常，并通过漏电传感器检测是否存在漏电情况。如果以上参数正常，则控制电池包内四个分压接触器吸合。与此同时，高压 BMS 开始控制高压配电箱上预充接触器与负极接触器吸合，当驱动电机控制器检测预充电压已经达到电池包总电压的 2/3 以上时，通过 CAN 线通信告知高压 BMS 预充完成，高压 BMS 即断开预充接触器，吸合正极接触器，整车高压上电。如果高压 BMS 在 10s 内仍未检测到预充完成信号，则断开预充回路（包括预充接触器、负极接触器及电池包内部四个分压接触器）。

根据以上原理分析，造成预充失败的主要原因有：电池包故障；驱动电机控制器故障；高压 BMS 故障；高压配电箱故障；高压系统漏电故障；高压互锁故障。

故障诊断

① 车辆退电后重新上 ON 挡电，进入高压电池管理器，读取故障码为 P1A3400（预充失败故障）。检查电池电量（SOC=62%），当前总电压为 506 V，单体电池最高电压及温度正常；电池包四个分压接触器吸合，电池包正常（图 5-6-18）。

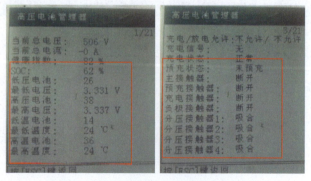

图 5-6-18 检查高压电池管理器数据流

② 进入驱动电机控制器，踩下刹车踏板，按下启动按钮，上 OK 挡电，观察驱动电机控制器母线电压变化（图 5-6-19），发现驱动电机控制器母线电压一直在 13V 左右。同样的方法进入 DC/DC，发现 DC 高压侧有瞬间 491V 电压。因 DC/DC 与驱动电机控制器用的是同一路高压电，因此可以确认，高压输入端有高压输入，但驱动电机控制器未检测到，怀疑驱动电机控制器内部故障。更换驱动电机控制器，故障排除。

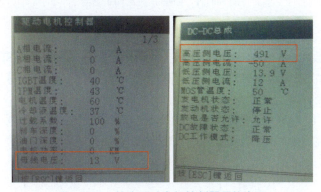

图 5-6-19　检查驱动电机控制器母线电压

维修小结

预充完成需要满足以下几个条件。

① 电池包电压、温度信号及容量正常，不存在漏电现象。
② 预充回路正常，即预充接触器及负极接触器控制端及供电端线路正常，可以参照电路图检修。
③ 驱动电机控制器与 DC 总成、高压 BMS 通信正常，高压互锁，整车高压回路正常。

5.6.7　电机控制器旋变故障

故障现象

比亚迪唐车辆行驶过程中动力系统故障灯偶尔点亮，同时仪表上 ESP 灯点亮，提示检查 ESP 系统。重新启动后，仪表上动力系统故障灯熄灭，此时 ESP 灯仍然点亮，如图 5-6-20 所示。

驱动电机控制器报多个故障码，且无法清除。读取故障码为 P1B1100（旋变故障 - 信号丢失）、P1B1200（旋变故障 - 角度异常）、P1B1300（旋变故障 - 信号幅值减弱）。

图 5-6-20　仪表提示及系统故障码显示

ESP 系统报故障码 U059508 [主电机 CAN 数据被破坏 / 中断（历史）]，如图 5-6-21 所示。

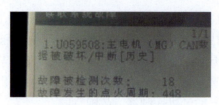

图 5-6-21　ESP 系统故障码显示

故障分析

① ESP 报出的故障码 U059508 属于通信类故障码，故障源并不在 ESP，而是在主电机上。

② 主电机内部故障码说明驱动电机控制器无法正确采集到旋变信号，此种故障有三种情况：电机内旋变检测异常、旋变小线故障、驱动电机控制器异常。

③ 旋变本身并不复杂，其主要作用是检测驱动电机工作三相高压电与电机转子运转匹配情况，其工作原理类似磁感应式传感器，如图 5-6-22 所示。

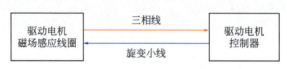

图 5-6-22　旋变信号检测原理

故障诊断

① 车辆到店后检查发现发动机启动，无法切换 EV 模式，从驱动电机控制器数据可以看到故障循环出现的次数。

② 读取故障码为旋变信号丢失，旋变角度异常，旋变信号幅值减弱；电机缺 A、B、C 相，故障码可以清除。

③ 从驱动电机控制器端测量，旋变 - 励磁阻值为（9.6±2）Ω，旋变 - 正旋、余旋阻值为（16.3±2）Ω，阻值正常。驱动电机旋变电路如图 5-6-23 所示。

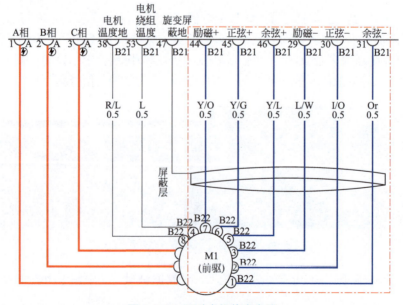

图 5-6-23　驱动电机旋变电路

④ 根据故障检测次数与用户沟通，了解到故障是偶发性的，因此打开前舱盖，晃动了旋变插头，此时发动机启动了，但很快又熄火了，故障灯点亮。

⑤ 分解电机端旋变插头针脚，针脚无异常。再安装旋变针脚及插头，路试故障未再出现，故障码不再出现。

⑥ 再次打开前舱盖并晃动旋变线束插头，发动机启动，又很快熄火，故障码再次出现，仪表 ESP 故障灯点亮。

⑦ 最后确认故障原因为与电机旋变对接的线束插头针脚未压实，导致线束虚接，如图 5-6-24 所示。

图 5-6-24　旋变线束连接不良

维修小结

当旋变出现故障时，无论是间歇性的，还是持续存在，检测方法是一样的，关键是要确认旋变的阻值、线束导通情况，这两点能确认，故障就很容易排除了。

变速器总成匹配与数据流分析

5.7.1　比亚迪 BYDT75 变速器一键自适应方法

（1）需要进行标定的情况

更换变速器总成、油泵组件、电液控制模块、双离合器总成、变速器控制单元（TCU），软件刷新升级。

（2）标定前需满足的条件

整个自适应过程中车辆处于 HEV+SPORT 模式下保持挂挡杆在 N 挡位置（图 5-7-1），关闭空调，拉起电子驻车制动器（EPB），踩下刹车踏板，发动机怠速运转，方向盘静止不动至自适应结束（需在水平路面）。

图 5-7-1 车辆挡位与模式设置

（3）标定流程

方法一

① 连上 ED400 诊断仪，选择"车型诊断"，如图 5-7-2 所示。
② 进入车型选择界面，选择车型（选择 S7 车型，进入 DCT 系统），如图 5-7-3 所示。

图 5-7-2 选择诊断功能　　　　　　　　图 5-7-3 选择车型

③ 选择"自适应"，如图 5-7-4 所示。
④ 选择"一键自适应"，如图 5-7-5 所示。

图 5-7-4 选择"自适应"　　　　　　　图 5-7-5 选择"一键自适应"

⑤ 接着会有几下挂挡的冲击，属正常现象，显示"正在操作"大概用时 1 ～ 3min，如图 5-7-6 所示。

⑥ 页面进入"一键自适应成功"，完成自适应，如图 5-7-7 所示。

图 5-7-6　程序操作中　　　　　　　　　图 5-7-7　一键自适应成功

方法二

① 连上 VDS1000 诊断仪，选择相应车型。

② 进入 TCU 模块，选择"自适应"。

③ 选择"一键自适应"，如图 5-7-8 所示。

图 5-7-8　进入"一键自适应"

④ 按屏幕提示要求操作车辆。

⑤ 点击执行按键即可，成功后会显示如图 5-7-9 所示界面。

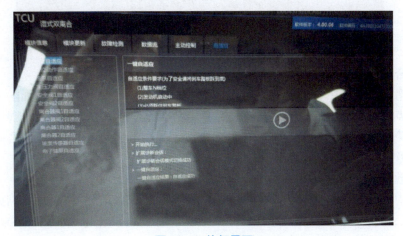

图 5-7-9　执行界面

注意： 自适应过程中发动机会熄火 1 s 左右，然后再次启动，属正常现象。

5.7.2 比亚迪 BYD6HDT45 变速器数据流分析

变速器的故障诊断经常需要从数据入手。常用的数据主要包括发动机转速、输入轴转速、离合器实际压力、促动器位置、促动器中位等。下面介绍各主要数据的正常范围及故障的诊断。

（1）离合器实际压力

离合器实际压力一般在 300 ～ 2800kPa 之间。当离合器处于分离状态时，离合器实际压力一般在 300 ～ 500kPa 之间。当离合器处于接合状态时，离合器实际压力一般在 800kPa 以上。离合器压力数据如图 5-7-10 所示。

如果出现离合器压力在 2800kPa 以上，踩下油门踏板，发动机转速飙升，车速提升缓慢，则说明离合器打滑，一般是由离合器片烧损导致，需更换离合器。

如果出现离合器压力低于 300kPa，一般会出现行驶中突然熄火和无动力输出故障，可先检查变速器油量是否不足，油量不足需补加变速器油，若油量充足，则更换电液模块，若故障仍未消除，则拆箱检查。

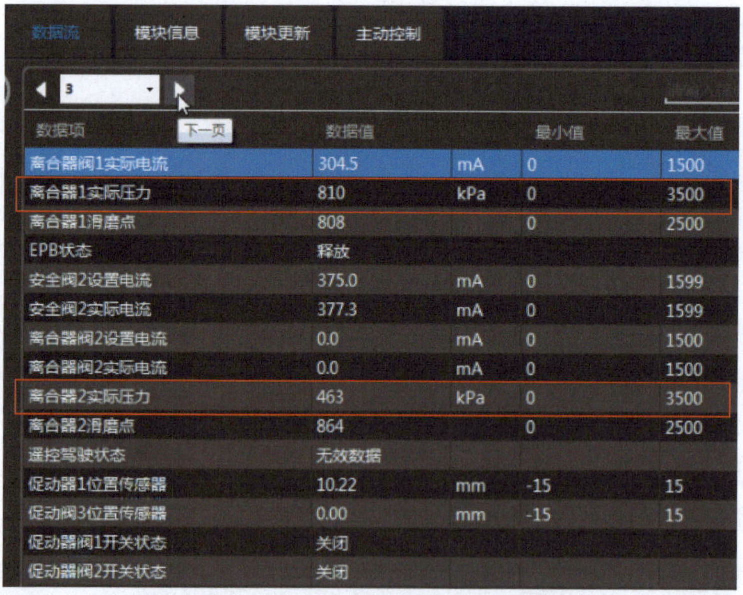

数据项	数据值		最小值	最大值
离合器阀1实际电流	304.5	mA	0	1500
离合器1实际压力	810	kPa	0	3500
离合器1滑磨点	808		0	2500
EPB状态	释放			
安全阀2设置电流	375.0	mA	0	1599
安全阀2实际电流	377.3	mA	0	1599
离合器阀2设置电流	0.0	mA	0	1500
离合器阀2实际电流	0.0	mA	0	1500
离合器2实际压力	463	kPa	0	3500
离合器2滑磨点	864		0	2500
遥控驾驶状态	无效数据			
促动器1位置传感器	10.22	mm	-15	15
促动阀3位置传感器	0.00	mm	-15	15
促动器阀1开关状态	关闭			
促动器阀2开关状态	关闭			

图 5-7-10　离合器压力数据与离合器滑磨点数据

（2）离合器滑磨点

离合器滑磨点一般在 600 ～ 1000 之间，随着车辆的使用情况会变化，如图 5-7-10 所示。离合器滑磨点过小会出现的故障现象一般有起步发冲和升挡顿挫。离合器滑磨点过大会造成起步迟钝故障，也会出现升挡顿挫。离合器滑磨点过大或者过小时可热车后再操作离合器自适应，若故障仍无法排除，则需更换离合器。

（3）促动器中位

促动器中位即拨叉中位，促动器 1 为 1 挡 /3 挡拨叉，促动器 2 为 2 挡 /4 挡拨叉，促动器 3 为 5 挡拨叉，促动器 4 为 6 挡 /R 挡拨叉，促动器 5 为 EV 挡 / 充电挡拨叉。因为促动器 1、2、4、5 均控制两个挡位，故有一个中间位置为 N 挡状态。

促动器中位值范围（图 5-7-11）如下。

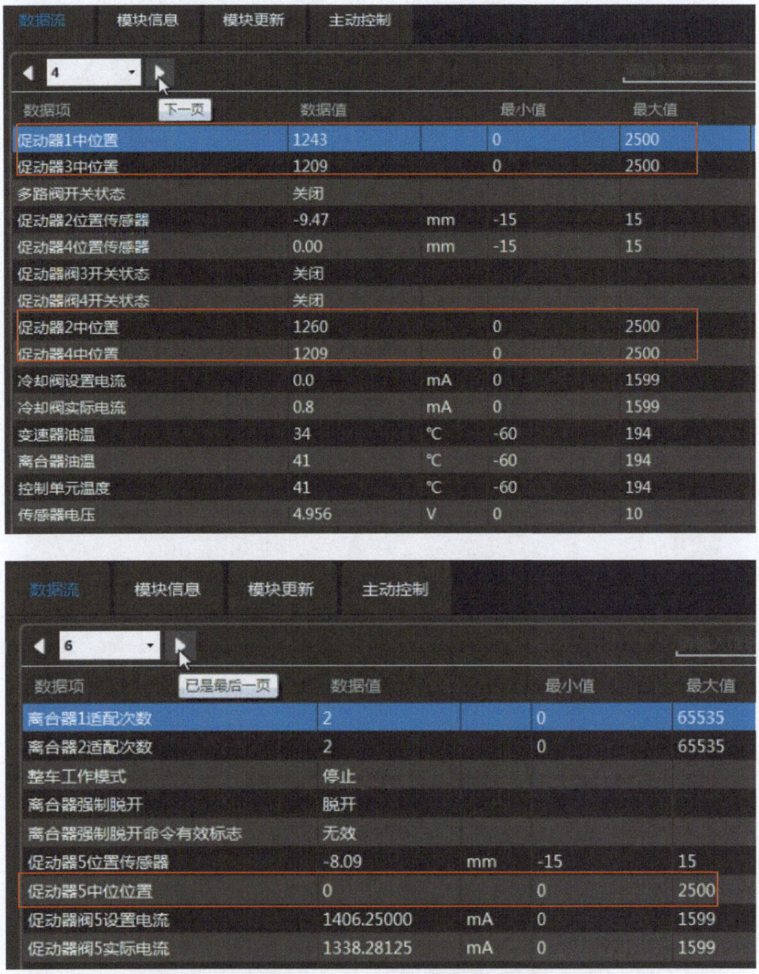

数据项	数据值		最小值	最大值
促动器1中位置	1243		0	2500
促动器3中位置	1209		0	2500
多路阀开关状态	关闭			
促动器2位置传感器	-9.47	mm	-15	15
促动器4位置传感器	0.00	mm	-15	15
促动器阀3开关状态	关闭			
促动器阀4开关状态	关闭			
促动器2中位置	1260		0	2500
促动器4中位置	1209		0	2500
冷却阀设置电流	0.0	mA	0	1599
冷却阀实际电流	0.8	mA	0	1599
变速器油温	34	℃	-60	194
离合器油温	41	℃	-60	194
控制单元温度	41	℃	-60	194
传感器电压	4.956	V	0	10

数据项	数据值		最小值	最大值
离合器1适配次数	2		0	65535
离合器2适配次数	2		0	65535
整车工作模式	停止			
离合器强制脱开	脱开			
离合器强制脱开命令有效标志	无效			
促动器5位置传感器	-8.09	mm	-15	15
促动器5中位位置	0		0	2500
促动器阀5设置电流	1406.25000	mA	0	1599
促动器阀5实际电流	1338.28125	mA	0	1599

图 5-7-11　促动器中位数据

促动器 1：1170 ～ 1330。
促动器 2：1160 ～ 1320。
促动器 3：1130 ～ 1290。
促动器 4：1120 ～ 1280。
促动器 5：1100 左右（后期可能改变）。

若中位值不在对应范围，会出现挂挡打齿、异响或某挡挂不到位等故障，出现这些故障时可以先检查电液模块和 TCU 接插件是否连接好，针脚有没有歪斜，若无异常，则更换电液模块；若故障仍未排除，则需更换变速器。

（4）促动器位置

每个促动器有一个位置传感器，用于感应促动器位置，正常情况下促动器位置传感器数值在 ±11 之间，超过 11 就会报错，出现故障。促动器位置传感器数据如图 5-7-12 所示。

促动器位置在 1 挡、4 挡、5 挡、6 挡充电挡时，促动器位置传感器数值为正值；在 2 挡、3 挡、R 挡、EV 挡时，促动器位置传感器数值为负值；空挡位置为 0。

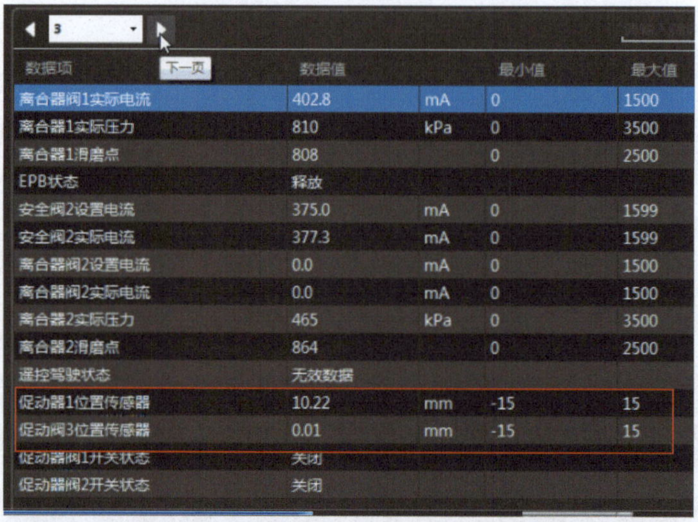

图 5-7-12　促动器位置传感器数据

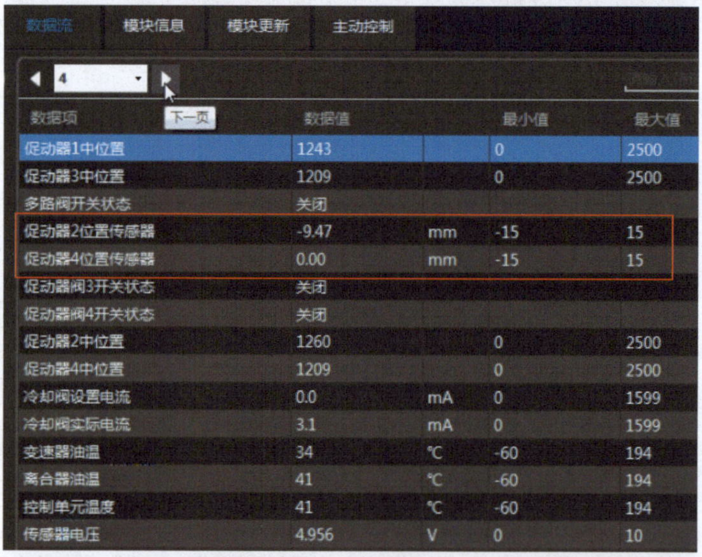

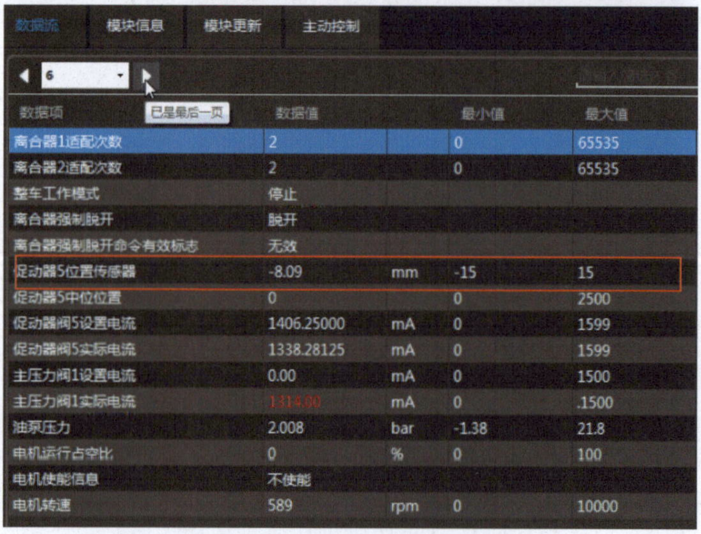

(5)油泵信息

数据流信息如图 5-7-13、图 5-7-14 所示。油泵压力为 0～20bar（0～2MPa）；电机运行占空比为 0～99%；电机使能信息为不使能；电机转速（0～2MPa 时）为 0～2500r/min。

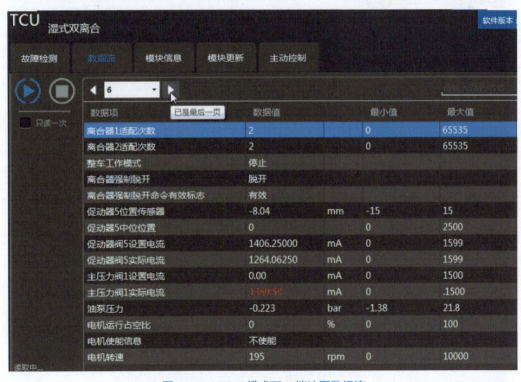

图 5-7-13　HEV 模式下 P 挡油泵数据流

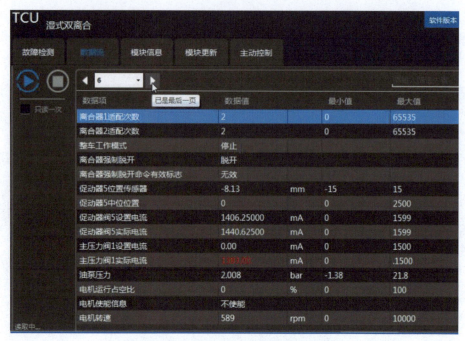

图 5-7-14　HEV 模式下 D 挡油泵数据流

变速器维修典型案例

5.8.1　车辆无法启动 P 挡指示灯闪烁

故障现象

比亚迪唐 DM 车辆无法启动，车辆正常上电，组合仪表显示检查网络系统（图 5-8-1），P 挡指示灯闪烁。

图 5-8-1　仪表提示"请检查车辆网络"

故障分析

网关控制器故障；TCU 熔丝损坏；相关线束通信异常；TCU 故障。

故障诊断

① 用 VDS1000 扫描模块时无法正常进入 TCU 模块，其他模块通信正常，TCU 通信出现异常。

② 进入相关模块读取故障时发现只有 ECM 系统存在故障，显示 U0102［ECM 与 TCU 通信失败（历史故障）］。

③ 清除故障码，重新启动车辆测试，依旧只有 ECM 报故障，这时就显示 U0102［ECM 与 TCU 通信失败（当前故障）］。

④ 重点检查 TCU 电源和 ECM 到 TCU 之间的通信线束，拔下 F1/20 号 30A TCU 熔丝正常，无损坏，检查 BJ37 R/Y 和 AJ02 R/Y 对接插头 16 号针脚无异常，测量电源导通性正常，拔下 TCU 模块 A49 号插头测量 1 号 R/Y 和 3 号 R/Y 针脚都有 12V 电源信号，测量 48 号 CAN H 线 2.6V 正常，测量 62 号 CAN L 线 2.38V 正常，此时判定为 TCU 模块内部故障。更换 TCU 模块后故障排除。

5.8.2 变速器功能受限

故障现象

比亚迪唐车辆出现故障时没有 2 挡、4 挡、6 挡，仪表出现"变速器功能受限"，如图 5-8-2 所示。

图 5-8-2 仪表提示"变速器功能受限"

故障分析

电液控制模块故障；湿式双离合器总成故障。

故障诊断

① 用 VDS1000 读取 TCU 发现有两个故障码：P160F（离合器 2 压力传感器故障）、P163A（离合器 2 压力不正常），如图 5-8-3 所示。

图 5-8-3 读取故障码信息

② 读取数据流发现离合器 2 实际压力只有 55kPa（严重偏小），离合器 1 实际压力 455kPa（正常），如图 5-8-4 所示。

图 5-8-4　离合器压力值数据

③ 结合故障码以及数据流判断为电液控制模块故障导致。更换电液控制模块后故障排除。

5.8.3　无 EV 模式只能以 HEV 模式行驶

故障现象

比亚迪唐车辆仪表提示"变速器功能受限"（图 5-8-5），无 EV 模式，只能在 HEV 模式下行驶。

图 5-8-5　仪表提示"变速器功能受限"

故障分析

电液控制模块故障；湿式双离合器总成故障；TCU 故障；线束故障；变速器机械故障。

故障诊断

① 用 VDS1000 读取 TCU 发现有两个故障码：P1684（EV2 挡挂不到位）、P1685（EV 挡回不了空挡），如图 5-8-6 所示。

图 5-8-6　读取系统故障码

② SOC 值为 53% 时查看数据流发现 P 挡时促动器 5 位置传感器的数值为 8.94 mm（在发电时正常应该在 EV 挡），如图 5-8-7 所示。

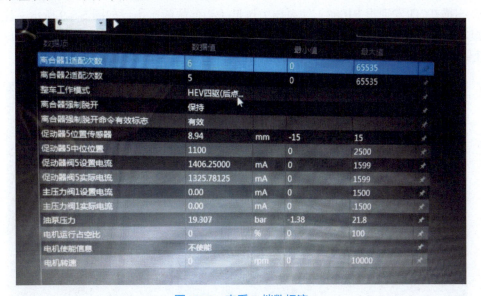

图 5-8-7　查看 P 挡数据流

③ 进行一键自适应无法成功，显示挡位失败，确认过程中油泵电机可以运转，排除油泵电机及其控制器异常。

④ 检查挡位传感器接插件未见异常。

⑤ 为避免挡位传感器误报，更换后故障依旧。

⑥ 通过以上确认为变速器机械部分异常导致 EV2 挡挂不到位。

5.8.4　从 EV 模式自动切换到 HEV 模式

故障现象

仪表显示当前 SOC 值为 90%，OK 挡指示灯点亮，EV 模式起步后不久自动切换到 HEV 模式，仪表无异常提示，如图 5-8-8 所示。

图 5-8-8 故障车辆仪表显示

故障分析

高压系统异常；变速器异常。

故障诊断

① 扫描各高压模块无故障码。

② 扫描 TCU 发现报 P1688［油泵压力过低（当前故障）］，如图 5-8-9 所示。注意：若 TCU 报 P1688 故障会导致车辆 EV 模式不能正常使用，此油泵压力是指油泵电机的压力，并非变速器油泵组件的压力偏低。

图 5-8-9 TCU 系统故障码

③ 考虑到车辆原地不动且模式不切换时油泵电机不工作，故无法判断实际工作情况。注意：车辆在进行 TCU 一键自适应时，可从适配过程中确认油泵电机是否能正常运转。

④ 首先试车，发现从 EV 模式自动切换至 HEV 模式时，前驱动电机控制器数据流显示发动机启动原因为 TCU 请求启动发动机（图 5-8-10），进一步确认为变速器部分导致车辆出现故障。

⑤ 再次试车观察故障时，TCU 的数据流变化如下：电机运行占空比为 80%、电机使能信息为使能、电机转速为 0（图 5-8-11）。根据控制原理分析说明：TCU 已经发送命令给油泵电机控制器，但油泵电机控制器未驱动运转。

图 5-8-10　前驱动电机控制器数据

图 5-8-11　TCU 数据流

⑥ 分析出现上述数据流的原因有：油泵电机控制器供源有异常；油泵电机控制器内部损坏；油泵电机自身损坏。

⑦ 检查油泵电机控制器的电源脚（Ea06 -2）发现无 12V 供电，进一步结合电路图检查油泵电机控制器供电熔丝 F6/1（此熔丝在副驾座椅下的盒中），发现熔丝极柱松脱，重新紧固，故障排除。

5.8.5　车辆无法上 OK 挡

故障现象

比亚迪秦车辆无法上 OK 挡电，仪表主屏上 OK 挡指示灯不亮，P 挡指示灯闪烁，并提示检查动力系统。

故障分析

OK 挡指示灯即车辆可行驶信号灯，正常情况下，OK 挡指示灯点亮即表示车辆已经满足可以行驶的必要条件。

将挡位置于 P 挡，踩下制动踏板，按下启动按钮，当驱动电机控制器接收制动、挡位及启动信号后，分别与发动机 ECU、TCU 及 BCM 等模块进行通信，在各模块之间通信正常的情况下，即通过 CAN 线向仪表发出 OK 挡指示灯点亮命令，驱动 OK 挡指示点亮。整个流程如图 5-8-12 所示。

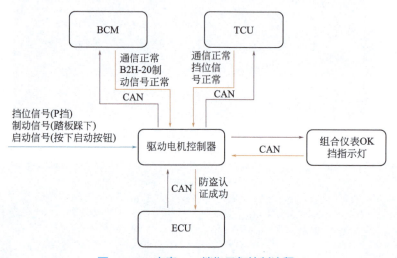

图 5-8-12　点亮 OK 挡指示灯控制流程

根据以上控制逻辑分析，引起该故障的原因可能有以下方面：制动信号故障；挡位信号故障；驱动电机控制器故障；ECU 故障；TCU 故障；BCM 故障；CAN 网络通信故障。

故障诊断

① 用 ED400 分别进入驱动电机控制器（图 5-8-13）、ECU、TCU、BCM 系统，确认各模块通信是否正常。经确认发现 TCU 无法进入。

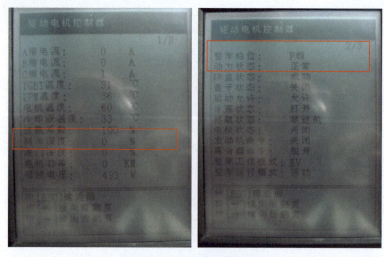

图 5-8-13　电机控制器数据流

② 拔掉 TCU 插头，测量 14 号、15 号针脚 CAN 线电压为 2.5V 左右，阻值为 67Ω 左右，TCU8 号针脚（B）对地导通，9 号针脚（G/R）有 12V 电源，可以确认 TCU CAN 线路正常，电源、搭铁正常，怀疑是 TCU 内部故障。

③ 更换电液控制模块确认，故障排除。

维修小结

① 要确认驱动电机控制器是否收到制动信号及挡位信号，可以通过驱动电机控制器的数据流确认。

② 上 OK 挡电时，驱动电机控制器必须与 ECU 进行防盗认证，如果认证失败，则无法上 OK 挡电。所以在更换驱动电机控制器时，需要进行防盗编程及标定，具体可以参考驱动电机控制器标定方法。

5.8.6 车辆挂挡后无法行驶

故障现象

车辆上 OK 挡电，仪表提示检查动力系统，车辆挂到 D 挡（仪表显示 D 挡），车辆无法行驶。

故障分析

P 挡电机故障；P 挡电机控制器内部故障或线束故障。

故障诊断

① 读取 P 挡电机控制器数据流，发现数据异常：驱动电压、霍尔脉冲个数为零（图 5-8-14）。

(a) 异常数据　　　　　　　　　(b) 正常数据

图 5-8-14　P 挡电机控制器数据流

② 检查 P 挡电机控制器电源及搭铁。P 挡电机控制电路如图 5-8-15 如示。

a. P 挡电机控制器的两处电源输入：1 号、17 号针脚，将车辆上 ON 挡电，测量这两个针脚，电压为 12V 以上，正常。

b. P 挡电机控制器两个搭铁：24 号、25 号针脚，测量其和车身的导通性正常。

c. 将车辆挂至 D 挡，车辆正常应解除 P 挡，此时检查车辆 P 挡电机控制器 5 号针脚为拉低，确认 P 挡电机继电器已经吸合，测量 P 挡电机 2 号针脚，有 12V 以上电源。

d. 根据以上检查，P挡电机控制器电源、搭铁正常，但电机没有动作，原因为P挡电机控制器内部故障或电机本身故障。

③ 更换P挡电机控制器，故障排除。

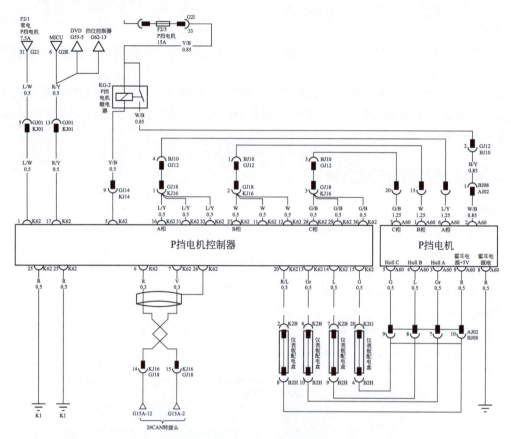

图 5-8-15　P挡电机控制电路

维修小结

P挡解锁条件：踩下制动踏板；驱动电机控制器接收到制动信号及相应挡位信号。

模块 6

底盘故障维修

项目 1　制动系统故障维修

6.1.1　制动系统简介

新能源汽车制动系统与传统燃油汽车制动系统的区别不大,主要不同的地方是在传统汽车液压制动系统的基础上增加了电动真空助力系统,以及采用制动能量回收模式。以宝马 i3 电动汽车为例,其制动系统组成部件如图 6-1-1 所示。

如图 6-1-2 所示,宝马 i3 通过制动助力器 4 可为制动踏板 3 的踏板力提供支持。制动助力器 4 所需真空由电动真空泵 6 根据需要提供。为了确保随时能够提供充足的制动助力,在制动助力器 4 上装有一个制动真空压力传感器 5,用于监控所提供的真空。

制动真空压力传感器 5 采用差压传感器设计,相对于当前大气压力测量制动助力器 4 内的当前真空压力。传感器依据应变仪原理工作。在制动真空压力传感器 5 上带有三个电气接口,即 5 V 供电、接地连接和信号导线。应变仪根据制动助力器 4 内的当前真空压力以不同程度变形,并根据变形情况改变电阻,真空压力增大时电阻和信号电压减小。

电机电子装置(EME)1 分析信号从而根据需要控制电动真空泵 6。根据需要进行控制可节省能量,从而有助于提高车辆续驶里程。出现故障时与动态稳定控制系统(DSC)7 进行通信。此时电机电子装置(EME)1 与动态稳定控制系统(DSC)7 之间通过车身域控制器(BDC)

2进行通信。

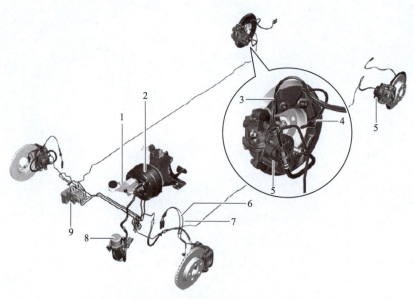

图 6-1-1　电动汽车制动系统组成部件（宝马 i3）

1—制动液补液罐；2—制动助力器；3—后桥制动摩擦片磨损传感器；4—后桥车轮转速传感器；5—电动机械式驻车制动器执行机构；6—前桥制动摩擦片磨损传感器；7—前桥车轮转速传感器；8—电动真空泵；9—动态稳定控制系统（DSC）

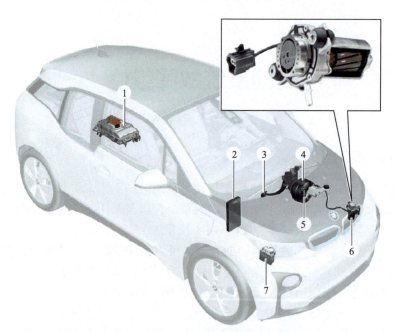

图 6-1-2　制动系统真空生成部件（宝马 i3）

1—电机电子装置（EME）；2—车身域控制器（BDC）；3—制动踏板；4—制动助力器；5—制动真空压力传感器；6—电动真空泵；7—动态稳定控制系统（DSC）

如图 6-1-3 所示，与一般的混合动力车辆不同，宝马 i3 不使用制动踏板行程传感器，而是采用了特殊加速踏板操作方式。在松开加速踏板模块 1 时由电机电子装置（EME）3 以发电机方式控制电机 8。这意味着此时车辆后桥车轮通过半轴 11 驱动电机 8，电机此时作为发电机运行。此时产生的电机 8 的转矩以可感知的减速方式作用于后桥车轮。在此过程中不必操作制动踏板 6。所产生的能量通过电机电子装置 EME3 储存在高压电池单元 4 内。这样就可以通过加速踏板模块 1 控制能量回收式制动。通过制动踏板只能进行液压制动。

由数字式发动机电气电子系统（EDME）2 控制单元要求和调节能量回收式制动。如果行驶期间完全松开加速踏板模块 1，数字式发动机电气电子系统（EDME）2 就会根据行驶状态确定最大能量回收利用。进行最大能量回收利用时以 $1.6m/s^2$ 的减速度进行车辆减速。通过 PT-CAN2 将要求发送至电机电子装置（EME）3。电机电子装置（EME）3 根据数字式发动机电气电子系统（EDME）2 要求控制电机 8。数字式发动机电气电子系统（EDME）2 带有一个连接 FlexRay 数据总线的独立接口 5。动态稳定控制系统（DSC）7 位于该总线系统内。动态稳定控制系统（DSC）7 的任务是识别出不稳定的车辆状态并采取相应措施使车辆准确保持行驶轨迹。在能量回收利用期间识别出不稳定的行驶情况时，动态稳定控制系统（DSC）7 会通过独立接口 5 发送有关即将出现危险行驶状态的信息。数字式发动机电气电子系统（EDME）2 确定与危险行驶状态相符的最大能量回收利用并向电机电子装置（EME）3 发送要求。电机电子装置（EME）3 根据变化的要求减少能量回收利用，从而降低减速度。这种调节方式称为发动机制拖力矩控制（MSR）。

在宝马 i3 汽车上操纵制动踏板时，可以像传统制动系统一样在双回路制动系统的液压系统内产生压力。在此通过电机进行能量回收利用或通过操作车轮制动器实现车辆整个制动过程。

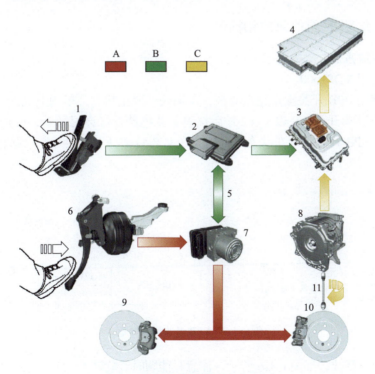

图 6-1-3　制动控制模式（宝马 i3）

1—加速踏板模块；2—数字式发动机电气电子系统（EDME）；3—电机电子装置（EME）；4—高压电池单元；
5—EDME 与 DSC 之间的独立接口；6—带制动装置的制动踏板；7—动态稳定控制系统（DSC）；
8—电机；9—前部车轮制动器；10—后部车轮制动器；11—半轴；
A—液压制动；B—信号流；C—能量回收式制动

6.1.2 制动系统无助力故障排除

故障现象

踩制动踏板感觉硬,无制动助力。

故障原因

真空泵、真空罐压力开关、真空泵控制器接插件内端子退针。

图 6-1-4 车辆真空泵安装位置

故障诊断

① 检查真空泵是否正常工作(正常工作时,打开钥匙开关真空泵会持续工作 10s 左右后停止工作),真空泵安装位置如图 6-1-4 所示。

② 检查真空泵控制器接插件内部端子是否退针或孔位变大(很多车辆真空泵一直工作,甚至烧泵,都是此处的问题)。

③ 检查真空泵控制器是否正常,将真空罐上压力开关接插件断开,将线束端短路,观察真空泵工作情况,工作 10s 左右后停止工作则证明真空泵控制器正常,若一直工作或不工作则真空泵控制器失效,需更换。

6.1.3 比亚迪 EPB 维修释放和标定

(1)维修释放方法

方法一:使用 VDS1000。

方法二:使用 EPB 开关操作完全释放。车辆处于静止状态,车辆上电或启动,踩下制动踏板并持续按下驻车开关 10s 以上(10s 后仪表上黄色警告灯会闪烁),松开开关 5s 内再次按下驻车开关,EPB 释放到装车状态(此时黄色警告灯常亮),松开制动踏板。释放原理如图 6-1-5 所示。

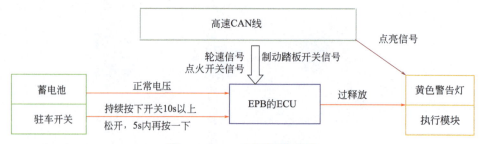

图 6-1-5 EPB 开关释放原理

方法三:手动释放,如图 6-1-6 所示。注意只能顺时针旋转。

(2)标定方法

使用 VDS1000,操作流程如图 6-1-7 所示。

(3)注意事项

① 在更换 ECU 的情况下需要进行坡度标定和初始化,其他情况进行初始化即可。

图 6-1-6 手动释放

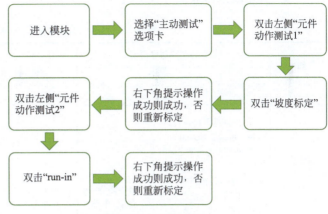

图 6-1-7 标定方法

② 在车辆处于水平路面，系统无故障，车辆上 ON 挡电的情况下即可完成标定。

6.1.4 比亚迪 ESP 系统故障排除

（1）异常现象排查参考表（机械类，见表 6-1-1）

表 6-1-1 异常现象排查参考表（机械类）

异常现象	排查范围
制动偏软、距离过长	① 制动管路是否有空气 ② 制动液是否有泄漏 ③ 制动盘是否磨损严重 ④ 真空助力器是否密封良好 ⑤ 制动液含水量是否超标 ⑥ ABS/ESP 液压控制总成里面是否存在空气
制动过硬	① 助力器是否良好 ② 制动管路是否堵塞

提示：决定更换 ABS/ESP 液压控制总成前必须完成以下验证步骤。

① 动态自检。有些故障在被排除之后（如轮速传感器信号不稳定、泵电机故障）重新点火，警告灯并不会熄灭，只有在汽车车速到约 30km/h 时，系统通过动态自检后才会熄灭。

② 交叉验证。将 ABS/ESP 液压控制总成拆下来装到另外一台使用相同型号 ABS/ESP 液压控制总成的没有故障的车上，不用装接油管，只需要装接上 ABS/ESP 线束插接器。将汽车重新点火并行驶起来，让 ABS/ESP 液压控制总成进行动态自检，汽车速度不低于 30km/h。

(2) 异常现象排查参考表（电气类，见表6-1-2）

表6-1-2 异常现象排查参考表（电气类）

部件警告灯	轮速传感器异常		转角传感器异常	ABS/ESP 液压控制总成异常		
	2个以下异常（含2个）	2个以上异常		电磁阀异常	泵电机异常	阀继电器异常
ABS警告灯点亮	① 线路是否存在开路、短路（可借助ED400） ② 传感器与齿圈之间的气隙（0.2~1.2mm）及齿圈安装轴承是否正常 ③ 检查车辆轮胎尺寸型号是否一致	① 线路是否存在开路、短路（可借助ED400） ② 传感器与齿圈之间的气隙（0.2~1.2mm）及齿圈安装轴承是否正常 ③ 是否有2个以上轮速传感器存在异常	① 转角是否大于780°（左、右）、转角变化是否大于40°/20ms ② 传感器供电、连接状况 ③ 是否存在电磁干扰 ④ 是否已经标定或根据需要重新标定（调整前轮定位后、更换SAS、ESP需要标定）	① 电磁阀是否对电源或地短路、开路 ② ABS/ESP模块是否损坏	① 搭铁是否良好 ② 泵电机熔断器是否烧毁 ③ 泵电机或泵电机继电器是否存在异常	① 电磁阀熔断器是否烧毁 ② 阀继电器是否对电源或地短路、开路 ③ 阀继电器自身是否良好
EBD警告灯点亮						
ESP警告灯点亮	① 线路是否存在开路、短路（可借助ED400） ② 传感器与齿圈之间的气隙（0.2~1.2mm）及齿圈安装轴承是否正常 ③ 检查车辆轮胎尺寸型号是否一致					

(3) 维修注意事项

① ESP液压单元只能整体更换，不能进行拆检或部分更换/互换。对经过分解后的ESP液压单元不保修，对所造成的不良后果由操作方负全责。

② 液压单元在跌落后不可继续使用：可能导致电机磁铁碎裂、ECU电路损伤等。

③ 液压单元（干式）自制造日期起满1年，液压单元（湿式）满5年后不可再直接装车使用，需返回制造商处进行检测。

④ 确保车辆上只安装推荐尺寸的轮胎（包括小备胎）。同轴的花纹样式和深度必须一致。

⑤ 在加装GPS、防盗器、自动离合器等时，必须考量对ESP的电子干扰。

⑥ 禁止带电插拔ESP ECU传感器。

⑦ 更换ESP液压单元以后，必须对制动管路进行排气。

⑧ ESP线束必须良好接地，线束的裸露端涂上密封胶，并采用热缩管封套。

(4) ESP系统的标定

① 需要进行信号标定的情况。在拆装转向管柱、时钟弹簧、转角传感器、机械式转向器、ABS/ESP液压控制总成时，必须对车辆ESP系统重新标定。不标定则可能会导致ESP系统显示故障。

② 标定注意事项。

a. 作业前，将车辆静止停放在水平地面上（车辆整体前后角度、左右角度不能超过±0.57°）。

b. ESP 液压单元与支架的最大倾斜角必须在允许的安装公差内（≤ ±5°）。

c. 启动按钮处于 ON 挡，但不启动车辆。

d. 胎压必须正常，车辆不超载，车内最好不坐人。如坐人，最多主驾座椅上坐一人，但人不能乱动，以免引起车辆或方向盘晃动。

e. 作业时，车辆不能受到明显的震动干扰，如开关车门、行李厢门与前机舱盖等。

f. 若在第 c.、d. 步作业时，出现"标定不成功"的字样，按以下步骤进行排查。

· ESP 液压单元、安装支架、转角传感器是否安装在允许的公差范围内。

· ESP 液压单元、转角传感器线路连接是否正常。

g. 单独更换或拆装方向盘转角传感器、时钟弹簧和转向管柱时，则只需对方向盘转角传感器进行标定。

③ 标定流程。

a. 前轮朝正前方向，且保证方向盘居中。

b. 将 VDS1000 接到诊断插口上，进入 ESP 诊断界面。

c. 选择"标定"选项卡，进入界面后选择"偏航率传感器标定"，出现"标定成功"字样即可。

d. 再选择"转角传感器标定"，出现"标定成功"字样即可。

e. 在 ESP 诊断界面内，选择"清除故障码"，退电后重新上 ON 挡电，进入 ESP 诊断系统并读取"系统故障码"，如显示"系统无故障"，则表明系统标定完成。

④ ESP 的其他设定。

a. 因 ESP 防打滑功能，在车辆过检测线时会起作用。为不影响车辆年检，在过检测线时，提前关闭 ESP 功能，待检测合格后再重新开启。

b. 车辆行驶中，若出现单个车轮陷入泥坑内，ESP 系统中 TCS 功能（防止驱动轮打滑功能）会起作用。此时可关闭 ESP 功能，待车辆驶出后再开启。

6.1.5　比亚迪制动系统电动真空泵故障分析

（1）真空泵启停条件

① 车速 <60km/h：真空度低于 60kPa 时启动，达到 75kPa 时关闭。

② 车速 ≥ 60km/h：真空度低于 70kPa 时启动，达到 75kPa 时关闭。

（2）异常模式判断

① 外围器件故障。

a. 无脚刹且真空泵处于工作状态，5s 内真空度无变化，则判断为真空泵系统失效。

b. 有脚刹且真空泵处于工作状态，10s 内真空度无变化，则判断为真空泵系统失效。

② 系统漏气。

a. 严重漏气：在外围器件无故障时，车速 >10km/h，无脚刹，真空泵处于工作状态，满足这个条件 5s 后开始检测真空度，若真空度 <30kPa，则认为系统严重漏气。

b. 一般漏气：若同时满足条件 A 和条件 B（A 为真空泵不工作；B 为无脚刹信号 1s 后），且检测真空度从 67kPa 下降到 61kPa 时间小于 30s，则判断为一般漏气。

③ 主控 ECU 本身损坏。主控自检 MOS 管是否烧毁。

（3）异常模式处理

① 若真空泵系统失效或系统严重漏气，则发出严重警告信号，同时进入真空泵控制策略

中的异常模式：开启真空泵，泵不受真空度关断条件的限制。

② 若检测真空泵系统一般漏气，则发出一般警告信号，这时仍按真空泵控制策略中的正常模式控制。

③ 报警后期处理。一般报警和严重报警都执行断电后重新检测的原则，若重新检测后发现无同类故障，则取消报警并把前次报警记录在历史故障中。

6.1.6 比亚迪 ESP 失效故障排除

故障现象

比亚迪唐全景影像的牵引线不会随车摆动，多功能显示屏中的坡度数值不会变动（图 6-1-8），定速巡航失效。ESP 功能失效，在半坡中会溜车后退。

图 6-1-8　仪表坡度数值没有变动

故障分析

传感器未标定；转角传感器损坏；相关线路故障；ESP 故障。

故障诊断

① 首先用 VDS1000 整车扫描，其他模块无故障，只有 ESP 有故障码（图 6-1-9），读取故障码为 U012608（方向盘转角传感器数据被破坏），故障码无法清除。

图 6-1-9　ESP 系统故障码

② 考虑到该车出过事故，且之前维修更换了新的转角传感器，可能存在没有标定好的情况，于是重新标定，但无法标定成功。

③ 读取数据流，继电器电压只有 6.8V。转向角、偏航率实际值与正常值偏离很大。

④ 怀疑转角传感器故障，再次更换一个新件，仍无法排除故障。

⑤ 再次确认转角传感器故障，再次更换新转角传感器，故障码可以清除，ESP 也可以标定。路试其他关联故障也消失，故障排除。

项目 2　转向系统故障维修

6.2.1　电动助力转向系统简介

比亚迪唐车型使用电动助力转向器（REPS）（电机在齿条上，配机械管柱，非同轴式），该系统由传感器（转矩及转角传感器、车速传感器）、控制器（EPS 电子控制单元）、执行器（EPS 电机）及相关机械部件组成，如图 6-2-1 所示。

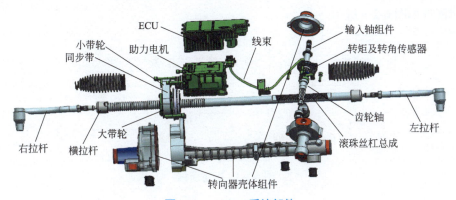

图 6-2-1　REPS 系统部件

汽车转向时，转矩及转角传感器把检测到的信号大小、方向经处理后传给 EPS 电子控制单元，EPS 电子控制单元同时接收车速传感器检测到的信号，然后根据车速传感器和转矩及转角传感器的信号决定电机旋转方向和助力转矩的大小。同时电流传感器检测电路的电流，对驱动电路实施监控，最后由驱动电路驱动电机工作，实施助力转向。其工作原理如图 6-2-2 所示。

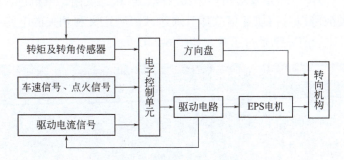

图 6-2-2　REPS 系统工作原理

6.2.2　转矩信号与转角信号标定

（1）需要标定转矩信号和转角信号的情况

① 车辆总装下线四轮定位后需要进行转矩信号标定。

② 电动助力转向器带横拉杆总成更换后需进行转矩信号、转角信号标定。

③ 方向盘、万向节、转向管柱被拆卸或更换后，需进行四轮定位时，要进行转角信号标定。

（2）注意事项

① 转角信号未标定前，禁止进行遥控驾驶操作，否则可能会引起严重损坏故障。

② 转角信号和转矩信号标定前，方向盘和车轮必须处于中间位置，并且方向盘不受任何外力作用（包括不能手扶方向盘）。

③ 标定前，车辆没有任何支撑，四轮自由置于水平地面上。

④ 标定时，不要晃动车身、开闭车门等。

⑤ ON 挡电工况下才能进行标定。

⑥ 拆装过管柱 ECU 或转角传感器，也需对这两个系统进行标定。

标定流程如图 6-2-3 所示。

进入模块
选择“标定”选项卡
双击左侧“读取当前零点(扭矩/转角传感器)”
右侧出现当前零点值
双击“将当前值设定为零点”
提示成功则标定成功，否则重新标定

图 6-2-3　标定流程

6.2.3 REPS 系统数据流分析

REPS 系统带有主动回正控制功能及遥控驾驶功能，经过拆换后，需重新进行车辆四轮定位，并标定转矩信号和转角信号，同时标定 EPS 转角信号，标定后重新上 ON 挡电清除残留故障码。

当 REPS 系统发生故障时，用 VDS1000 读取故障码，根据故障码定义进行检修。

一般包含 ECU 故障、转矩及转角传感器故障、电机温度高、电机过流、电源电压低、电源电压供电线路类故障以及模块通信故障。通过故障码定义和相关的电路图检修，也可以根据具体的数据流对比当前数据是否正常，如图 6-2-4 所示。

数据项	数据值		最小值	最大值
ECU温度	47	℃	0	200
电机温度	39	℃	0	200
扭矩信号占空比	50.3	%	0	100
扭矩辅信号占空比	49.5	%	0	100
P值	23.1	%	0	100
S值	26.1	%	0	100
转角值	-0.2	°	-800	800
直流母线电压	14.3	V	0	300
电机电流		A	0	30
转向盘零点值		°		
TQ1				
TQ2				

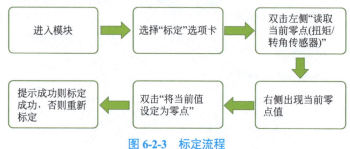

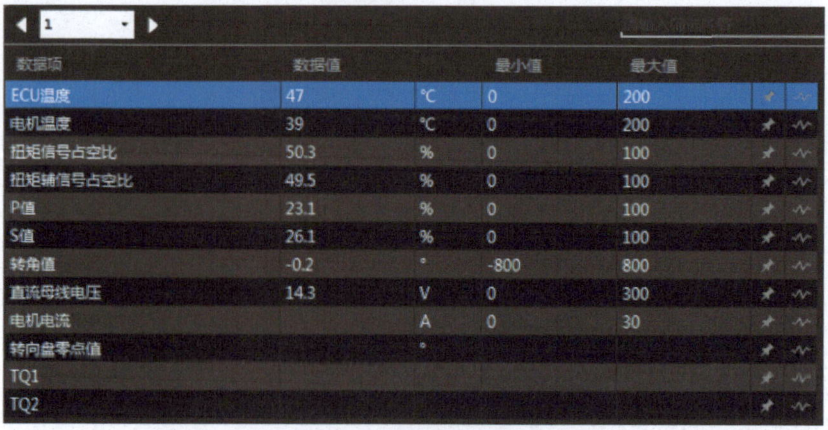

图 6-2-4　REPS 系统数据流

6.2.4　REPS 电动转向助力维修

（1）维修注意事项

① 避免撞击电动助力转向器总成，特别是传感器、EPS 电子控制单元、EPS 电机和减速机构。如果电动助力转向器总成跌落或遭受严重冲击，需要更换一个新的总成。

② 移动电动助力转向器总成时，勿拉拽线束。

③ 在从转向器上断开转向管柱或者中间轴前，车轮应保持在正前方向，车辆处于断电状态，否则，会导致转向管柱上的时钟弹簧偏离中心位置，从而损坏时钟弹簧。

④ 断开转向管柱或中间轴后，不要移动车轮。不遵循这些程序会使某些部件在安装过程中定位不准。

⑤ 方向盘打到极限位置的持续时间不要超过 5s，否则可能会损坏助力电机。

（2）一般故障检修（表6-2-1）

表 6-2-1　一般故障检修

症状	可能原因
转向沉重	① 轮胎充气不当 ② 前轮定位不正确 ③ 转向节磨损 ④ 悬架摆臂球头节磨损 ⑤ 转向管柱总成有故障 ⑥ 电动助力转向器总成有故障 ⑦ EPS 电子控制单元有故障
游隙过大	① 转向节磨损 ② 中间轴、滑动节叉磨损 ③ 转向器有故障
异常噪声	① 减速机构磨损 ② 转向节磨损 ③ 电动助力转向器总成有故障
回位不足	① 轮胎充气不当 ② 前轮定位不正确 ③ 转向管柱弯曲 ④ 电动助力转向器总成有故障
方向盘抖动	① 电动助力转向器总成有故障 ② 转向管柱总成有故障

6.2.5　电动转向系统助力消失故障排除

故障现象

比亚迪唐车辆正常行驶中躲避前方障碍物，打方向时突然没有助力，在低速转弯时转向打到一半时突然没有助力，但是没有助力时用力左右转动方向盘就有助力了。

故障分析

电机接插件松动；系统软件有升级项目；电机故障；供电电路虚接或短路；搭铁不良。

故障诊断

① 举升车辆查看接插件是否松动或脱落，特别是电机和 ECU 接插件，经检查接插件正常，无故障。

② 用 VDS1000 检查是否有关于电机的升级更新项目，在扫描后发现电子转向系统有两处故障码：转矩传感器故障；电机过流故障（图 6-2-5）。

图 6-2-5　系统故障码显示

③ 分析这两个故障的共同点。从第二个故障看应该是搭铁不良，通过查询电路图发现这两个故障是有交集的，找到电机搭铁点发现螺钉处有电烤漆引起搭铁不良，打磨处理装车试车，故障依旧。

④ 读取故障码发现电机过流故障依然存在，分析为电机故障，再次拆卸检查搭铁点（图 6-2-6），发现在搭铁点焊接点上有凸点，再看看线卡上的附着面上只有一个点，即搭铁不良。

⑤ 打磨搭铁点，把凸点打磨平，装车试车，故障消失。

图 6-2-6　检查搭铁点

提示： 按照维修手册指导处理搭铁点故障，需同时更换 R-EPS 搭铁螺母。

模块 7 温度管理系统维修

项目 1 高压冷却与加热系统

7.1.1 纯电动汽车电池冷却与加热系统

以宝马 i3 车型为例。宝马 i3 的高压电池单元直接通过制冷剂进行冷却。空调系统的制冷剂循环回路由两条并联支路构成,一条用于车内冷却,一条用于高压电池单元冷却。两条支路各有一个膨胀和截止组合阀,相互独立地控制冷却功能,如图 7-1-1 所示。蓄能器管理电子装置可通过施加电压控制并打开膨胀和截止组合阀,这样可使制冷剂流入高压电池单元内,在此膨胀、蒸发和冷却。车内冷却同样根据需要来进行。蒸发器前的膨胀和截止组合阀同样可以电气方式进行控制,由发动机电气电子系统 EDME 进行控制。

进行冷却时,电池将热量传至制冷剂,电池通过这种方式得以冷却,制冷剂蒸发,随后电动制冷剂压缩机将制冷剂压缩至较高压力水平,之后通过冷凝器将热量排放到环境空气中,并以此方式使制冷剂重新变为液态聚集状态,通过降低膨胀阀内的压力水平使制冷剂能够重新吸收热量。通过这种方式可在较高车外温度和较高驱动功率(约 1000W)下产生冷却功率。制冷剂循环回路如图 7-1-2 所示。

为了通过制冷剂进行电池冷却,在电池模块下方带有铝合金平管构成的热交换器,它与内部制冷剂管路连接在一起,进行冷却时有制冷剂流过。高压电池冷却管路如图 7-1-3 所示。

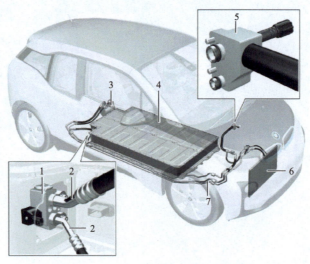

图 7-1-1 宝马 i3 高压电池冷却系统组成

1—膨胀和截止组合阀；2—连接高压电池单元的制冷剂循环回路；3—电动制冷剂压缩机；4—高压电池；
5—用于车内冷却的膨胀阀；6—制冷剂循环回路内的冷凝器；7—制冷剂管路

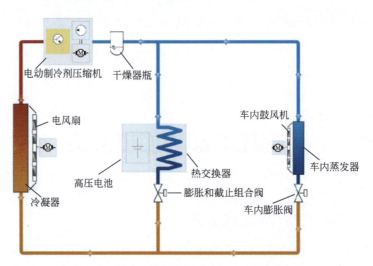

图 7-1-2 宝马 i3 高压电池单元制冷剂循环回路

在相反的情况下，例如，多日将 i3 停放在 0℃ 以下的户外时，应在行驶前或充电前使电池加热至最佳温度水平。通过充电电缆将车辆与电网连接并选择了车辆温度调节功能时也能调节电池温度。对电池进行加热时会启用高压系统并使电流经过加热丝。加热丝沿冷却通道布置，如图 7-1-4 所示。由于冷却通道与电池模块接触，因此加热丝产生的热量会传至电池模块和电池。

加热装置控制功能同样集成在高压电池单元内，为此在安全盒（S-Box）内带有一个通过局域 CAN2 与 SME 控制单元进行通信的微控制器、一个电子开关元件以及一个用于监控加热功率的电流和电压传感器。根据需要最大功率可达 1000W。安全盒内部电气结构如图 7-1-5 所示。

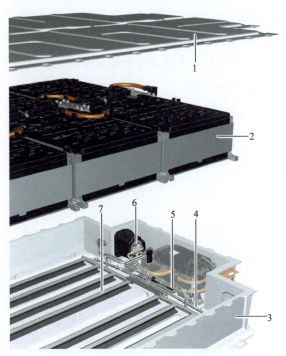

图 7-1-3 宝马 i3 高压电池冷却管路

1—高压电池盖板；2—电池模块；3—高压电池壳体；4—制冷剂回流管路；5—制冷剂供给管路；
6—膨胀和截止阀连接法兰；7—热交换器

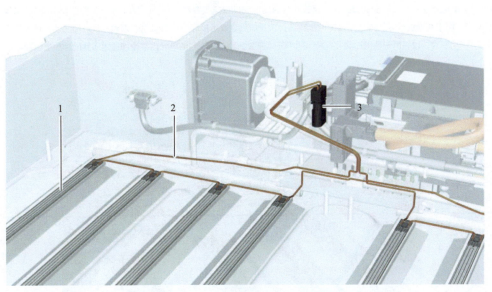

图 7-1-4 宝马 i3 高压电池单元的加热组件

1—加热丝；2—加热电缆；3—电气加热装置插头

在高压电池单元内部（图 7-1-6），制冷剂在管路和铝合金冷却通道内流动。通过入口管路流入的制冷剂直接在高压电池单元接口处分别进入两条供给管路。之后再次分别进入两个冷却通道并在冷却通道内吸收电池模块的热量。在冷却通道末端制冷剂被输送至相邻冷却通道内，由此回流并继续吸收电池模块的热量。

最后，带有蒸发制冷剂的四条管路重新汇集到一起，一条共同的回流管路通到抽吸管路接口处。在其中一条供给管路上还有一个温度传感器，传感器信号用于控制和监控冷却功能。该信号直接由 SME 控制单元读取。

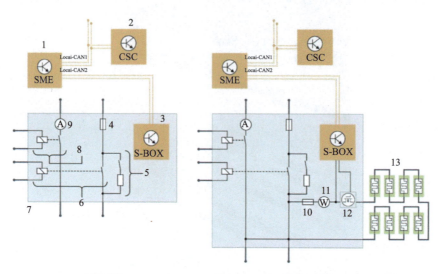

(a) 标配型号　　　　　　(b) 带有 SA 494 驾驶员和前乘客座椅加热装置的型号

图 7-1-5　宝马 i3 加热装置安全盒内部电气结构

1—蓄能器管理电子装置；2—电池监控电子装置（以 8 个中的 1 个为例）；3—安全盒控制单元；4—高压电池单元正极导线内的过电流熔丝；5—预充电路；6—正极导线内的电动机械式接触器；7—安全盒；8—负极导线内的电动机械式接触器；9—用于测量负极导线内电流强度的传感器；10—加热装置正极导线内的过电流熔丝；11—加热装置正极导线内的功率表；12—用于控制加热装置功率的半导体开关；13—高压电池单元内沿冷却通道布置的加热电阻器

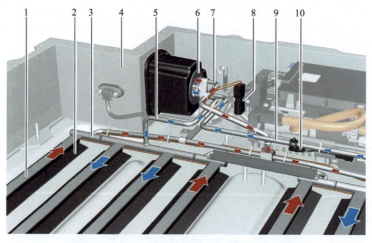

图 7-1-6　宝马 i3 高压电池单元内的冷却组件

1—热交换器；2—弹簧条；3—冷却通道连接装置；4—高压电池壳体；5—制冷剂供给管路；6—膨胀和截止组合阀连接法兰；7—制冷剂回流管路；8—电气加热装置插头；9—制冷剂供给管路；10—制冷剂温度传感器

为了确保冷却通道完成排出电池模块热量的任务，必须以均匀分布的作用力将冷却通道整个面积压到电池模块上。该压紧力通过嵌有冷却通道的弹簧条产生。弹簧支撑在高压电池单元壳体上,从而将冷却通道压到电池模块上。制冷剂管路、冷却通道和弹簧条构成了一个单元,进行修理时只能以单元形式更换。

i3 标配基本型膨胀和截止组合阀如图 7-1-7 所示。该阀通过一根直接导线由 SME 控制单元进行控制。电气控制可识别出两种状态:控制电压为 0 表示阀门保持关闭状态;控制电压为 12V 表示阀门打开。像传统的空调系统膨胀阀一样,该膨胀和截止组合阀也根据制冷剂温度自动调节其开度。

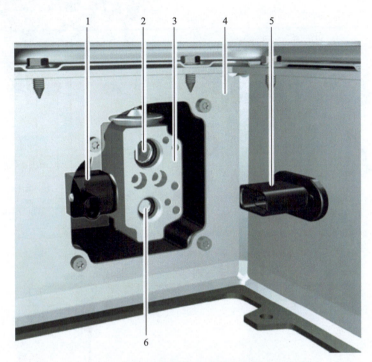

图 7-1-7 宝马 i3 标配基本型膨胀和截止组合阀

1—膨胀和截止组合阀电气接口;2—制冷剂抽吸管路接口;3—膨胀和截止组合阀;4—高压电池单元壳体;
5—高压电池单元 12V 车载网络接口;6—制冷剂压力管路接口

带有热力泵的 i3 汽车上,在制冷剂循环回路内使用其他阀门来实现热力泵的不同运行状态。其中也包括高压电池单元上的膨胀和截止组合阀。该阀门可进行电动调节,可连续调节开度(0～100%)。在此不由 SME 控制单元控制,而是由热力泵控制单元进行控制。

7.1.2 插电混动汽车电池冷却系统

以奥迪 A3 E-tron 车型为例,其高压电池冷却系统组成如图 7-1-8 所示,高压电池冷却回路如图 7-1-9 所示。

可以通过用于高压电池的冷却液阀门来实现切换连接,完成对高压电池冷却泵的控制。这个电路专门用于混合电池单元的温度控制。这同时也是制冷剂回路的一部分。

可以通过低温冷却器的被动冷却或通过热交换器作用于高压电池来达到低温冷却回路中所需的温度水平。

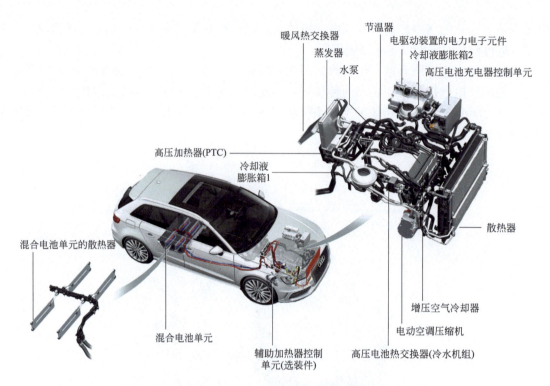

图 7-1-8　奥迪 A3 高压电池冷却系统组成

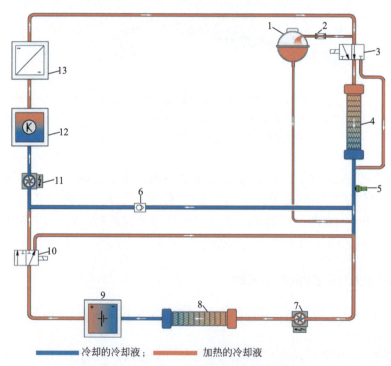

图 7-1-9　奥迪 A3 高压电池冷却回路

1—冷却液膨胀箱；2—节气门；3—换向阀（用于冷却液）；4—低温冷却器；5—电力电子元件前面的温度传感器；6—止回阀；7—用于高压电池的冷却泵；8—高压电池热交换器（冷水机组）；9—混合电池单元；10—高压电池的冷却液阀门；11—电力电子元件上游的冷却液循环泵（用于冷却电驱动装置）；12—电驱动装置的电力电子元件；13—高压电池充电器控制单元

7.1.3 油电混动汽车电池冷却系统

以丰田卡罗拉-雷凌 HEV 车型为例。在反复充电和放电的循环过程中，HV 蓄电池产生热量，为确保其性能正常，HV 蓄电池采用了专用冷却系统，如图 7-1-10 所示。

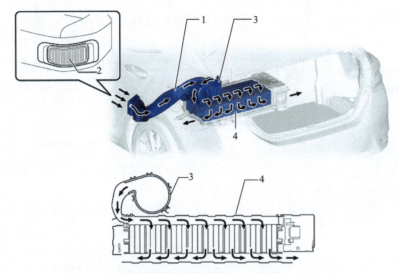

图 7-1-10　丰田卡罗拉-雷凌 HEV 电池冷却系统组成
1—进气管；2—HV 蓄电池进气过滤器；3—蓄电池冷却鼓风机总成；4—HV 蓄电池总成

HV 蓄电池总成主要包括 HV 蓄电池（蓄电池模块）、HV 蓄电池温度传感器、HV 蓄电池进气温度传感器、混合动力蓄电池接线盒总成、蓄电池冷却鼓风机总成、蓄电池智能单元（蓄电池电压传感器）和维修塞把手，相关部件位置如图 7-1-11 所示。

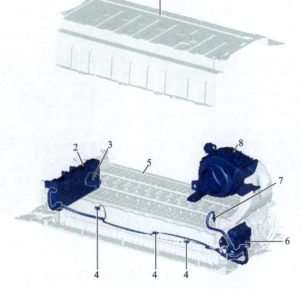

图 7-1-11　丰田卡罗拉-雷凌 HEV 电池组成部件
1—HV 蓄电池上盖；2—混合动力蓄电池接线盒总成；3—维修塞把手；4—HV 蓄电池温度传感器；5—HV 蓄电池（蓄电池模块）；6—蓄电池智能单元（蓄电池电压传感器）；7—HV 蓄电池进气温度传感器；8—蓄电池冷却鼓风机总成

采用蓄电池冷却鼓风机总成作为专用冷却系统，确保了 HV 蓄电池的正常工作，从而不受其在反复充电和放电循环过程中产生的大量热量的影响。

7.1.4 电机驱动系统冷却系统

i3 电机无需加注机油。仅对两个包含油脂的深槽球轴承进行润滑。通过从电机电子装置输出端输送至电机的冷却液进行电机冷却。在电机内，冷却液流过布置在外侧的螺旋形冷却通道。壳体末端的两个 O 形环密封冷却通道，如图 7-1-12 所示。因此电机内部完全"干燥"。

电机设计用于较大温度范围。输入端（供给）处冷却液温度最高可能达到 70℃。虽然能量转换时电机损失比发动机小，但其壳体温度最高可能达到 100℃。

为避免因温度过高而造成组件损坏，i3 电机内有两个温度传感器，均位于定子绕组内，不直接测量转子温度，而是根据定子内的温度传感器测量值进行确定。两个温度传感器都是取决于温度的 NTC 型电阻。其信号以模拟方式由电机电子装置读取和分析。

电机电子装置通过获知电机转子的角度位置并计算而控制电机产生定子内绕组电压的振幅和相位，因此在离开变速器的驱动轴端有一个转子位置传感器。

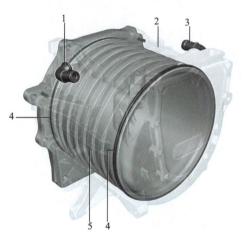

图 7-1-12 壳体末端的两个 O 形环密封冷却通道

1—冷却液管路接口（电机输入端，连自电机电子装置）；2—外部壳体；3—冷却液管路接口（电机输出端，连至冷却液散热器）；4—O 形环；5—冷却通道

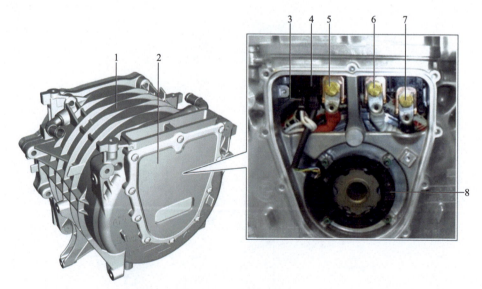

图 7-1-13 电机电气接口

1—外部壳体；2—壳体盖；3—转子位置传感器接口；4—定子内的温度传感器；5—高电压接口（U）；6—高电压接口（V）；7—高电压接口（W）；8—转子位置传感器

电动冷却液泵功率为 80W。冷却液泵由 EDME 控制单元控制。为此，冷却液泵和 EDME 控制单元通过一根直接导线相互连接。可通过 PWM 信号以可变功率控制电动冷却液泵。通过总线端 30B 为冷却液泵供电。冷却液泵安装在右后侧。

补液罐位于车辆行驶方向左侧发动机舱盖下方空间内。在补液罐内未安装电气液位传感器。由于未安装电气液位传感器，因冷却系统泄漏等造成冷却液损耗时无法直接识别出来。出现冷却液损耗时，所冷却组件（电机、电机电子装置、便捷充电电子装置、增程电机和增程电机电子装置）的温度会超出正常运行范围。在此情况下会降低电驱动装置的功率并输出相应检查控制信号。

车辆前部的冷却模块由冷却液空气热交换器、电风扇以及选装主动式冷却风门构成。

为了降低空气阻力和车辆耗油量，i3 可在 BMW i 肾形格栅后选装主动式风门控制装置。该装置由 EDME 控制单元根据运行状态关闭或打开。在美规车型上不提供主动式风门控制装置。i3 驱动系统冷却部件分布如图 7-1-14 所示。

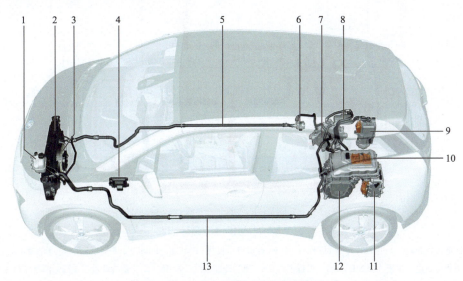

图 7-1-14　i3 驱动系统冷却部件分布

1—驱动组件冷却液循环回路内的补液罐；2—冷却液散热器；3—用于冷却液散热器的电风扇；4—数字式发动机电气电子系统（发动机控制模块）；5—供给管路；6—电动冷却液泵（80W）；7—增程电机；8—发动机冷却液循环回路内的补液罐；9—增程电机电子装置（REME）；10—电机电子装置（EME）；11—便捷充电电子装置（KLE）；12—电机；13—回流管路

待冷却的组件接入冷却液循环回路内，以便保持组件所要求的最高温度水平。电机电子装置所要求的温度比电机低，因此选择按该顺序串联。由于电驱动装置和便捷充电电子装置不同时运行，因此选择了并联。增程电机和增程电机电子装置首先串联连接。由于这两个组件与便捷充电电子装置和电机电子装置不同时运行，因此与其并联连接。此外冷却系统也无需针对所有热功率之和进行设计，因为实际上只需在一个或两个并联支路中排出热量。在装有增程器的车辆上，冷却液循环回路内带有用于冷却 W20 发动机的冷却液制冷剂热交换器。

如图 7-1-15 所示，循环回路均为彩色。蓝色表示较低温度，红色表示冷却液温度较高。不同的红色表示不同程度的高温。

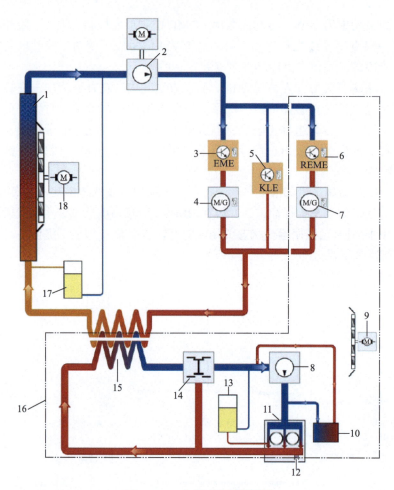

图 7-1-15 电机冷却循环回路

1—冷却液散热器；2—电动冷却液泵（80W）；3—电机电子装置（EME）；4—电机；5—便捷充电电子装置（KLE）；6—增程电机电子装置（REME）；7—增程电机；8—机械冷却液泵；9—用于增程器冷却总成（冷却液制冷剂热交换器）的附加电风扇；10—发动机油冷却液热交换器；11—增程器（W20 发动机）；12—冷却液温度传感器；13—发动机冷却液循环回路内的补液罐；14—节温器；15—用于增程器的冷却液制冷剂热交换器；16—该区域仅限于带有增程器时；17—驱动组件冷却液循环回路内的补液罐；18—用于冷却液散热器的电风扇

 空调系统简介

7.2.1 电动汽车制冷系统

电动汽车空调制冷系统不同于常规燃油车，制冷系统的动力源是电动空调压缩机。电动汽车空调系统组成与常规燃油车型类似，主要由 HVAC 总成、空调风管总成、空调管路总成、电动压缩机、冷凝器、空调控制面板及其相关传感器、空调驱动器等组成。其中空调驱动器与 DC/DC 布置于同一壳体中，位于前舱左侧，如图 7-2-1 所示。

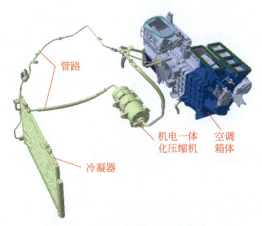

图 7-2-1　电动汽车空调制冷系统组成部件（比亚迪 e6）

传统燃油车辆上，制冷压缩机靠带轮通过发动机曲轴带动运转，其转速只能被动地通过发动机转速来调节，空调系统无法主动地对压缩机转速进行调节。比亚迪 e6 先行者车型，空调系统的压缩机为电动压缩机，靠高压电驱动，转速可被系统主动地调节。其调节范围为 0～4000r/min。这样既保证了良好的制冷效果，又节省了电能。

空调不制冷排查思路：传统部件按传统排查思路排查，先确认制冷剂压力是否正常，排查管路制冷剂是否泄漏、排查电子风扇是否存在故障、排查相关继电器熔丝是否存在故障等；高压系统则排查电动压缩机供电是否正常（排查时需做好绝缘防护）。

7.2.2　电动汽车加热系统

传统燃油车型制热方面，通过发动机冷却液的热量来制热，在发动机启动、暖机阶段制热效果不好。

以广汽 GA3S PHEV 车型为例，暖风系统采用发动机及 PTC 加热器（最大功率 5000kW）作为供热部件。根据车辆的使用工况及用户需求，自动选择发动机或者 PTC 加热器供暖，保证满足要求，同时考虑效率最佳。PTC 加热器通过发热元件将水加热，将电能转化为热能，其安装位置如图 7-2-2 所示。

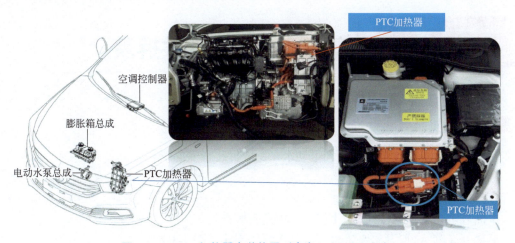

图 7-2-2　PTC 加热器安装位置（广汽 GA3S PHEV）

提示： PTC 加热器、电动压缩机为新能源汽车的耗电部件，会消耗高压电池电能，长期开启时会影响纯电续驶里程。建议使用时适度开启，避免高压电池电量消耗过快。

冷却液被加热后，由暖风水管流入空调暖风水箱中，通过鼓风机使车厢内冷空气与暖风水箱进行热交换，之后热风从风道进入乘客舱，从而起到采暖、除霜、除雾的作用。电动汽车加热系统工作原理如图 7-2-3 所示。

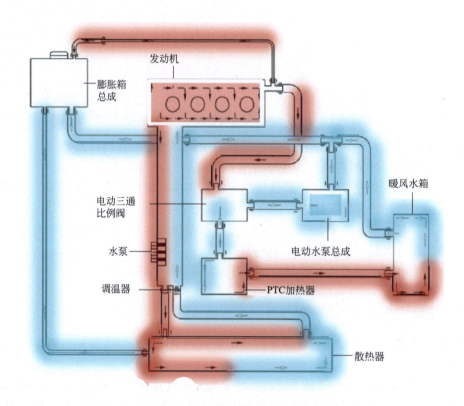

图 7-2-3　电动汽车加热系统工作原理

　高压冷却系统部件拆装

7.3.1　电动水泵总成拆装

以北汽新能源 EU5 车型为例，电动水泵总成拆装步骤如下。
① 断开蓄电池负极电缆。
② 排放冷却液。
③ 断开电动水泵连接插头（图 7-3-1 中箭头所指处）。
④ 松开卡箍 A，脱开水泵进水管 1 与水泵的连接（图 7-3-2）。

⑤ 松开卡箍 B，脱开 PEU 进水管 2 与水泵的连接。使用合适的容器收集相应部件处的冷却液。

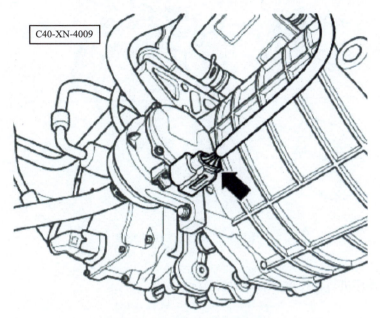

图 7-3-1　断开电动水泵连接插头

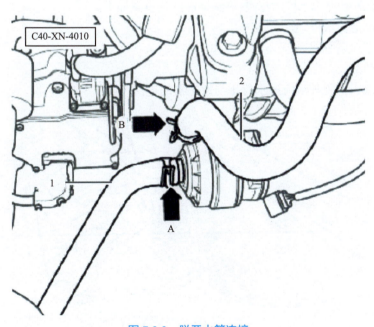

图 7-3-2　脱开水管连接

1,2—进水管；A,B—卡箍

⑥ 旋出图 7-3-3 中箭头所指处水泵固定螺栓，取下电动水泵总成 1。螺栓拧紧力矩为 8～10 N·m；螺栓拆装工具为 M6 套筒。

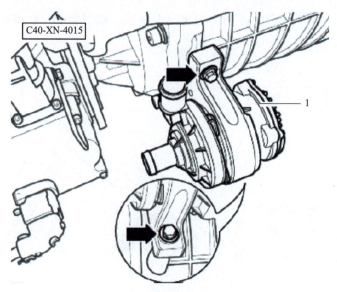

图7-3-3 旋出水泵固定螺栓
1—电动水泵总成

⑦安装以倒序进行，注意补加冷却液至标准位置。

7.3.2 散热器组件拆装

以北汽新能源EU5车型为例，散热器组件拆装步骤如下。
①断开蓄电池负极电缆。
②拆卸电子风扇总成。
③排放冷却液。
④松开卡箍A，脱开溢流回水管1与散热器的连接（图7-3-4）。

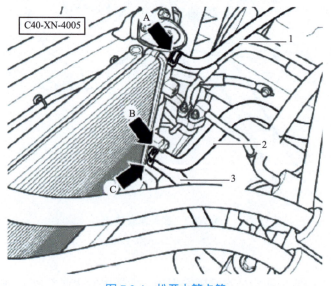

图7-3-4 松开水管卡箍
1～3—水管；A～C—卡箍

⑤ 松开卡箍 B，脱开散热器进水管 2 与散热器的连接。
⑥ 松开卡箍 C，脱开水泵进水管 3 与散热器的连接。
⑦ 松开图 7-3-5 中箭头所指处卡箍，脱开驱动电机出水管 1 与散热器的连接。

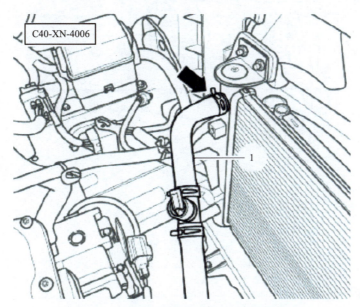

图 7-3-5　脱开驱动电机出水管与散热器的连接
1—驱动电机出水管

⑧ 旋出图 7-3-6 中箭头所指处固定螺栓，脱开冷凝器 1 与散热器的连接。螺栓拧紧力矩为 8～10N·m；螺栓拆装工具为 M6 套筒。

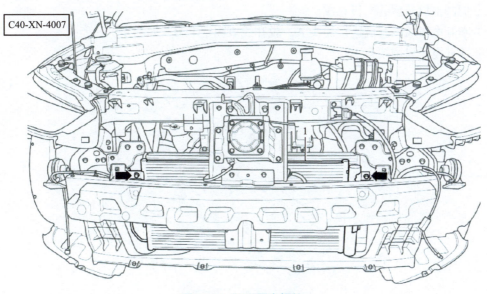

图 7-3-6　取出固定螺栓
1—冷凝器

⑨ 旋出图 7-3-7 中箭头所指处固定螺栓，取下散热器上支架 1。螺栓拧紧力矩为 18～24 N·m；螺栓拆装工具为 M8 套筒。

⑩ 取出散热器总成2。

图 7-3-7　取出散热器

1—散热器上支架；2—散热器总成

⑪ 安装以倒序进行。

7.3.3　电子风扇总成拆装

以北汽新能源 EU5 车型为例，电子风扇总成拆装步骤如下。

① 断开蓄电池负极电缆。

② 拆卸前机舱后装饰板总成。

③ 断开电子风扇总成连接插头 A，脱开线束固定卡 B，如图 7-3-8 所示。

④ 移开电子风扇线束 1。

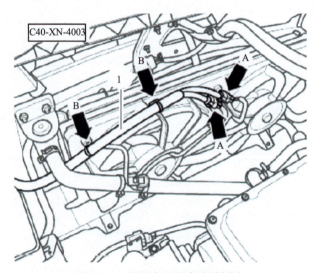

图 7-3-8　断开电子风扇连接插头

1—电子风扇线束；A—电子风扇总成连接插头；B—线束固定卡

⑤拧下固定螺栓，取下电子风扇总成1，如图7-3-9所示。螺栓拧紧力矩为8～10 N·m；螺栓拆装工具为M6套筒。

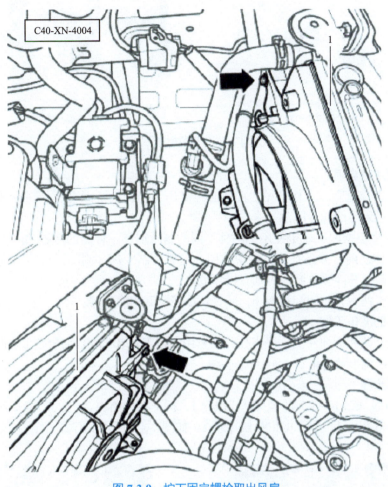

图7-3-9　拧下固定螺栓取出风扇
1—电子风扇总成

⑥安装以倒序进行。

空调系统高压部件拆装

7.4.1　电动空调压缩机拆装

下面以宝马i3电动汽车为例讲解电动空调压缩机的拆装。
（1）需要的专用工具
装配楔009030（用于拆卸O形圈、密封件及饰件）和防护塞子321270如图7-4-1所示。

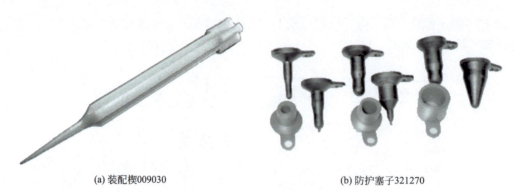

(a) 装配楔009030　　　　　　　　(b) 防护塞子321270

图 7-4-1　拆装所用工具

（2）拆装注意事项

高压系统存在危险，工作开始之前务必将高压系统切换至无电压；制冷循环回路处在高压下；避免接触制冷剂和冷冻油。

在宝马 i3 中根据国家规定使用了两种不同的制冷剂和一种新的冷冻油。在制冷循环回路上执行维修工作之前，务必查明车辆中使用的是哪种制冷剂。制冷循环回路按规定注满制冷剂后，才能重新打开冷暖空调，否则有损坏危险。

如果冷暖空调敞开时间超过 24 h，应更新冷暖空调的冷凝器。

（3）需要的准备工作

排放冷暖空调和拆卸左侧水平支柱，注意用专用工具 321270 将压缩机上的开口或导线密封，以避免介质溢出及污染。

（4）拆装步骤

① 生产时间自 2014 年 7 月起：松开螺栓 1，拆下缓冲挡块 2，如图 7-4-2 所示。

② 松开 M6 螺栓 1，取下电位补偿导线 2，如图 7-4-3 所示。拧紧力矩为 19N·m。

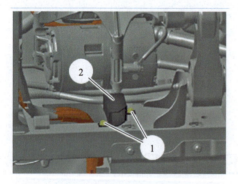　　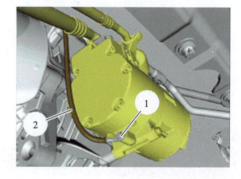

图 7-4-2　拆下缓冲挡块　　　　　　　　图 7-4-3　取下电位补偿导线
1—螺栓；2—缓冲挡块　　　　　　　　1—螺栓；2—电位补偿导线

③ 松开压缩机 2 上的 M6 螺栓 1，如图 7-4-4 所示。拧紧力矩为 7.6N·m。安装时不要忘记去耦环。

④ 松开插头连接 1，如图 7-4-5 所示。

⑤ 松开高压线插头连接 1，如图 7-4-6 所示。

模块 7　温度管理系统维修

图 7-4-4　松开压缩机螺栓

1—螺栓；2—压缩机

图 7-4-5　松开插头连接

1—插头连接

⑥ 固定住压缩机 1 以防脱落。松开 M8 螺栓 2。拧紧力矩为 19N·m。拆下制冷剂管路 3，如图 7-4-7 所示。

提示： 更换密封环时，为了不损伤密封环，使用专用工具 009030。

图 7-4-6　松开高压线插头连接

1—高压线插头连接

图 7-4-7　拆下制冷剂管路

1—压缩机；2—螺栓；3—制冷剂管路

⑦ 在更新时，调整新压缩机内的制冷剂油量。

⑧ 装配完成后，对冷暖空调抽真空和加注制冷剂。

7.4.2　电加热器拆装

（1）需要的专用工具

钳子 172050（包括松脱工具、弯曲型钳子与平直型钳子）和塞子 321270（用于封闭空调、制动与转向系统液压管路）如图 7-4-8 所示。

（2）注意事项

工作开始前务必断开高压系统电压；松开冷却液管时会有冷却液流出，准备好容器盛放并妥善处理排出的冷却液。

（3）准备工作

拆除行李厢槽，断开负极蓄电池导线。

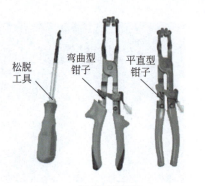
(a) 钳子172050

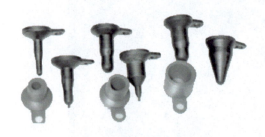
(b) 塞子321270

图 7-4-8　拆装所需专用工具

（4）拆装步骤

①拆卸空气导管1，如图 7-4-9 所示。

②松开插头连接1，将冷却液管2解除联锁并取下，如图 7-4-10 所示。

图 7-4-9　拆卸空气导管
1—空气导管

图 7-4-10　解除冷却液管联锁
1—插头连接；2—冷却液管

③松开插头连接1，松开 M6 螺栓2，如图 7-4-11 所示。拧紧力矩为 2.6N·m。

图 7-4-11　松开插头连接
1—插头连接；2—螺栓

④软管夹圈1借助专用工具 172050 松开，拔下冷却液管2，如图 7-4-12 所示。松开 M6 螺母3并拆下电位补偿导线。松开 M6 螺栓4。拧紧力矩为 2.6N·m。按照箭头方向取下电加热器5。拧紧力矩为 4N·m。

⑤小心吹洗电加热器，清除残余冷却液。电加热器上的开口或管路借助专用工具 321270 进行封堵，避免介质溢出及污染。

⑥在更新时，软管夹圈1借助专用工具 172050 松开，拔下冷却液管2。松开螺栓3和4，拆下支架5，如图 7-4-13 所示。

⑦装配完成后，对冷却系统排气和加注冷却液。注意不允许在 ECO-PRO 模式下加注和排气。

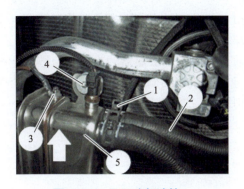

图7-4-12　取下冷却液管

1—软管夹圈；2—冷却液管；3—螺母；
4—螺栓；5—电加热器

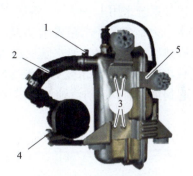

图7-4-13　拆下安装支架

1—软管夹圈；2—冷却液管；
3,4—螺栓；5—支架

项目 5　高压冷却系统故障诊断

7.5.1　冷却系统管路分布与冷却液循环线路

以北汽新能源EU5车型为例，冷却系统由散热器、电子风扇、电动水泵、膨胀壶及冷却管路组成，为驱动电机、PEU等发热元件进行散热，保证其在最佳温度条件下工作。冷却系统组成部件与管路分布如图7-5-1所示。

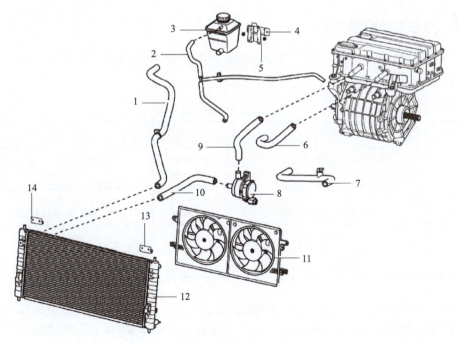

图7-5-1　冷却系统组成部件与管路分布

1—补水管；2—通气管；3—膨胀壶；4—膨胀壶支架；5—膨胀壶支架固定螺母；6—电机进水软管；7—散热器进水软管；8—水泵总成；
9—水泵出水软管；10—散热器出水软管；11—电子风扇总成；12—散热器总成；13—散热器左上支架；14—散热器右上支架

冷却系统采用串联结构,将散热器、水泵与 PEU、驱动电机等发热元件串联成闭环水路。其中水泵为整个循环水路提供动力,将低温冷却水泵入 PEU、驱动电机等发热工作元件,冷却水吸热后变成热水,热水随后进入散热器,通过风扇吸过散热器的冷空气与散热器中的热水进行热交换,冷却水变为低温冷却水,随之通过水泵继续循环工作。副水箱在整个循环中主要起到水泵前补水防汽蚀及提供膨胀空间的作用。冷却液循环线路如图 7-5-2 所示。

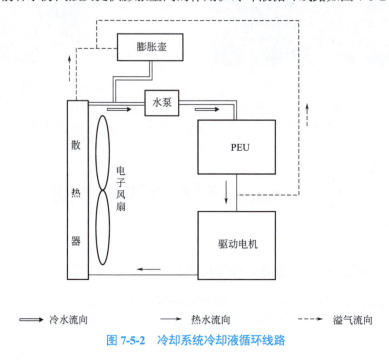

图 7-5-2　冷却系统冷却液循环线路

7.5.2　冷却系统故障诊断

以北汽新能源 EU5 车型为例,电动水泵控制电路如图 7-5-3 所示,EWP(电动水泵)故障码见表 7-5-1。

表 7-5-1　EWP 故障码

故障码	定义	故障码	定义
P84098	水泵电机控制电路过温	P18471C	水泵温度传感器 1 对地/电源短路
U2C0017	EWP 检蓄电池电压过高	P18481C	水泵温度传感器 2 对地/电源短路
U2C0016	EWP 检蓄电池电压过低	U2C0387	EWP 与 MCU 通信丢失
P184219	水泵电机过流	U2C0088	EWP BUSOFF
P184313	水泵电机开路		

在进行下列步骤之前,确认蓄电池电压为正常电压。关闭启动停止按键及所有用电器。将诊断仪 BDS 连接全车辆诊断接口上。打开启动停止按键至 RUN 挡。用诊断仪读取和清除故障码。

提示: 使用最新的软件检测。关闭启动停止按键及所有用电器,3~5s 后重新打开启动停止按键。用诊断仪读取故障码。如果检测到故障码，则说明车辆有故障，进行相应的诊断步骤。如果没有检测到故障码，则说明先前检测到的故障为偶发性故障。

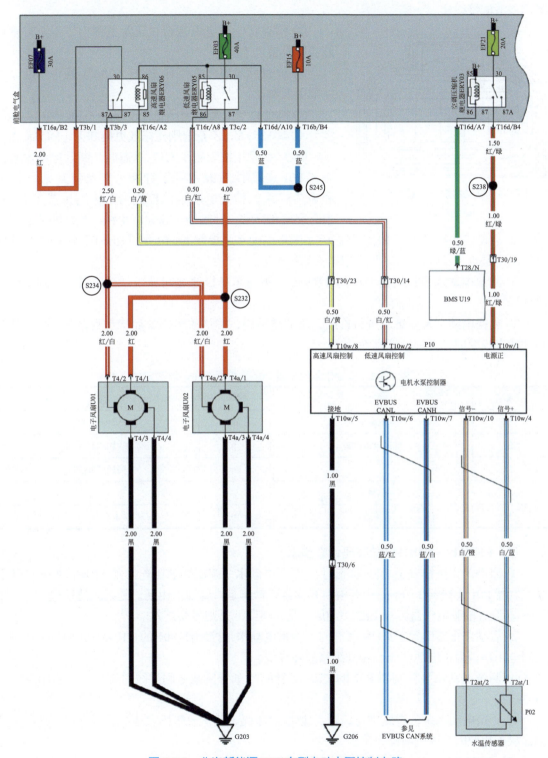

图 7-5-3 北汽新能源 EU5 车型电动水泵控制电路

(1) U2C0017、U2C0016、P84098故障码诊断步骤

①检查蓄电池充电线路是否正常，接线柱是否有松动、锈蚀等。有问题则维修故障导线，紧固或清洁接线柱。

②检查蓄电池电压是否在正常范围内。不正常则检修或更换蓄电池。

③检查前舱电气盒熔丝EF21（20A）是否熔断。熔断则更换熔丝。

④检查DC/DC输出电压是否正常。DC/DC输出电压范围为（14±0.25）V，不符合则检修或更换PEU（DC/DC）。

⑤启动停止按键置于OFF状态时，断开电动水泵控制器P01连接器T10w（端子针脚分布及定义见图7-5-4和表7-5-2），检查电动水泵控制器P01连接器T10w是否有裂痕和异常，针脚是否腐蚀、生锈。是则酌情处理。

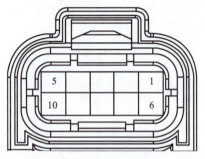

图 7-5-4 电动水泵控制器 P01 连接器 T10w 端子针脚分布

⑥启动停止按键置于RUN状态时，测量电动水泵控制器P01的T10w/1针脚与车身接地之间电压是否为蓄电池电压。否则维修故障导线。

⑦测量电动水泵控制器P01的T10w/5针脚与车身接地之间导线是否导通。否则维修故障导线。

⑧更换电动水泵，重新进行诊断，读取故障码，确认故障码及症状是否存在。是则从其他症状查找原因。否则故障排除。

表 7-5-2 电动水泵控制器 P01 连接器 T10w 端子定义

针脚号	定义	针脚号	定义
1	电源正	6	EVBUS CAN L
2	低速风扇控制	7	EVBUS CAN H
3	—	8	高速风扇控制
4	信号+	9	—
5	接地	10	信号-

(2) P184219、P184313故障码诊断步骤

①启动停止按键置于OFF状态时，断开电动水泵控制器P01连接器T10w，检查电动水泵控制器P01连接器T10w是否有裂痕和异常，针脚是否腐蚀、生锈。是则酌情处理。

②检查前舱电气盒熔丝EF21（20A）是否熔断。是则更换熔丝。

③启动停止按键置于RUN状态时，测量电动水泵控制器P01的T10w/1针脚与车身接地之间电压是否为蓄电池电压。否则维修故障导线。

④测量电动水泵控制器P01的T10w/5针脚与车身接地之间导线是否导通。否则维修故障导线。

⑤更换电动水泵，重新进行诊断，读取故障码，确认故障码及症状是否存在。是则从其他症状查找原因。否则故障排除。

(3) P18471C、P18481C故障码诊断步骤

①检查水温传感器是否有裂痕、损坏。是则更换水温传感器。

② 断开电动水泵控制器 P01 连接器 T10w、水温传感器 P02 连接器 T2at（端子针脚分布及定义见图 7-5-5 和表 7-5-3）。检查电动水泵控制器 P01 连接器 T10w、水温传感器 P02 连接器 T2at 是否有裂痕和异常，针脚是否腐蚀、生锈。是则酌情处理。

表 7-5-3　水温传感器 P02 连接器 T2at 端子定义

针脚号	定义
1	信号 +
2	信号 -

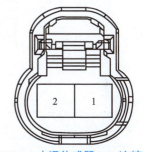

图 7-5-5　水温传感器 P02 连接器 T2at 端子针脚分布

③ 检查水温传感器 P02 的 T2at/1 针脚与 T2at/2 针脚之间的阻值，是否随着温度升高而变小。否则进行第⑨步。

④ 测量电动水泵控制器 P01 的 T10w/4 针脚、T10w/10 针脚与水温传感器 P02 的 T2at/1 针脚、T2at/2 针脚之间导线是否出现断路情况。否则维修故障导线。

⑤ 断开蓄电池负极电缆。

⑥ 测量水温传感器 P02 的 T2at/1 针脚、T2at/2 针脚与蓄电池正极之间是否出现短路情况。是则维修故障导线。

⑦ 测量水温传感器 P02 的 T2at/1 针脚、T2at/2 针脚与车身接地之间是否出现短路情况。是则维修故障导线。

⑧ 检查电动水泵供电及接地是否正常。否则维修故障导线。

⑨ 更换水温传感器，重新进行诊断，读取故障码，确认故障码及症状是否存在。否则故障排除。

⑩ 更换电动水泵，重新进行诊断，读取故障码，确认故障码及症状是否存在。是则从其他症状查找原因。否则故障排除。

（4）U2C0387、U2C0088 故障码的诊断步骤

① 启动停止按键置于 OFF 状态时，断开电动水泵控制器 P01 连接器 T10w，检查电动水泵控制器 P01 连接器 T10w 是否有裂痕和异常，针脚是否腐蚀、生锈。是则酌情处理。

② 检查前舱电气盒熔丝 EF21（20A）是否熔断。是则更换熔丝。

③ 启动停止按键置于 RUN 状态时，测量电动水泵控制器 P01 的 T10w/1 针脚与车身接地之间电压是否为蓄电池电压。否则维修故障导线。

④ 测量电动水泵控制器 P01 的 T10w/5 针脚与车身接地之间导线是否导通。否则维修故障导线。

⑤ 断开蓄电池负极电缆，测量电动水泵控制器 P01 的 T10w/6 针脚与 T10w/7 针脚之间电阻是否正常。参考阻值约为 60Ω，否则进行第⑦步。

⑥ 测量电动水泵控制器 P01 的 T10w/6 针脚、T10w/7 针脚与车身接地之间是否出现短路情况。是则维修故障导线。

⑦ 断开网关控制系统 I45 连接器 T40a（端子针脚分布及定义见图 7-5-6 和表 7-5-4），测量网关控制系统 I45 的 T40a/19 针脚、T40a/20 针脚与电动水泵控制器 P01 的 T10w/6 针脚、T10w/7 针脚之间导线是否导通。否则维修故障导线。

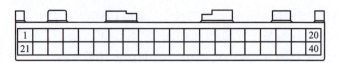

图 7-5-6 网关控制系统 I45 连接器 T40a 端子针脚分布

表 7-5-4 网关控制系统 I45 连接器 T40a 端子定义

针脚号	定义	针脚号	定义
1	蓄电池电源	14	—
2	IG2 电源	15	EBUS CAN L
3	—	16	EBUS CAN H
4	—	17	IBUS CAN L
5	接地	18	IBUS CAN H
6	DiagBUS CAN L	19	EVBUS CAN L
7	DiagBUS CAN H	20	EVBUS CAN H
8	TBUS CAN L	21	蓄电池电源
9	TBUS CAN H	22	—
10	—	23	—
11	—	24	接地
12	CBUS CAN L	25	ACC 电源
13	CBUS CAN H		

⑧ 断开 BMS 电池管理器 U19 连接器 T28（端子针脚分布及定义见图 7-5-7 和表 7-5-5），测量电池管理器 U19 的 T28/P 针脚、T28/R 针脚与电动水泵控制器 P01 的 T10w/6 针脚、T10w/7 针脚之间导线是否导通。否则维修故障导线。

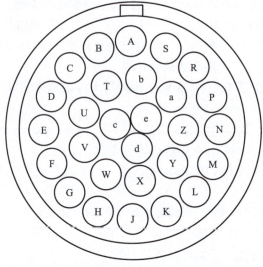

图 7-5-7 BMS 电池管理器 U19 连接器 T28 端子针脚分布

表 7-5-5　BMS 电池管理器 U19 连接器 T28 端子定义

针脚号	定义	针脚号	定义
A	蓄电池电源	R	EVBUS CAN H
B	ON 挡唤醒	S	CMU/OBC 继电器控制信号输出
C	接地	T	快充温度传感器 2+
D	BBUS CAN H	U	快充温度传感器 2−
E	BBUS CAN L	V	快充温度传感器 1+
F	蓄电池电源	W	快充温度传感器 1−
G	劫警信号	X	DC/DC MCU 唤醒输出信号
H	接地	Y	—
J	快充负极继电器控制信号	Z	
K	FCBUS CAN L	a	快充连接确认 CC2
L	FCBUS CAN H	b	慢充连接确认 CC
M	快充正极继电器控制信号	c	快充唤醒信号
N	空调继电器控制输出信号	d	慢充唤醒信号
P	EVBUS CAN L	e	远程唤醒信号

⑨ 断开高压驱动集成单元（PEU 控制系统）U22 连接器 T48（端子针脚分布及定义见图 7-5-8 和表 7-5-6），测量高压驱动集成单元（PEU 控制系统）U22 的 T48/H2 针脚、T48/H1 针脚与电动水泵控制器 P01 的 T10w/6 针脚、T10w/7 针脚之间导线是否导通。否则维修故障导线。

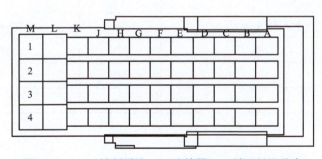

图 7-5-8　PEU 控制系统 U22 连接器 T48 端子针脚分布

⑩ 检查高压驱动集成单元（PEU 控制系统）供电及接地是否正常。否则维修故障导线。

⑪ 检修或更换 PEU，重新进行诊断，读取故障码，确认故障码及症状是否存在。否则故障排除。

⑫ 更换电动水泵，重新进行诊断，读取故障码，确认故障码及症状是否存在。是则从其他症状查找原因。否则故障排除。

表 7-5-6　PEU 控制系统 U22 连接器 T48 端子定义

针脚号	定义	针脚号	定义
A1	制动信号	G1	加速踏板位置信号 1 地
A2	—	G2	加速踏板位置信号 1
A3	—	G3	—
A4	V2L 开关指示灯	G4	—
B1	巡航开关信号	H1	EVBUS CAN H
B2	BRAKE SE（制动开关）信号	H2	EVBUS CAN L
B3	对外供电开关	H3	—
B4	CC-OUT 信号	H4	—
C1	加速踏板电源信号 2	J1	CBUS CAN H
C2	巡航开关地	J2	CBUS CAN L
C3	交流充电连接 CP 信号	J3	—
C4	慢充唤醒信号	J4	—
D1	加速踏板位置信号 2 地	K1	—
D2	加速踏板位置信号 2	K2	—
D3	交流充电连接 CC	K3	—
D4	—	K4	—
E1	—	L1	DC/DC MCU 唤醒输入信号
E2	—	L2	OBC 唤醒信号
E3	—	L3	蓄电池电源
E4	—	L4	接地
F1	加速踏板电源信号 1	M1	快充正极继电器控制信号
F2	—	M2	快充负极继电器控制信号
F3	—	M3	蓄电池电源
F4	—	M4	接地

项目 6　制冷系统故障维修

7.6.1　空调不制冷

以江铃 E200/E200S 车型为例，排查流程如下。

① 将钥匙拧到 ON 挡，仪表显示如图 7-6-1 所示，然后再启动车辆。

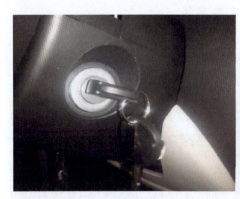 

图 7-6-1　车辆上电

② 启动空调（图 7-6-2）。
a. 手动空调。将中间旋钮旋至 1～4 挡任意一挡，开启空调功能。
b. 自动空调。按下 ON/OFF 键开启空调功能。

 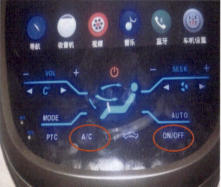

图 7-6-2　启动空调

③ 开启制冷功能（图 7-6-3）。

图 7-6-3　开启制冷功能

a. 手动空调。按下 A/C 键，A/C 键亮灯，制冷功能开启。
b. 自动空调。按下 A/C 键，显示屏中 A/C 标识亮起。

④ 调节空调温度（图 7-6-4）。

a. 手动空调：调节左边旋钮至最左侧，将温度调节至最低。
b. 自动空调：按温度调节箭头，将温度调节至最低（空调制冷，显示屏"雪花"标识亮起）。

 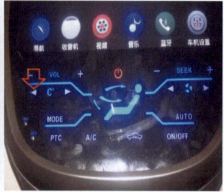

图 7-6-4　调节空调温度

⑤ 空调制冷功能开启后，冷凝风扇及压缩机开始启动工作，检查车辆是否制冷，制冷持续 5min 无异常，检查完毕。

⑥ 若不制冷，检查空调管路压力是否正常，确认制冷剂是否加注正常。

⑦ 排除制冷剂影响后，开启空调检查压缩机输入电压是否为 144V。

⑧ 排除电路故障后，确认是压缩机本体故障，更换压缩机（空调压缩机低压端检查如图 7-6-5 所示）。

提示： 开启空调制冷功能确保调节温度低于环境温度；更换压缩机后重新加注制冷剂，制冷剂加注量为（430±10）g。

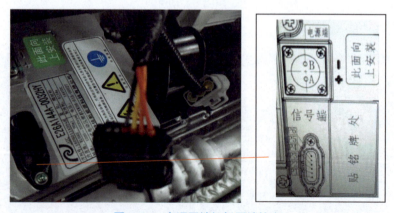

图 7-6-5　空调压缩机低压端检查

压缩机低压连接端子定义如下。

P1 针脚电压为 12V+，测量此电压时，钥匙拧到 ON 挡，万用表负表笔放在车身搭铁上测量。

P2 针脚电压为 12V+，测量此电压时，钥匙拧到 ON 挡，把空调开关打开（高配的中控屏上 AC 指示灯一定要显示亮），万用表负表笔放在车身搭铁上测量。

P3 为调节压缩机转速信号。

P4 为 12V-，测量此针脚时，万用表打到导通挡，负表笔放在车身搭铁上，此针脚与车身地导通。

7.6.2 空调系统高压电路故障

故障现象

江淮新能源车辆无法启动，系统故障灯点亮，上位机读取故障码为 P301B。

故障分析

车辆压缩机反馈高压值与系统总压不符合，导致车辆采取保护措施，无法行驶。

故障诊断

① 压缩机高压接插件未接插到位导致，重新插紧接插件。
② 高压接线盒内空调熔丝熔断，更换熔丝。
③ 压缩机自身故障，更换后车辆恢复正常。

7.6.3 空调压缩机排查流程

检查前提

拔下压缩机高压航插与低压航插。

检查步骤

① 检查高压接插件绝缘情况（万用表调到 500V 挡，正极接到压缩机高压接插件一端，负极接触壳体），测量值为大于或等于 550MΩ，若绝缘值为 0 表示压缩机故障，建议更换压缩机，如图 7-6-6 所示。

② 检查高压接插件正、负极是否短路，不短路表示正常，若短路表示压缩机电路损坏，建议更换压缩机，如图 7-6-7 所示。如正常则进行步骤③。

图 7-6-6　检查高压接插件绝缘情况　　图 7-6-7　检查高压接插件正、负极是否短路

③ 检查高压接插件正、负极间的电阻（万用表调到 20MΩ，万用表正、负极接触高压端子），应有一个缓慢充电变化的过程，如阻值大于或等于 10Ω 表示正常，如图 7-6-8 所示。

图 7-6-8 检查高压接插件正、负极间的电阻

若以上测试结果均正常,基本上可确认压缩机完好,建议排查整车其他部件。

7.6.4 EV 模式下空调不工作

故障现象

比亚迪秦 PHEV 车辆上 OK 挡电,在 EV 模式下,开启空调后,发动机自动启动,机械压缩机工作。

故障分析

因打开空调后,机械压缩机可以正常工作,可以排除空调管路系统、空调面板按键、温度传感器及压力传感器等故障,分析故障主要和电动压缩机高压部分及控制部分有关,原因可能有高压配电箱故障、空调控制器故障、空调配电盒故障、电动压缩机及其线路故障。

故障诊断

① 车辆上 OK 挡电后,诊断仪读取电动压缩机及 PTC 加热器模块高压输入为 500V,说明高压配电箱及空调配电盒正常。

② 断开电动压缩机 A56 接插件,测量 A56 接插件 1 脚电压为 13V,正常;测量 A56 接插件的 2 脚,搭铁正常。

③ 测量电动压缩机 A56 接插件的 4 脚、5 脚 CAN 线,都为 2.5V 电压,正常。

④ 断开 PTC 加热器 B57 接插件,测量 B57 接插件 1 脚电压为 13V,正常;测量 B57 接插件的 6 脚,搭铁正常。

⑤ 测量 PTC 加热器接插件的 4 脚、5 脚 CAN 线,都为 2.5V 电压,正常。

⑥ 因电动压缩机及 PTC 加热器接插件线路高压及低压都正常,怀疑电动压缩机或 PTC 加热器故障。

⑦ 更换电动压缩机后,故障排除。

维修小结

秦空调系统在传统机械压缩机制冷及发动机冷却液制热的基础上,增加了一套不依靠发动机工作即可实现的制冷和制热系统。

秦在 EV 模式和 HEV 模式下,开启空调时,优先使用电动压缩机及 PTC 加热器加热,只有在高压电池电量不足或高压空调系统故障时,空调控制器经网关和驱动电机控制器通信,并由驱动电机控制器和发动机 ECM 进行通信，启动发动机，利用传统发动机带动机械压缩机及冷却液的循环实现制冷及制热。

秦空调控制系统的核心为空调控制器，空调控制器主要接收空调面板等操作面板的按键指令（主要为 CAN 线传递），同时接收传统的温度及压力信号，并和电动压缩机及空调 PTC 加热器共同构成空调内部 CAN 网络，空调控制器接收并检测以上 CAN 信号及传感器信号后，会根据检测的信号情况进行空调冷风或暖风的开启及关闭，并根据实际情况判断是否启动发动机。空调系统工作原理如图 7-6-9 所示。

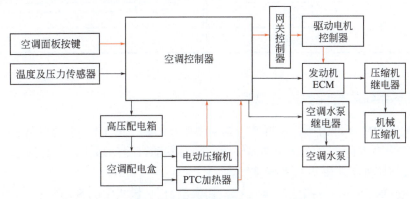

图 7-6-9　空调系统工作原理

项目 7　加热系统故障维修

7.7.1　PTC 继电器排查流程

以江铃新能源车型为例，检测 BDU+ 和多芯连接器的 5 号和 6 号孔位之间是否导通，如图 7-7-1 所示。如 5 号孔位与 BDU+ 导通，则为 PTC1 继电器粘连；如 6 号孔位与 BDU+ 导通，则为 PTC2 继电器粘连。

BDU 低压接插件连接端子针脚分布如图 7-7-2 所示，端子定义见表 7-1。

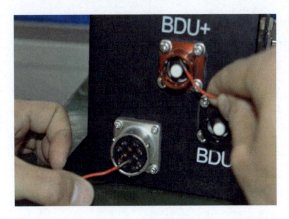

图 7-7-1　导通检测

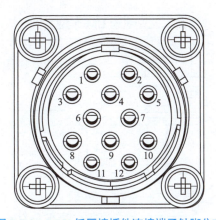

图 7-7-2　BDU 低压接插件连接端子针脚分布

表 7-7-1　BDU 低压接插件连接端子定义

针脚号	定义	针脚号	定义
1	—	7	—
2	—	8	一体式空调压缩机 -
3	—	9	电加热器 1-
4	一体式空调压缩机 +	10	电加热器 2-
5	电加热器 1+	11	—
6	电加热器 2+	12	—

7.7.2　加热系统维修保养排气说明

以比亚迪宋 DM 车型为例，在拆装空调采暖系统回路中的 PTC 电动水泵、PTC 加热器、暖风水管、空调箱体和动力总成等零部件后，需对发动机冷却系统进行加注适量的、规定的冷却液，且需按照如下步骤进行系统排气。

① 整车上 OK 挡电，将挡位挂至 N 挡，切换至 HEV 模式中的 Sport 模式，启动发动机。

② 打开空调，将空调温度设置到高（Hi），风量挡位建议设置在 4 挡。

③ 将加速踏板踩下，按 5min 2500r/min 左右发动机转速→1min 原地急速的周期进行排气。两次循环过后，在发动机怠速工况下，用手感受出风口的风温。若风温出现明显的下降趋势，则继续按上述排气方法进行排气。若风温不出现明显的下降趋势后切换至 EV 模式，再次用手感受出风温度（感受时间不能太短，建议大于 3min），若风温无明显的下降，则排气完成。若风温有明显的下降，需再次切换至 HEV 模式按上述方法进行排气。

④ 排气完成后，检测冷却系统是否漏液。

⑤ 排气完成后，观察前舱发动机冷却液补液壶内的液位，若液位低于"max"线，则需要进行补液，让发动机冷却液补液壶中的液位接近"max"线。

提示：可以适当地调整转速和怠速的频率，如 1min 2500r/min → 30s 怠速。

7.7.3　PTC 功能不正常检修步骤

下面以比亚迪宋 DM 车型为例，讲解 PTC 功能异常的检修方法。

① 检查高压互锁信号。断开 B19（B）接插件（图 7-7-3），检查线束端电阻（表 7-7-2），如异常则更换线束，如正常则进入第②步。

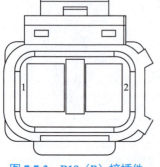

图 7-7-3　B19（B）接插件

表 7-7-2　检查线束端电阻

连接	条件	正常情况
B19（B）-1～B28-11	始终	小于 1Ω
B19（B）-2～K46-5	始终	小于 1Ω

② 检查熔丝。用万用表检查 F2/32 熔丝是否导通，如异常则更换熔丝；如正常，则进入第③步。

③ 检查 PTC 电源与接地。断开 B19（A）接插件（图 7-7-4），检查对地电压（表 7-7-3），如异常则检查电源线束，如正常则进入第④步。

表 7-7-3　检查对地电压

连接	条件	正常情况
B19（A）-1～车身地	ON 挡	11～14V
B19（A）-2～车身地	始终	小于 1V

图 7-7-4　B19（A）接插件

④ 检查线束。断开 B19（A）接插件，测线束阻值（表 7-7-4），如异常则更换线束，如正常则进入第⑤步。

表 7-7-4　检查线束

端子	条件	正常情况
B19（A）-2～车身地	始终	小于 1Ω

⑤ 检查 CAN 通信。断开 B19（A）接插件，检查电压是否正常（表 7-7-5），如异常则检查 CAN 线束；如正常则进入第⑥步。

表 7-7-5　检查 CAN 通信

端子	条件	正常情况
B19（A）-4～车身地	始终	约 2.5V
B19（A）-5～车身地	始终	约 2.5V

⑥ 检查空调 ECU。更换空调 ECU，检查故障是否再现，如正常则可判定为空调 ECU 故障，如异常则更换 PTC 总成。

模块 8

CAN 总线与 VCU 系统维修

项目 1　CAN 总线原理

8.1.1　CAN 总线简介

CAN 是 Controller Area Network 的缩写，全称是控制器局域网络总线，即控制设备相互连接，进行数据交换。它是国际上应用最广泛的现场总线之一，被设计为汽车环境中的微控制器通信总线，在各电子控制单元（ECU）之间交换信息，形成汽车电子控制网络。

LIN 是用于汽车分布式电控系统的一种新型低成本串行通信系统，主要用于智能传感器和执行器的串行通信。LIN 总线的特点：基于 UART 的数据格式；单主多从结构；单线传输（0～12V）；通信速率为 19.2Kbps。

CAN 总线的通信介质是双绞线，其中高速 CAN 总线的通信速率为 500Kbps。双绞线终端为两个 120Ω 的电阻。

高速 CAN 总线是差分总线，高速 CAN 总线串行数据总线 H 和高速 CAN 总线串行数据总线 L 从静止或闲置电平驱动到相反的极限，大约为 2.5V 的闲置电平被认为是隐性传输数据并解释为逻辑 1。将线路驱动至极限时，高速 CAN 总线串行数据总线 H 将升高 1V 而高速 CAN 总线串行数据总线 L 将降低 1V。极限电压差 2V 被认为是显性传输数据并解释为逻辑 0，如图 8-1-1 所示。

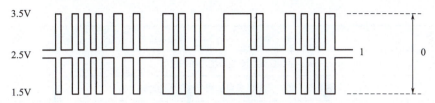

图 8-1-1 电压差与数据对应关系

发送 CAN 信号时,电流从控制器的发送端流到 CANH 线,经过终端电阻流入 CANL 线,再返回控制器的接收端。如果通信信号丢失,程序将针对各控制模块设置失去通信故障码。该故障码可被故障诊断仪读取。

8.1.2 混动车型总线网络

8.1.2.1 大众途锐 HEV 总线网络

途锐混合动力车在不同的工作模式时,必须对不同车辆系统之间大量不同的车辆信息进行搜集、评估和交换,以进行调控。除了驱动系统、舒适系统和信息娱乐系统 CAN 数据总线网络之外,途锐还使用到了底盘 CAN、扩展 CAN、显示 CAN 以及混合动力 CAN。此外,还要处理来自 MOST 和 LIN 网络的信息。这些网络的公用接口就是数据总线诊断接口(网关)。数据总线网络连接见图 8-1-2 和表 8-1-1。

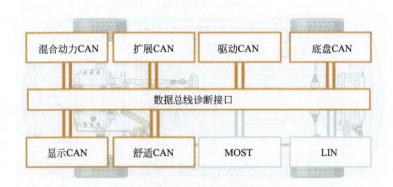

图 8-1-2 数据总线网络连接

表 8-1-1 数据总线网络连接

总线名称	连接系统
驱动 CAN	发动机管理系统、变速器管理系统、安全气囊系统等之间的通信
舒适 CAN	座椅记忆、牵引探测、防盗系统等之间的通信
底盘 CAN	ABS/ESP、减振器和车身高度调节、电子驻车、转角传感器等之间的通信
扩展 CAN	空调压缩机、大灯照射范围控制、电子液压助力转向等之间的通信
显示 CAN	组合仪表、驻车辅助系统、空调控制等之间的通信
混合动力 CAN	发动机控制单元、芯轴作动器、电力电子装置、电机等之间的通信

续表

总线名称	连接系统
MOST	收音机/导航系统、组合仪表、音响系统之间的通信
LIN	座椅占用识别系统、PTC调节、鼓风机调节等之间的通信

图 8-1-3 所显示的只是在电驱动模式下所需要的部件和信号。实际上，在行驶模式中所涉及的车辆系统间，所有其他的输入和输出信号都会进行交换，例如暖风和空调系统、助力转向系统和制动系统的运行等。在电驱动模式和发动机驱动模式之间互相切换时，车辆各系统间的协调是特别重要的，协调得好，驱动转矩上的变化才不会对驾驶的舒适性产生不良影响。这意味着发动机管理系统、变速器管理系统和混合动力调节系统互相之间特别需要精确地配合。在电驱动模式和发动机驱动模式之间进行切换时，在发动机控制单元和电力电子装置之间也在切换着优先权。在发动机驱动模式下，发动机控制单元是主导控制单元。在电驱动模式下，电力电子装置取代了发动机控制单元的优先控制权。

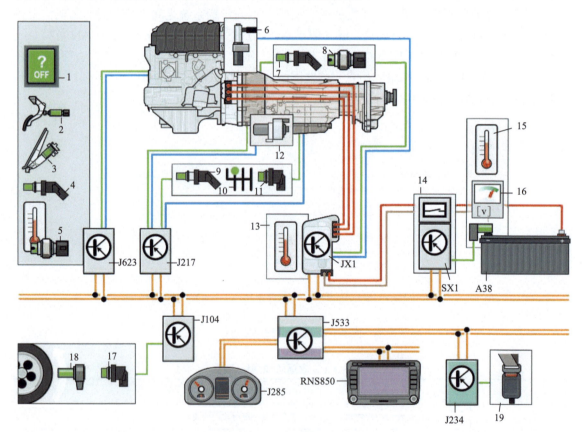

图 8-1-3　网络总线系统示意

1—电驱动模式（开/关）；2—制动信号；3—电子油门信号；4—发动机转速；5—发动机温度；6—离合器动作发动机/电机；7—电机转速；8—电机温度；9—变速器转速；10—挡位识别；11—变速器液压系统温度；12—离合器液压泵、变速器液压压力及换挡动作；13—电力电子装置温度；14—高压线路监控；15—蓄电池温度；16—电压监控；17—制动系统液压压力、制动压力；18—轮速探测；19—安全带识别；A38—高压电池；J623—发动机控制单元；J217—自动变速器控制单元；JX1—用于电驱动的电力电子装置；SX1—接线盒和配电箱（电气箱）；J104—ABS控制单元；J285—组合仪表控制单元；J533—数据总线诊断接口；J234—安全气囊控制单元；RN5850—收音机导航系统

8.1.2.2 丰田 MPX 多路通信系统

以雷克萨斯 ES300H 混动车型为例，多路通信系统使用四种通信协议（CAN、LIN、AVC-LAN 和 MOST）以获得流线型线束配置（表 8-1-2）。

表 8-1-2　多路通信系统使用的通信协议

协议	概要
控制器区域网络（CAN）	CAN 根据通信速度分为两种类型。高速 CAN（HS-CAN）用于传动系统、底盘和车身电气系统，中速 CAN（MS-CAN）用于车身电气系统 HS-CAN 部分为 CANV 总线、CAN 分总线 11、CAN 分总线 13 和 CAN 分总线 15。动力管理控制 ECU 在总线之间传输数据 MS-CAN 部分称为 CAN 分总线 1。主车身 ECU（多路网络车身 ECU）在总线间传输数据
局域互联网（LIN）	局域网使用 LIN，其中各车身电气系统有各自的 LIN 总线
音频 / 视频通信局域网（AVC-LAN）	AVC-LAN 仅用于音频视频系统零部件间的通信
媒体定向系统传输（MOST）	MOST 仅用于音频视频系统零部件间的通信

由于传动系统、底盘、车身电气系统中引入了 CAN 通信系统，实现了流线型线束配置。CAN、LIN、AVC-LAN 和 MOST 是单独的网络，彼此之间不兼容而无法直接通信。因此，某些 ECU 用作网关传送数据，从而使 CAN 和 LIN 网络间进行通信。

CAN、LIN、AVC-LAN 和 MOST 所使用的协议（即建立数据通信的规则）各不相同。如果网络中的各个 ECU 使用不同的数据架构，例如，通信速度、通信线束或信号不同，则彼此之间就无法沟通。因此，必须在它们之间建立协议（规则）。

与 LIN 和 AVC-LAN 相比，CAN 具有高速数据传输的特点。因此，CAN 能够以比其他协议更快的速度传输更多数据。这一特点可使其在传动系统和底盘控制系统中准确地传输数据。这些系统要求在短时间内传输大量数据。CAN、LIN、AVC-LAN 和 MOST 相关性能比较见表 8-1-3。

表 8-1-3　CAN、LIN、AVC-LAN 和 MOST 相关性能比较

项目	CAN		LIN	AVC-LAN	MOST
	HS-CAN	MS-CAN			
通信速度	500Kbps①	250Kbps①	9.6～20Kbps①	最快 17.8Kbps①	最快 50Mbps①
通信线束	双绞线	双绞线	AV 单线	双绞线	屏蔽双绞线
驱动类型	差分电压驱动	差分电压驱动	单线电压驱动	差分电压驱动	差分电压驱动
数据长度	1～8 字节（可变）	1～8 字节（可变）	2、4、8 字节（可变）	0～32 字节（可变）	0～128 字节（可变）

① "bps" 即 "比特 / 秒"，表示每秒可以传输的比特数。

控制器区域网络（CAN）使用两种类型的 CAN 总线：HS-CAN 高速总线与 MS-CAN 中速总线。CANV 总线、CAN 分总线 11、CAN 分总线 13 和 CAN 分总线 15 为以 500Kbps 工作的 HS-CAN 总线。CAN 分总线 1 为以 250Kbps 工作的 MS-CAN 中速总线。

各 CAN 总线有两个终端电阻器，这是对通信进行准确判断所必需的。各总线的终端电阻器位置见表 8-1-4。

表 8-1-4　各总线的终端电阻器位置

通信速度	总线	终端电阻器位置
高速（HS-CAN）	CAN V 总线	ECM、组合仪表总成
	CAN 分总线 11	动力管理控制 ECU、CAN 5 号接线连接器
	CAN 分总线 13	行驶辅助 ECU 总成、毫米波雷达传感器总成
	CAN 分总线 15	ECM、动力管理控制 ECU
中速（MS-CAN）	CAN 分总线 1	主车身 ECU（多路网络车身 ECU）、CAN 2 号接线连接器

动力管理控制 ECU 具有网关功能，用于在 CANV 总线和 CAN 分总线 11 之间传输数据。主车身 ECU（多路网络车身 ECU）具有网关功能，用于在 CANV 总线和 CAN 分总线 1 之间传输数据。行驶辅助 ECU 具有网关功能，用于在 CAN 分总线 11 和 CAN 分总线 13 之间传输数据。CAN 总线通信如图 8-1-4、图 8-1-5 所示。

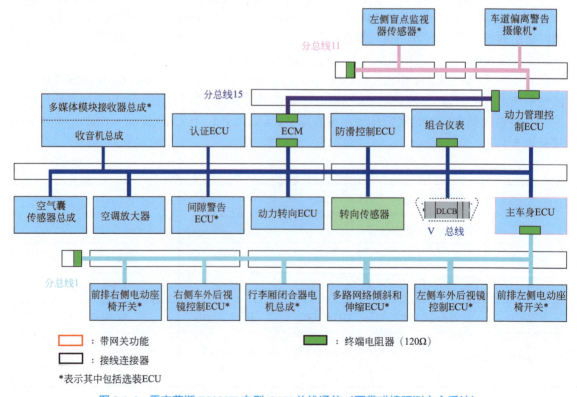

图 8-1-4　雷克萨斯 ES300H 车型 CAN 总线通信（不带碰撞预测安全系统）

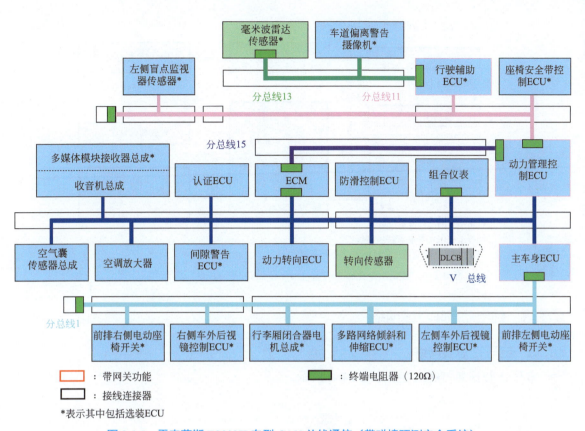

图 8-1-5 雷克萨斯 ES300H 车型 CAN 总线通信（带碰撞预测安全系统）

局域互联网（LIN）由各相关车身电气系统的总线组成，并用于 ECU 和开关之间的通信。通过 LIN 传输的信号可通过带网关功能的 LIN ECU（也连接至 CAN）发送至 CAN。LIN 用于电动车窗控制系统、智能上车和启动系统、空调系统和刮水器系统（带雨量感应功能的车型）。LIN 总线连接部件如图 8-1-6 所示。

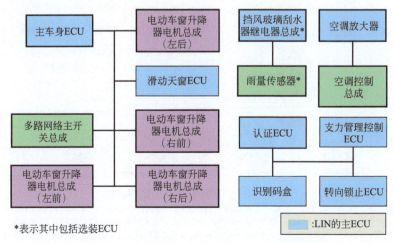

图 8-1-6 雷克萨斯 ES300H 车型 LIN 总线连接部件

MOST 用于实时传输控制信息、音频、视频和数据，其网络连接如图 8-1-7 所示。

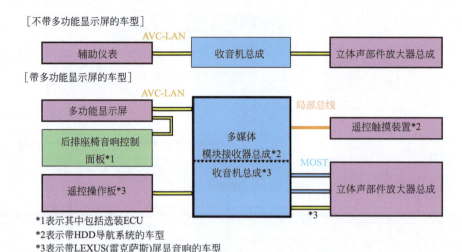

图 8-1-7 雷克萨斯 ES300H 车型 AVC-LAN 和 MOST 通信网络连接

8.1.3 纯电动汽车总线网络

8.1.3.1 宝马 i3 总线网络

宝马 i3 数据通信网络连接如图 8-1-8 所示。

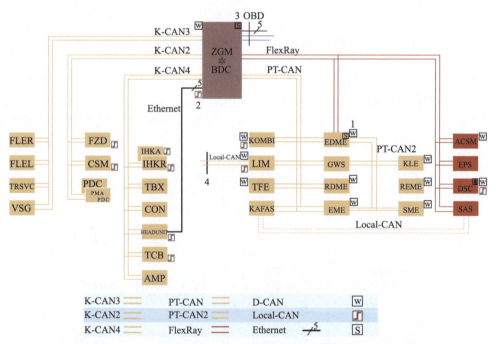

图 8-1-8 宝马 i3 数据通信网络连接

ACSM—碰撞和安全模块；AMP—放大器；BDC—车身域控制器；CON—控制器；CSM—汽车共享模块；DSC—动态稳定控制系统；EDME—数字式发动机电气电子系统；EME—电机电子装置；EPS—电子助力转向系统；FLER—右侧前部车灯电子装置；FLEL—左侧前部车灯电子装置；FZD—车顶功能中心；GWS—选挡开关；HEADUNIT—主控单元；IHKA—自动恒温空调；IHKR—手动恒温空调；KAFAS—基于摄像机的驾驶员辅助系统；KLE—便捷充电电子装置；KOMBI—组合仪表；LIM—充电接口模块；PDC—驻车距离监控系统；PMA—驻车操作辅助系统；RDME—增程器数字式发动机电子系统；REME—增程电机电子装置；SAS—选装配置系统；SME—蓄能器管理电子装置；TFE—燃油箱功能电子系统；TBX—触控盒；TCB—远程通信系统盒；TRSVC—顶部后方侧视摄像机；VSG—车辆发声器；ZGM—中央网关模块；OBD—车载诊断系统；1—还与总线端 15WUP 连接的控制单元；2—有唤醒权限的控制单元；3—用于 FlexRay 总线系统启动和同步的启动节点控制单元；4—车辆上的充电接口

宝马 i3 使用的 K-CAN 总线有 K-CAN2、K-CAN3、K-CAN4。所有 K-CAN 总线的数据传输率均为 500Kbps。在 i3 上不使用数据传输率为 100Kbps 的 K-CAN。

宝马 i3 使用的 PT-CAN 总线有 PT-CAN、PT-CAN2。用于 PT-CAN2 的网关位于数字式发动机电气电子系统 EDME 内。两个 PT-CAN 的数据传输率均为 500Kbps。

用于车辆诊断的 D-CAN 数据传输率为 500Kbps。使用 OBD2 接口通过 D-CAN 可进行车辆诊断。用于车辆编程的以太网访问接口同样位于 OBD2 接口内。

在 i3 上根据相应配置提供的局域 CAN 总线有从选装配置系统 SAS 连至基于摄像机的驾驶员辅助系统 KAFAS 的局域 CAN，从充电接口模块 LIM 连至车辆充电接口的局域 CAN。局域 CAN 总线的数据传输率均为 500Kbps。

根据所需信息，LIN 总线使用不同的数据传输率。在 i3 上 LIN 总线的数据传输率为 9.6～20.0Kbps。例如，车外后视镜，驾驶员车门开关组件为 9.6Kbps；左侧前部车灯电子装置、右侧前部车灯电子装置为 19.2Kbps；遥控信号接收器为 20.0Kbps。

车身域控制器针对相应输入端的不同数据传输率进行设计。车身域控制器 BDC 执行以下功能：网关、禁启动防盗锁、总线端控制、舒适登车系统、中控锁、车窗升降器、照明装置、刮水和清洗装置、喇叭。

中央网关模块 ZGM 集成在 BDC 内。在车载网络结构中，ZGM 以模块形式集成在 BDC 内。它可以说是控制单元内的控制单元，因为 BDC 内 ZGM 的工作方式就像是一个独立的控制单元。ZGM 的任务是将所有主总线系统彼此连接起来。通过这种连接方式可综合利用各总线系统提供的信息。ZGM 能够将不同协议和速度转换到其他总线系统上。通过 ZGM 可经过以太网将有关控制单元的编程数据传输到车辆上。

BDC 是 LIN 总线上以下组件的网关：右侧前部车灯电子装置；左侧前部车灯电子装置；主动风门控制；左侧车外后视镜；右侧车外后视镜；驾驶员车门开关组件；数字式发动机电气电子系统；智能型蓄电池传感器；挡风玻璃刮水器；晴雨传感器；自动防眩车内后视镜；车顶功能中心；遥控信号接收器；转向柱开关中心；车灯开关；智能型安全按钮；驾驶员侧座椅加热模块；前乘客侧座椅加热模块。

以下 LIN 组件连接到 BDC 上，但是仅形成环路：电加热装置；电动制冷剂压缩机；自动恒温空调或手动恒温空调。宝马 i3 LIN 总线连接部件如图 8-1-9 所示。

宝马 i3 各控制模块安装位置如图 8-1-10 所示。

8.1.3.2 吉利几何 A 总线网络

该车型有四路 CAN 通信总线。CAN 总线网络由以下部件组成：BCM、诊断接口（DLC）、热管理控制模块、座椅模块、网关（GW）、PEPS、低速预警控制器、自动泊车模块、左后毫米波雷达、驾驶座安全带总成、ESC、VCU、EPS、转角传感器、自适应巡航系统、前单目摄像头、ACU、BMS、车载充电器、TCU、电子换挡器、电机控制器、全景影像装置、TBOX、行车记录仪、音响主机、左前组合灯、右前组合灯、抬头显示器（HUD）、组合仪表等。CAN 网络部件位置如图 8-1-11 所示，网络原理如图 8-1-12 所示。

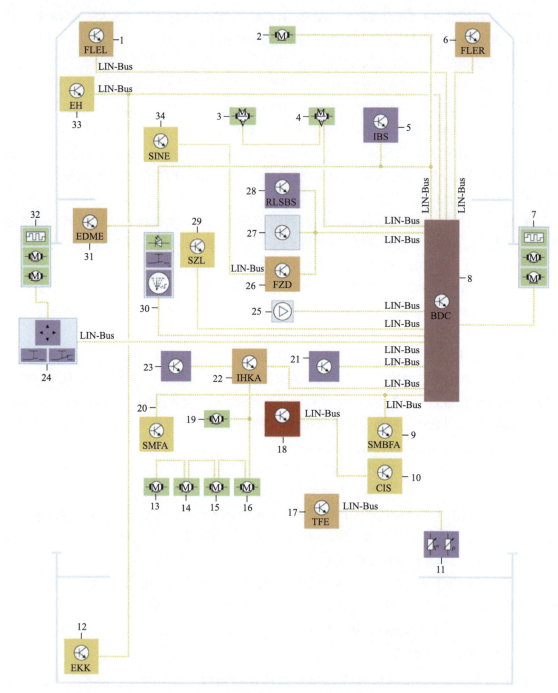

图 8-1-9 宝马 i3 LIN 总线连接部件

1—左侧前部车灯电子装置；2—电风扇；3—前乘客侧刮水器电机；4—驾驶员侧刮水器电机；5—智能型蓄电池传感器；6—右侧前部车灯电子装置；7—右侧车外后视镜；8—车身域控制器；9—前乘客侧座椅模块；10—座椅占用识别垫；11—压力和温度传感器；12—电动制冷剂压缩机；13—脚部空间步进电机；14—空气混合风门步进电机；15—除霜步进电机；16—新鲜空气/循环空气风门步进电机；17—燃油箱功能电子系统；18—碰撞和安全模块；19—鼓风机功率输出级；20—驾驶员侧座椅模块；21—智能型安全按钮；22—自动恒温空调；23—暖风和空调操作面板及收音机操作面板；24—驾驶员车门开关组件；25—遥控信号接收器；26—车顶功能中心；27—自动防眩车内后视镜；28—晴雨/光照/水雾传感器；29—转向柱开关中心；30—车灯开关操作单元；31—数字式发动机电气电子系统；32—左侧车外后视镜；33—电加热装置；34—带有倾斜报警传感器的报警器

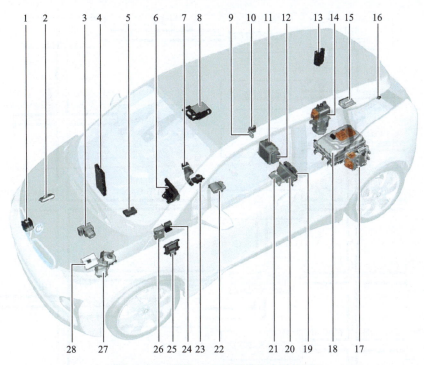

图 8-1-10 宝马 i3 各控制模块安装位置

1—车辆发声器（VSG）；2—右侧前部车灯电子装置（FLER）；3—动态稳定控制系统（DSC）；4—车身域控制器（BDC）；5—自动恒温空调（IHKA）或手动恒温空调（IHKR）；6—组合仪表（KOMBI）；7—选挡开关（GWS）；8—车顶功能中心（FZD）；9—触控盒（TBX）；10—驻车操作辅助系统（PMA）或驻车距离监控系统（PDC）；11—主控单元（HEADUNIT）；12—选装配置系统（SAS）；13—充电接口模块（LIM）；14—增程电机电子装置（REME）；15—增程器数字式发动机电子系统（RDME）；16—顶部后方侧视摄像机（TRSVC）；17—便捷充电电子装置（KLE）；18—电机电子装置（EME）；19—放大器（AMP）；20—远程通信系统盒（TCB）；21—蓄能器管理电子装置（SME）；22—碰撞和安全模块（ACSM）；23—控制器（CON）；24—燃油箱功能电子系统（TFE）；25—数字式发动机电气电子系统（EDME）；26—基于摄像机的驾驶员辅助系统（KAFAS）；27—电子助力转向系统（EPS）；28—左侧前部车灯电子装置（FLEL）

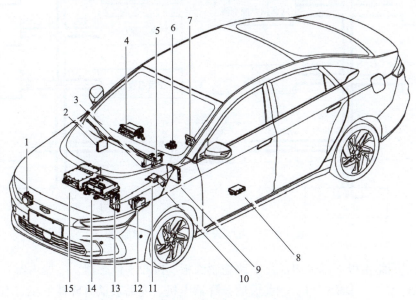

图 8-1-11 几何 A 车型 CAN 网络部件位置

1—低速提示音控制器；2—PEPS 控制器；3—热管理控制模块；4—车载信息娱乐主机；5—TBOX 控制模块；6—电子换挡器；7—组合仪表；8—驾驶员座椅控制模块；9—中央集控器（BCM）；10—网关模块总成；11—安全气囊控制模块（ACU）；12—ESC 控制器；13—整车控制器（VCU）；14—电机控制器；15—车载充电器

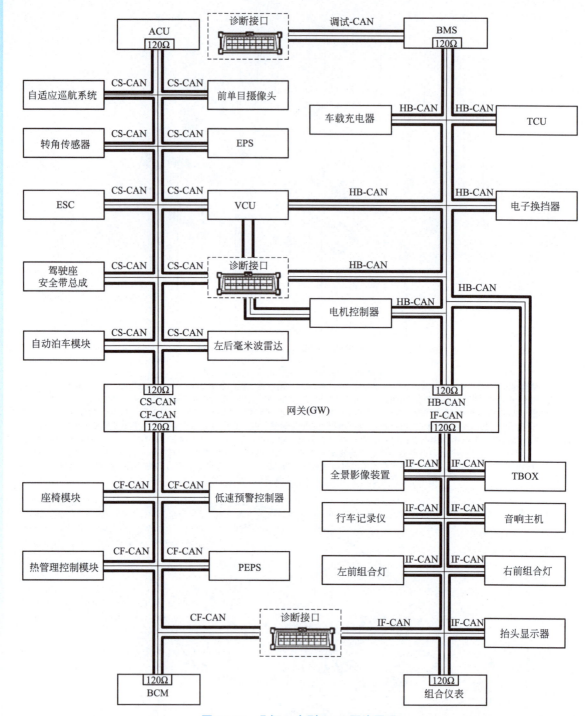

图 8-1-12　几何 A 车型 CAN 网络原理

　　LIN 总线网络由以下部件组成：空调控制面板、PM2.5 传感器、电加热器（PTC）、三通阀（A、B、C）、诊断接口、左前玻璃升降器电机、左后玻璃升降器电机、右后玻璃升降器电机、右前玻璃升降器电机、BCM、天窗控制模块、VCU、电动压缩机、热管理控制器。LIN 网络部件位置如图 8-1-13 所示，网络原理如图 8-1-14 所示。

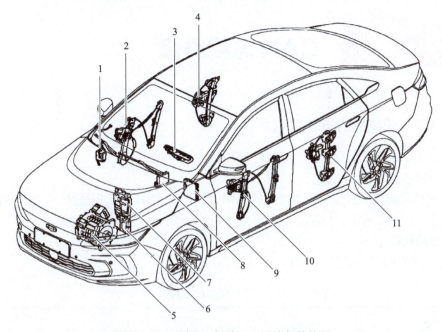

图 8-1-13　几何 A 车型 LIN 网络部件位置

1—PM2.5 传感器；2—右前玻璃升降器总成；3—空调控制面板；4—右后玻璃升降器总成；5—驱动电机；6—整车控制器（VCU）；7—PTC 加热器；8—热管理控制器；9—中央集控器（BCM）；10—左前玻璃升降器总成；11—左后玻璃升降器总成

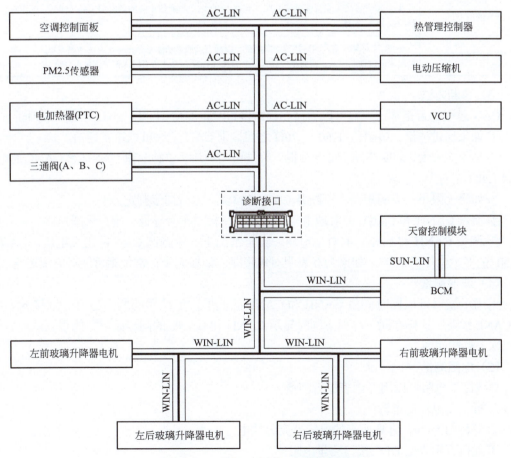

图 8-1-14　几何 A 车型 LIN 网络原理

项目 2 CAN 总线维修

8.2.1　CAN 总线检测与维修方法

此处以比亚迪唐车型为例讲解 CAN 总线的故障维修方法。

（1）故障形式

CAN 总线故障形式主要有 CANH 和 CANL 短路、CANH 对正极短路、CANH 对地短路、CANH 断路、CANL 对正极短路、CANL 对地短路和 CANL 断路七种故障。

（2）故障代码

CAN 总线使用三种类型的 DTC，见表 8-2-1。

表 8-2-1　CAN 总线使用的三种类型的 DTC

DTC 类型	功能说明
内部错误 DTC	各 ECU 执行内部检查，如果其中一个发现内部 ECU 问题，则它会提出一个内部错误 DTC，指示该 ECU 需要更换
失去通信 DTC	失去通信 DTC（和总线关闭 DTC）是在 ECU 之间的通信出现问题时提出的，问题可能出在连接、导线或 ECU 本身
信号错误 DTC	各 ECU 对某些输入回路执行诊断测试，以确定此回路功能是否正常（有无断路或短路）。如果一个回路未通过诊断测试，则会相应设置一个 DTC（注意，并非所有输入都检测是否有错误）

（3）诊断方法

CAN 总线是否正常，一般可以通过在诊断接口测量 CANH 和 CANL 的电阻来判断。

① 如果通过测量，电阻值在 60～70Ω 之间，则 CAN 主线可以正常通信。

② 如果无限大，表明断路，可继续拆下终端电阻模块，单独测量 CANH 和 CANL 的电阻，应为 120Ω 左右。

③ 如果无限小，表明短路，可断开 CAN 各模块，进行初步判定。

④ 测量 CANH 和 CANL 的对地电阻。若其中一根与车身导通，说明该线短路。

⑤ 测量 CANH 和 CANL 的对地电压。正常情况下，应测试 CAN 网隐性电压。CANH、CANL 的对地电压为 2.5V，如果为 0 表明对地短路，如果大于正常值则可能对电源短路。

（4）波形测量

运用示波器可以同时测量 CANH 和 CANL 的波形，示波器的两个通道分别接入 CANH 和 CANL 线路，这样在同一界面下同时显示 CANH 和 CANL 的同步波形，能很直观地分析系统出现了哪些问题。

（5）电阻测量

总线终端电阻可以用万用表进行测量。

① 拆下蓄电池的电源线。

② 等待约 5min，直到所有的电容器充分放电。

③ 连接万用表至 DLC 接口测量电阻值。

④ 将网关 CAN 插头拔下，检测总的阻值是否发生变化。
⑤ 把网关 CAN 插头插好，再将终端电阻模块 CAN 插头拔下。
⑥ 检测总的阻值是否发生变化，并分析测量结果。

由于带有终端电阻的两个控制单元是相连的，所以两个终端电阻是并联的。当测量的结果为每一个终端电阻值（大约为 120Ω），而总阻值为 60Ω 时，可以判断连接电阻是正常的，但是终端电阻值不一定就是 120Ω，其相应的阻值依赖于总线的结构。如果在总阻值测量后，将一个带有终端电阻的控制单元插头拔下，显示阻值发生变化，这是测量的一个控制单元的终端电阻值。当在一个带有终端电阻的控制单元插头拔下后测量的阻值没有发生变化，则说明系统中存在问题，可能是被拔下的控制单元终端电阻损坏或是 CAN-Bus 出现断路。如果在拔下控制单元后显示的阻值变化无穷大，则可能是连接中的控制单元终端电阻损坏，或是到该控制单元的 CAN-Bus 出现故障。

（6）电压测量

电压测量见表 8-2-2。

表 8-2-2 电压测量

连接	测试条件	正常值
CAN H～车身地	始终	2.5～3.5V
CAN L～车身地	始终	1.5～2.5V

（7）维修说明

① 了解故障车型的多路信息传输系统特点。
② 检查汽车电源系统是否存在故障，如交流发电机的输出波形是否正常等。
③ 检查汽车多路信息传输系统的链路是否存在故障，采用示波器或汽车专用光纤诊断仪来观察通信数据信号，或采用替换法或采用跨线法进行检测。
④ 如果是节点故障，采用替换法进行检测。
⑤ 如果 CAN-Bus 导线有破损或断路需接线时，每段接线应小于 50mm，每两段接线之间应大于或等于 100mm；如果需要在中央接点处维修，则严禁打开接点，只允许在距接点 100mm 以外断开导线；另外，每条 CAN-Bus 导线长度不应超过 5m，否则所传输的脉冲信号会失真。

e6 高速网总线电压的检测如图 8-2-1 所示，低速网总线电阻的检测如图 8-2-2 所示。

图 8-2-1 检测高速网总线电压

图 8-2-2 检测低速网总线电阻

e6 总线节点电压的检测，在车辆上 OK 挡时如图 8-2-3、图 8-2-4 所示。

图 8-2-3　检测 DC/DC CAN 进线电压

图 8-2-4　检测 DC/DC CAN 出线电压

8.2.2　总线终端电阻与总线电压的检测示例

以比亚迪 e6 车型为例，从诊断接口上可以检测到的终端电阻只有四个，其余六个需要在各子网检测。诊断接口检测电阻值如图 8-2-5、图 8-2-6 所示。

图 8-2-5　高速网 CAN 线检测

图 8-2-6　低速网 CAN 线检测

总线电压的检测注意事项：不要用交流挡检测（图 8-2-7），使用直流挡检测 CAN 电压（图 8-2-8）。

图 8-2-7　交流挡检测结果

图 8-2-8　直流挡检测结果

8.2.3 CAN 总线故障排除

故障现象

比亚迪 e6 在正常操作的情况下,车辆无法上电。

故障诊断

① 整车处于 ON 挡,把万用表打到电压挡,然后把万用表一端接到诊断接口 CAN 总线网络 CANL/CANH 引脚上,万用表的另一端接到车身地,如图 8-2-9 所示。

② 如图 8-2-10 所示,用万用表读取 CAN 总线网络 CANL/CANH 的隐性电平为 0、12V 或者其他较大地偏离 2.5V 的数值。

图 8-2-9　用万用表检测连接方法

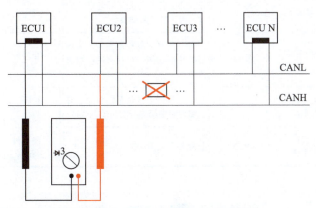

图 8-2-10　测量总线网络电压

③ 以上结果表明 CAN 总线网络是有故障的。一般来说,如果 ECU 上的总线收发器的 CANL/CANH 引脚接地或者与电源短路,就会造成整个 CAN 总线网络的隐性电平为 0 或者 12V。

④ 逐个检查整个 CAN 总线网络上 ECU 内的收发器的 CANL 和 CANH 引脚,看是否有 ECU 收发器的 CANL/CANH 引脚接地或者与电源短路。

项目 3　VCU 系统维修

8.3.1　VCU 系统简介

车辆控制器（Vehicle Control Unit,VCU）,是整个汽车的核心控制部件,它通过硬线或 CAN 采集电子油门踏板信号、挡位信号、刹车踏板信号及其他部件信号,并进行相应判断后,控制下层的各部件控制器的动作,驱动汽车正常行驶。整车控制器所连接的系统及部件见表 8-3-1 和图 8-3-1。

表 8-3-1　整车控制器连接的系统和部件

名称	缩写	功能	名称	缩写	功能
电子控制动力转向系统	EHPS	控制电磁阀的开度，从而满足高、低速时的转向助力要求	电池管理单元	BMS	检测高压电池状态，控制高压电池输入/输出
安全气囊	SRS	被动安全性保护系统，与座椅安全带配合使用，为乘员提供防撞保护	耦合控制单元	CCU	检查 GMC 油压/油温，通过控制电磁阀实现离合器吸合/断开
车身控制系统	BCS	控制 ABS/ESP	集成电机控制器	IPU	控制驱动电动机和发电机
半主动悬架	SAS	通过传感器感知路面状况和车身姿态，改善汽车行驶平顺性和稳定性的一种可控式悬架系统	直流转换器	DC/DC	将动力电池内高压直流电转化为 12V，供低压用电器使用
车身控制模块	BCM	设计功能强大的控制模块，实现离散的控制功能，对众多用电器进行控制	机电耦合系统	GMC	内置 TM、ISG、差减速器，实现整车动力输出
远程监控系统	TBOX	行车时实时上传整车信号至服务器，实现对车辆进行实时动态监控	低压油泵控制器	OPC	辅助控制 GMC 内部冷却油流动
车载诊断系统	OBD	诊断整车故障状态	整车控制器	VCU（HCU）	接收整车高压/低压附件信号，对整车进行控制

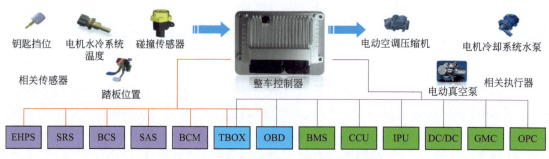

图 8-3-1　整车控制器连接的系统和部件

8.3.2　VCU 故障分级处理策略

故障处理的主要目的是保证车辆行驶的安全性、可靠性、稳定性。采用分级式故障处理策略，整体处理策略如下。

（1）一级故障：需要切断高压的故障

VCU 接收到 MCU 或 BMS 上传的一级故障，或者 VCU 接收不到 CAN 网络上的全部信号，会报整车一级故障，快速降扭，同时发出切断高压的指令，一级故障必须重新上电才可恢复。

（2）二级故障：禁止车辆行驶的故障

VCU 接收到 MCU 或 BMS 上传的二级故障，或者 VCU 与 MCU、BMS 等控制器出现通信故障，会报整车二级故障。此时电机无转矩输出，车辆将不能行驶。二级故障可以实时恢复。

（3）三级故障：降功率的故障

整车控制器接收到 MCU、BMS 上传的三级故障，或者 VCU 与 ICU、SRS、AC、MP5 等控制器出现通信故障，会报整车三级故障，同时将 MCU 的输出转矩限制到目标值的一半，从而达到限制系统功率输出的目的。三级故障可实时恢复。

8.3.3 VCU 端子定义与故障诊断

以比亚迪元 EV535 车型为例，整车控制器（VCU）具备实时动力计算和动力分配、实时信息交互与集中处理，传感器信号采集，辅助整车上电退电，与车辆驱动力总成配合完成整车的驱动控制等功能。VCU 硬件结构如图 8-3-2 所示。VCU 低压端子针脚分布如图 8-3-3 所示，端子定义见表 8-3-2。

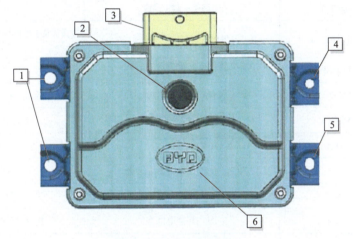

图 8-3-2　VCU 硬件结构

1，5—安装架安装孔；2—通气罩；3—64 针低压端子；4—安装架定位孔；6—品牌标志

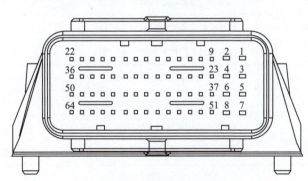

图 8-3-3　VCU 低压端子针脚分布

表 8-3-2　VCU 低压端子定义

针脚号	名称	定义	线束接法
1	+12V	外部输入 12V 电源	IG3
2	+12V	外部输入 12V 电源	IG3
3	GND	外部输入 12V 电源地	车身地

续表

针脚号	名称	定义	线束接法
4	GND	外部输入 12V 电源地	车身地
5	+5V	刹车深度电源 2（预留）	—
6	+5V	刹车深度电源 1（预留）	—
7	+5V	真空压力传感器电源	接真空压力传感器 1 号脚
8	DL4-TEST-IN	差速锁继电器检测信号 4（预留）	—
9	PUMP-TEST-IN	水泵继电器检测信号（预留）	—
10	IN_FEET_BRAKE	制动开关信号	接制动开关 3 号脚
11	FB-toggle-in	回馈切换按键（预留）	—
12	V-PUMP-TEST-IN	真空泵继电器检测信号（0 或 12V）	接真空泵 1 号脚与真空泵继电器 1 号脚、2 号脚交汇处
13	EXT-EC0/SPO	经济/运动模式输入（预留）	—
14	/L-FAN-OUT	低速风扇继电器控制信号	接低速风扇继电器控制信号脚
15	EARTH	动力网 CAN 屏蔽地	接屏蔽地（屏蔽线）
16	CANH2	CAN H 动力网 CAN 信号高	接动力网
17	CANL2	CAN L 动力网 CAN 信号低	接动力网
18	+5V	油门深度电源 1	接油门深度传感器 3 号脚
19	+5V	油门深度电源 2	接油门深度传感器 2 号脚
20	+5V	大气压力传感器电源（预留）	—
21	/DL2-OUT	差速锁继电器控制器信号 2（预留）	—
22	/DL3-OUT	差速锁继电器控制器信号 3（预留）	—
23	/DL4-OUT	差速锁继电器控制器信号 4（预留）	—
24	/PUMP-OUT	水泵继电器控制信号（预留）	—
25	ECO/SPO-OUT	经济运动模式输出（预留）	—
26	/H-FAN-OUT	高速风扇继电器控制	接高速风扇继电器控制信号脚
27	CRASH-IN	碰撞信号	接 SRS ECU 10 号脚
28	EARTH	电控网 CAN 屏蔽地（预留）	—
29	CANH1	电控网 CAN 信号高（预留）	—
30	CANL1	电控网 CAN 信号低（预留）	—
31	EARTH	油门深度 1 电源地	接油门深度传感器 5 号脚
32	EARTH	油门深度 2 电源地	接油门深度传感器 6 号脚
33	EARTH	大气压力传感器电源地（预留）	—
34	/V-PUMP1-OUT	真空泵继电器 1 控制信号	接真空泵继电器 1 控制信号脚

续表

针脚号	名称	定义	线束接法
35	DL2-TEST-IN	差速锁继电器检测信号 2（预留）	—
36	DL3-TEST-IN	差速锁继电器检测信号 3（预留）	—
37	EARTH	油温传感器信号地（预留）	—
38	MT-Oiltemp-Sensor	油温传感器信号（预留）	—
39	VP-Sensor	真空压力传感器信号	接真空压力传感器 3 号脚
40	EARTH	油门深度屏蔽地	接屏蔽地（屏蔽线）
41	DC_GAIN2	油门深度 2 信号	接油门深度传感器 1 号脚
42	DC_BRAKE2	刹车深度 2 信号（预留）	—
43	DC_BRAKE1	刹车深度 1 信号（预留）	—
44	EARTH	刹车深度 2 电源地（预留）	—
45	EARTH	真空压力传感器地	接真空压力传感器 2 号脚
46	/V-PUMP2-OUT	真空泵继电器 2 控制信号	接真空泵继电器 2 控制信号脚
47	/DL1-OUT	差速锁继电器控制器信号 1（预留）	—
48	DL1-TEST-IN	差速锁继电器检测信号 1（预留）	—
49	EARTH	水温传感器信号地	接水温传感器 1 号脚
50	MT-Watertemp-Sensor	水温传感器信号	接水温传感器 3 号脚
51	CURISE_IN	巡航信号	接时钟弹簧 10 号脚
52	EARTH	巡航信号地	接时钟弹簧 11 号脚
53	DC_GAIN1	油门深度 1 信号	接油门深度传感器 4 号脚
54	EARTH	刹车深度屏蔽地（预留）	—
55	AP-Sensor	大气压力传感器信号（预留）	—

因为引发故障的部位很多，这时需要利用 VDS 读取故障码来定位故障。读取故障码的步骤如下。

①OK 挡电下用 VDS 读取故障码并记录。
②VDS 执行清除故障命令，退电到 OFF 挡再上 OK 挡电，读取故障码并记录。
③让故障重现，读取故障码并记录。

根据故障码及故障的相关性分为三个等级，见表 8-3-3。

表 8-3-3　故障码分级

相关等级	说明
相关等级 3	故障重现才能读取的故障码
相关等级 2	VDS 执行清除故障命令清除不了的故障码或清除后退电再重新上 OK 挡电又出现的故障码
相关等级 1	未执行 VDS 清除命令时 OK 挡电下读取的故障码

根据 VDS 诊断情况，按如下思路进行故障排查：有相关等级 2 或 3 的故障码依据故障码排查处理；只有相关等级 1 的故障码或无故障码的情况用万用表排查驱动系统相关线路的连通性。

（1）依据诊断故障码排查故障

表 8-3-4 所列排查方法中涉及信号线路及相关 CAN 通信线路排查等，需要做好高压安全防护。首先整车退电至 OFF 挡，等待 5min，断开低压蓄电池负极，拔下电池包引出的高压母线，确保拔下的高压母线间电压在安全电压范围（小于 60VDC）。

逐一更换部件后需要重新检测确认故障是否消失，若更换了某个部件后车辆恢复正常则不需要再更换后续的部件。依据故障码更换部件针对的是相关等级 3（或相关等级 2）的故障码，相关等级 1 的故障码用来作为排查参考。执行更换部件操作前先用 VDS 检查高压系统零部件是否有软件版本更新，若有更新需更新到最新版本，若仍存在故障再进行更换。

表 8-3-4　VCU 系统故障码定义与排查方法

故障码	故障描述	排查方法
P1D7902	整车控制器碰撞信号故障	①断开再重新连接低压蓄电池，观察故障能否清除，若无法清除继续以下步骤 ②检查 SRS-ECU 模块、低压线束、接插件是否正常
P1D6144	整车控制器 EEPROM 错误	更换整车控制器
P1D6200	整车控制器巡航开关信号故障	预留
P1D6300	整车控制器水泵驱动故障	
P1D7B00	油门信号故障 -1 信号故障	①检查低压线束、接插件是否正常，是否断线、退针 ②检查整车控制器油门深度电源引脚电压 U 是否正常（正常范围为 4.5/5.5V），若电压正常则更换油门踏板总成，若电压异常则检查整车控制器低压供电、低压蓄电池是否正常 ③如检查低压线束、接插件、蓄电池都无问题，并且更换油门踏板总成后故障无法排除，则更换整车控制器
P1D7C00	油门信号故障 -2 信号故障	
P1D6600	油门信号故障 - 校验故障	
P1D6700	刹车信号故障 -1 信号故障	预留
P1D6800	刹车信号故障 -2 信号故障	
P1D6900	刹车信号故障 - 校验故障	
U011187	与电池管理器（BMS）通信故障	①检测低压线束和低压接插件是否有断线、退针问题，低压供电是否正常，低压蓄电池电压是否为 9~16V ②测量异常模块 CAN 线电压，CAN H 正常电压应为 2.5~3.5V，CAN L 电压应为 1.5~2.5V ③若与多个模块通信故障，则检查网关是否正常 ④排查与整车控制器交互的模块是否正常，若异常则更换异常模块
U024E87	与 ESC 通信故障	
U012887	与 EPB 通信故障	
U029187	与挡位控制器通信故障	
U016487	与空调通信故障	
U014087	与 BCM 通信故障	
U029887	与 DC 通信故障	
U012187	与 ABS 通信故障	

续表

故障码	故障描述	排查方法
U01A500	与前驱动电机控制器（FMCU）通信故障	预留
U01A600	与后驱动电机控制器（RMCU）通信故障	
U029400	与模式开关通信故障	
U014F87	与充配电总成通信故障	
U012A00	与 EPS 通信故障	
U011987	VCM 与升压 DC 失去通信	
U014D87	与智能驾驶模块通信故障	
U014E87	与安全网关模块通信故障	
U024587	与多媒体失去通信	
U024C87	与 I-KEY 通信故障	
P1D6D00	整车控制器 DSP 复位故障	
P1D9017	动力电池单节电压过高	
P1D9016	动力电池单节电压过低	
P1D9100	动力电池总电压过高	
P1D9117	动力电池总电压严重过高	
P1D9200	动力电池总电压过低	
P1D9216	动力电池总电压严重过低	
P1D9308	动力电池生命帧异常	
P1D8500	真空泵系统失效	①检查真空泵系统、熔丝、继电器是否正常，若异常则维修真空泵系统 ②若无异常，则更换整车控制器
P1D8600	真空泵严重漏气	
P1D8700	真空泵一般漏气	
P1D8800	真空泵到达极限寿命	更换真空泵
P1D8900	真空泵继电器 1 故障	①踩下刹车踏板观察真空泵是否能够正常工作，若真空泵能够正常工作，检查整车控制器真空泵继电器检测信号引脚是否有退针、断线等故障 ②若真空泵不能正常工作，则更换真空泵继电器，之后踩刹车踏板检查真空泵是否能够正常工作，若不能正常工作，检查整车控制器真空泵继电器控制信号引脚是否出现退针、断线等问题 ③若整车控制器低压接插件无退针、断线等问题，但继电器无法吸合，检查整车控制器供电电压是否为 9~16V，若不在范围内，检测低压蓄电池和低压配电是否正常 ④若以上排查均正常，则更换整车控制器
P1D8A00	真空泵继电器 2 故障	
P1D8B00	真空泵继电器 1、2 故障	

续表

故障码	故障描述	排查方法
P1D9A00	真空压力传感器故障	①踩刹车踏板使真空泵工作，检查整车控制器真空压力传感器信号电压是否在正常范围内（正常为 0.25~4.75V），线束连接是否正常 ②若上述电压异常，检查整车控制器真空压力传感器电源引脚电压是否正常（5V 左右），线束连接是否正常；若该电源引脚电压异常，检查低压蓄电池、线束及熔丝是否正常；反之则更换真空压力传感器 ③若以上排查均无问题，则更换整车控制器
P1D9900	大气压力传感器故障	预留
P1D8400	水温故障	①检查整车控制器接插件、充配电总成低压接插件、各线束是否正常 ②检查充配电总成是否有相关故障，如有相关故障则按照充配电总成维修手册部分处理
P1D9400	低压输出断线	预留
P1D9516	低压蓄电池电压过低	
P1D9517	低压蓄电池电压过高	
P1D9600	动力电池生命帧异常—计数器乱序	①检查电池管理器低压接插件、低压线束是否有退针、断线等异常现象；电池管理器低压供电电压是否在 9~16V 范围内 ②若上述无异常，则进一步检查电池管理器
P1D9700	动力电池生命帧异常—校验值异常	
P1D9800	温度采样异常	①车辆静置 2h 观察是否恢复正常，若无法恢复，继续以下步骤 ②检查整车冷却系统是否正常，散热风扇、水泵是否正常工作，冷却液加注是否到位，冷却液是否正常循环
P1D8300	整车限功率	①车辆静置 2h 观察是否恢复正常，若无法恢复，继续以下步骤 ②检查整车冷却系统是否正常，散热风扇、水泵是否正常工作，冷却液加注是否到位，冷却液是否正常循环 ③检查整车故障码，按相应模块维修手册处理
B17A300	SRS CAN 信号异常	①检查 SRS-ECU 低压接插件、低压线束是否有退针、断线等异常现象 ②读取整车控制器故障码，若同时存在多个模块通信异常，则排查网关是否正常 ③若上述无异常且排查 SRS 模块正常，则更换 SRS-ECU 控制器
B17A400	SRS 硬线信号异常	①检查 SRS-ECU 低压接插件、低压线束是否有退针、断线等异常现象 ②检查无异常且排查 SRS 模块正常，则更换 SRS-ECU 控制器
P160100	无级风扇电机堵转、短路等	预留
P160200	无级风扇过温保护、电子错误等	
P1D8F00	无级风扇电源电压过压、欠压	
P1D9B00	水温传感器故障	
P1D9C00	水温过温	

续表

故障码	故障描述	排查方法
P1B1F00	防盗验证失败	①检查整车 CAN 网络是否正常 ②检查低压蓄电池电压是否正常（正常为 9~16V），低压接插件、低压线束是否有退针、断线等异常现象 ③检查 I-KEY、BCM 模块是否有相关故障码，若有则按相应要求进一步排查 ④若上述无异常，更换整车控制器，重新进行防盗匹配，如不能进行防盗匹配，检查 I-KEY 控制器
B116212	水温传感器短路	预留
B116214	水温传感器断路	
P1BA000	巡航配置未写入	

（2）排查相关线路的连通性

用 VDS 诊断的过程中只有相关等级 1 的故障码或未读取任何故障码的情况，需要根据故障现象去排查相关线路的连通性。用 VDS 先检查是否有高压零部件有软件版本更新，若有更新需要更新到最新版本，若仍存在故障，则用万用表排查相关线路的连通性。结合故障现象并参考相关模块的端子定义中的线束接法去检查相应线路的连通性。

8.3.4 VCU 电脑编程

更换完成新的整车控制器后，需要使用 VDS 执行倾角标定，以比亚迪 EV535 车型为例，操作步骤如下。

① 整车上电并停稳至水平位置。

② 选择"ECU 模块"，执行整车 ECU 模块扫描操作，待扫描完成后，选择"整车控制器"，进入整车控制器诊断界面。

③ 选择"倾角标定"，完成倾角标定流程。

④ 通过"数据流"读取倾角标定状态，若显示为"已校准"，则表示倾角标定成功，如图 8-3-4 所示。

图 8-3-4　标定成功界面